工程法系列丛书

工程法学

GONGCHENGFA XUE

陈建军 等著

湘潭大学出版社

图书在版编目（CIP）数据

工程法学 / 陈建军等著. -- 湘潭 ：湘潭大学出版社，2021.8
ISBN 978-7-5687-0572-1

Ⅰ. ①工… Ⅱ. ①陈… Ⅲ. ①建筑法－法的理论－中国－高等学校－教材 Ⅳ. ①D922.297.1

中国版本图书馆 CIP 数据核字 (2021) 第 119974 号

工程法学

GONGCHENGFA XUE

陈建军 等著

责任编辑：黄　琼
封面设计：李　平
出版发行：湘潭大学出版社
社　　址：湖南省湘潭大学工程训练大楼
电　　话：0731-58298960 0731-58298966（传真）
邮　　编：411105
网　　址：http://press.xtu.edu.cn/
印　　刷：广东虎彩云印刷有限公司
经　　销：湖南省新华书店
开　　本：710 mm×1000 mm 1/16
印　　张：17.75
字　　数：284 千字
版　　次：2021 年 8 月第 1 版
印　　次：2021 年 8 月第 1 次印刷
书　　号：ISBN 978-7-5687-0572-1
定　　价：52.80 元

前 言

工程法学是湖南理工学院政法学院九年多来努力打造的法学特色学科。它源于地方经济社会发展和法治建设的迫切需要，也源于湖南理工学院政法学院与地方法务部门的联系和合作，正是这种需要迫使我们反复思考地方高校法学学科如何在地方经济社会发展和法治建设过程中拥有用武之地并充分发挥所长，正是这种合作促使我们不断将校地合作成果用于指导湖南理工学院政法学院法学学科建设、人才培养，同时为地方法务部门法律实践提供参考。

湖南理工学院作为省属地方本科高校，为满足社会急需的特色人才需要，2012 年在全国高校本科专业人才培养中率先开办了法学专业工程法律实验班，至今已初步形成了工程法律职业人才培养模式，为地方司法实务部门、法律服务行业、与工程相关的行政管理部门及相关企业输送了近 300 名真正懂工程（该实验班除开设法学专业课程外，还开设了土木工程概论、工程制图、工程材料、建筑工程施工、工程估价、房屋建筑学、工程法律法规与工程法律风险防范、房地产法、土木工程认识实习、建设工程管理仿真实训共 10 门理论和实训课程）、真正能够解决建设工程领域法律问题的专门人才。

从 2016 年开始，湖南理工学院政法学院与地方法务部门在工程法律实验班专业建设、人才培养的基础上，进一步在科学研究方面展开合作，共同研究现实问题，共同编写教材和出版科学研究著作，共同申报科研课题和发表学术论文，着手创建和培育湖南理工学院政法学院工程法学这一新型交叉学科，共同打造湖南理工学院政法学院法学特色学科品牌。2017 年 11 月湖南省法学会工程法学研究会正式成立，湖南理工学院政法学院成为副会长单位。2018 年湖南理工学院政法学院又获批法律硕士专业学位授权点，并设置了工程法务方向。2020 年 12 月湖南理工学院政法学院举办了全国性的“《民法典》对建设工程实务的影响暨工程法交叉学科高峰论坛”，浙江省工程建设法学研究会会长、杭州师范大学沈钧儒法学院教授王建东，江苏省工程法学研究会副会长、东南大学法学院教授叶树理，南京工业大学土木工程学院教授孙剑，湖南省工程法学研究会会长、长沙理工大学法学院教授王新生等知名学者、专家和岳阳市政法委书记王小中、岳阳市住建局局长周金龙、岳阳市中级人民法院副院长田光辉、岳阳市司法局副局长任育平等机关实务部门领导以及业界相关公司、律所代表共 130 多人参加会议，对湖南理工学院政法学院在工程法学人才培养和学科建设上所取得的成绩给予了充分肯定。

基于以上的校地合作，湖南理工学院政法学院除发表了一定数量的工程法学学术论文外，还与法务部门合作出版了《工程法理论与实务问题研究》《工程法律实验班优秀毕业设计选编》，以及即将出版的《建设工程典型案例述评》《工程建设新模式法律实务问题研究》等工程法系列著作。其法律硕士设置的工程法务方向开设了“工程法总论”“工程建设新模式法律实务”“房地产法实务”“工程法律风险防范实务”和“国际工程法实务”共 5 门课程。经过几年的教学和学术研究实践，我院对工程法学知识体系已经有了自己独特的认识和理解，有必要进行总结提炼，使之成为工程法学交叉学科系统化的基础成果，用以具体指导工程法学学科建设和工程法律职业人才培养。

《工程法学》的出版凝聚了湖南理工学院政法学院和兄弟院校、法务部门合作研究人员的大量心血。作为湖南理工学院政法学院工程法学学科的开创者，我期望这一心血之作能够为工程法学学科建设添砖加瓦，为工程法律职业人才培养提供学习研究资料，为地方法务部门工程法律实践提供理论参考。

湖南理工学院政法学院　陈建军

2021 年 1 月 26 日于岳阳

目　录

第一章　工程法学概述

第一节　工程的特征和种类

一、工程的概念及特征

（一）工程的概念

研究工程法必先认识和了解什么是工程。然而，真正纠问起这个司空见惯的概念来，要说清楚，还真不是一件容易的事。

“工”，《说文解字注》[①] 解释“工，巧饰也”，即带有技巧性的工作。“程”是一种度量单位，是关于度量衡方面的规定，可以引申为定额、进度的含义。两字合起来即带有技巧性工作的进度或行进的标准，与时间有关，表示劳作的过程，主要指施工的进度，后来也指其结果。

中国传统工程的内容主要是土木构筑，即建筑物。如官室、庙宇、运河、城墙、桥梁、河堰、长城等。像古籍记载的：“会造金仙、玉真观，虽盛夏，工程严促。”[②] “今纵以为紧急工程不可终废，亦宜俟雨泽既降，秋气稍凉，然后再图修治。”[③] “相国创建石桥，以利民涉，工程浩繁，惟君能董其役。”[④] 有时也包括生产、制造部门用比较大而复杂的设备进行的

---

① 《说文解字注》，许慎撰、段玉裁注，上海古籍出版社，1988.

② 《新唐书·魏知古传》。

③ 明朝李东阳《应诏陈言奏》。

④ 清朝刘大櫆《芋园张君传》。

工作，如：土木工程、机械工程、水利工程等。北宋哲宗元符三年（1100），将作监少监李诫编撰的《营造法式》，是中国第一部详细论述建筑工程技术及规范的官方著作，于宋徽宗崇宁二年（1103）正式颁行。全书36卷，357篇，凡3555条。此书集宋代建筑设计与施工经验之大成，并对后世产生了深远影响。对于中国古代建筑史研究、唐宋建筑的发展，以及考察宋代及以后的建筑形制、工程装修技术、施工组织管理等都具有重要作用。

西方的工程概念起源于军事设施弩炮、云梯、浮桥、碉楼、器械等制造，其本来含义是有关兵器制造、具有军事目的的各项工作，后来随着人类文明的发展扩展到许多领域，如建筑屋宇、机器制造、架桥修路等，人们把服务于特定目的的各项技术工作的总体称为工程。工程被看作是一门独立的学科和技艺，被定义为驾驭天然力量、供给人类应用与便利之"术"（由于当时工程重事实和经验，没有太多科学理论，故谓之"术"）。近代社会进入近代工程时代，出现了建筑工程、水利工程、机械工程、采矿工程、交通工程、电力工程、冶金工程、通信工程、能源工程、铁路工程、海洋工程等，促进了社会经济的繁荣和人类文明的进步。现代工程产生于19世纪末20世纪初。伴随着相对论、量子理论、DNA遗传密码等重大发现，以及核能技术、计算机技术和网络技术、生物技术、纳米技术、航天技术等重大技术发明，工程概念的应用范围也日益扩大，出现了新兴的工程领域，如：生物工程、遗传工程、医药工程、信息工程、网络工程、绿色环保工程、农业工程、载人登月工程和航天工程等新的概念。可以说，工程活动推动了现代文明的进步，改变了现代社会的面貌，构成了现代社会实践活动的主要形式。

那么，什么是工程？如何理解和把握工程的本质规定性？

1828年，英国工程师、作家T. 特来德格尔德（T. Tredgold，1788—1829）第一次在现代意义上界定了工程概念，指出工程是"为了人类的使用和便利而指导自然中的伟大力量源泉的艺术；是自然哲学中最重要的原理的实际应用"①。T. 特来德格尔德的工程定义包含了两个层面的内容：

① 转引自李世新. 工程伦理学及其若干主要问题的研究［D］. 北京：中国社会科学院研究生院，2003：2.

其一，工程是一种艺术，它的作用是“指导自然中的伟大力量源泉”来服务于人类的“使用和便利”；其二，工程是自然哲学中最重要原理的实际应用。这里的“自然哲学”实际是指自然科学。这就是说，所谓工程是指人类利用自然科学的基本原理，指导自然中的伟大力量来服务于人类自身使用和便利的艺术。这一界定为后世认识工程概念奠定了基础。

在现代，对工程概念的理解主要有以下几种观点：

第一，把工程理解为一个专业或者学科。比如，1986 年《工程百科》第 10 期将工程定义为科学知识和实践经验的实际应用，是利用自然科学原理使自然资源为人类服务而形成的各种专业和学科的总称①。1979 年版的《辞海》也把工程定义为“将自然科学的原理应用到工农业生产部门中去而形成的各学科的总称”②。

第二，把工程理解为一种有目的的建构性活动。比如，中国科学技术大学张顺江教授所著的《重大工程立项决策研究》将工程定义为“建设、生产、制造部门用比较庞大而复杂的装备技术、原材料来进行的工作”③。西南交通大学肖平教授认为：“工程是人类将基础科学的知识和研究成果应用于自然资源的开发、利用，创造出具有使用价值的人工产品或技术活动的有组织的活动。”④《现代汉语词典》更是把工程定义为“土木建筑或其他生产、制造部门用比较大而复杂的设备来进行的工作……泛指某项需要投入巨大人力和物力的工作”⑤。

第三，把工程理解为一种工艺。比如，美国的 B. S. 布兰查德所著的《工程组织与管理》就将工程定义为：“系统地综合应用物质的和自然界的资源来创造、研究、制造并支持能经济地为人类提供某种用途的产品或工艺。工程的基本内容是：通过利用技术专业知识、通过在运用改造自然的方法方面的个人技能和通过具有正确工作态度的人员，从科学知识整体中

---

① 转引自李世新. 工程伦理学及其若干主要问题的研究［D］. 北京：中国社会科学院研究生院，2003：2.

② 辞海［Z］. 北京：商务印书馆，1979：1152.

③ 张顺江. 重大工程立项决策研究［M］. 北京：中国科学技术出版社，1990：17.

④ 肖平. 工程伦理学［M］. 北京：中国铁道出版社，1999：1.

⑤ 现代汉语词典［Z］. 北京：商务印书馆，2005：468，1812.

创造有用的东西。”①

第四，把工程理解为一个活动产生的结果。如，现任中央党校政治和法律教研部主任周佑勇教授在《工程法学》一书中认为，所谓工程，“是指人们有计划、有目的地根据某种特定设计，整合各种材料、设备、技术和劳力而于地上或地下建造的永久而固定的设备或装置”，是“人造物中永久而固定的构筑物”②。

第五，把工程理解为构建过程及其构建的结果。比如，《自然辩证法百科全书》就把工程定义为“把数学和科学技术知识应用于规划、研制、加工、试验和创制人工系统的活动和结果，有时又指关于这种活动的专门学科。”③ 中国工程院院士、钢铁研究总院名誉院长殷瑞钰等所著的《工程哲学》认为：“工程是一个建造的过程和结果。工程项目是通过具体的设计、制造、建设和运行等实施过程来完成的。确定工程目标、展开项目设计、实施建设过程、管理运行过程，取得好的效益，是一个复杂的构建过程。各类工程活动，都要通过合理的工序、工艺和工期来完成。这些观点都在说明，工程结束的时候，一个新的存在物出现在世界上。所以，新的存在物是工程活动的基本标志。”④

由此可见，对工程概念并没有一个统一的公认的界定，各学科的学者可以从不同角度对其作出不同的理解。

上述种种理解，既说明了工程概念的复杂性，也折射出要定义工程概念并非易事。比如，从学科的视角定义，工程是一门学问；从实践活动的视角定义，工程是一项活动；从社会存在物的视角来定义，工程就是工程活动的结果，是人工创造物。

这一现象也说明，工程概念有广义和狭义之分。广义的工程概念是指人们为达到某种目的，利用各种知识和资源在一定时间内进行的各种活动的过程。狭义的工程概念是指人类有目的地利用某种知识和资源能动地创

---

① ［美］B. S. 布兰查德. 工程组织与管理［M］. 北京：机械工业出版社，1985：2.

② 周佑勇. 工程法学［M］. 北京：高等教育出版社，2017：3.

③ 自然辩证法百科全书［Z］. 北京：中国大百科全书出版社，1995：106.

④ 殷瑞钰，汪应洛，李伯聪，等. 工程哲学［M］. 北京：高等教育出版社，2008：69.

造某种社会存在物的活动过程及其结果。本书所探讨的工程，是狭义的工程，主要指土木建筑工程。如“希望工程”“再就业工程”就不属于本书讨论的对象和范围。

狭义的工程概念包括以下含义：

（1）工程是人类有意识、有目的的实践活动；

（2）工程是人类利用某种知识和资源（如利用某种科学技术知识、技术手段或自然资源、社会资源）对已有的物质材料进行开发、加工、生产、集成等形成某种社会存在物的实践活动；

（3）工程是人类自主创造社会存在物（而非天然存在物）的实践活动；

（4）工程既包括人类自主创造社会存在物的过程，也包括作为工程实践活动结果的社会存在物。工程是改造自然物质状态的造物活动，是人类科技转化为现实生产力的最基本的物质实践活动，是物质文明的创造活动。

（二）工程的特征

1. 明确的目的性

人类的任何社会实践活动都是有意识、有目的的实践活动，这是人区别于动物的显著特征。工程作为创造社会存在物的实践活动目的性更强。这种目的性主要表现为：其一，创造社会存在物以满足人类的生产和生活需要；其二，讲究经济成本，谋求高效益；其三，讲究时效，抓住机遇，争取竞争中的主动权。

2. 条件的有限性

人类创造社会存在物的实践活动都是在特定的社会、自然条件下进行的，人类所利用的某种科学技术知识、技术手段或自然资源、社会资源都是特定历史时期人类所认识和掌握的某种有限知识和资源，因而其创造的社会存在物也必然会带有时代的烙印，具有历史的局限性。

3. 知识、资源的集合性

任何狭义上的工程都是指运用科学原理、技术手段、自然资源、社会资源和改造自然的实践经验，对已有的物质材料进行开发、加工、生产和集成，使之成为对社会有用的存在物的实践活动，是以某种或某些科学知识为依托，利用各种资源服务于某个特定目的的实践活动。科学和专业技术是工程的本质特征和基础。工程作为以建造为核心的技术集成活动，使得它与一般的生产性活动和单一的技术工匠活动相区别。

4. 管理的复杂性

任何工程都是一个复杂的体系，涉及的因素多。尤其是现代社会的大型工程都具有集成性和社会性，不仅涉及多种基础理论学科交叉、复杂技术综合运用这些知识技术性要素，还涉及众多社会组织部门和社会管理系统、众多相关主体的利益，是众多形式、众多性质的社会活动的集合。比如三峡工程、航天工程等，往往需要十几万甚至几十万人的参与，其中的社会关系更为复杂。工程活动绝不单纯是一项技术性的活动，在工程活动中，不但体现出人与自然的复杂关系，而且还体现出人与人以及人与社会的复杂关系。因此，工程的社会目标和技术目标能否实现，与工程的组织管理密切相关。

二、工程的种类

工程作为创造社会存在物的实践活动及其结果，从不同的角度可以进行不同的划分。

（一）从各种不同的具体工农业生产部门的角度进行划分

可以划分为水利工程、化学工程、遗传工程、生物工程、环境微生物工程、机械工程、土木建筑工程、铁路工程、海洋工程、航天工程、市政工程、菜篮子工程等。本书工程法学研究和讨论的主要是这一类中与土木建筑工程有关的法律问题。即，工程法学所涉及的工程主要是房屋建筑工程、水利工程以及市政工程、道路桥梁工程等土木工程，而不包括机械工程、计算机工程、生物工程等方面的内容。

（二）从土木建筑工程本身进行划分

就土木建筑工程本身进行划分又可以有不同的标准。

1. 工程性质

按工程性质，可分为新建工程、改建工程、扩建工程、迁建工程和恢复建设工程。

2. 投资作用

按投资作用，可分为生产性建设工程和非生产性建设工程。其中生产性建设工程项目是指直接用于物质资料生产或直接为物质资料生产服务的工程项目，主要包括。(1) 工业建设项目，包括工业、国防和能源建设项目。(2) 农业建设项目，包括农、林、牧、渔、水利建设项目。(3) 基础设施建设项目，包括交通、邮电、通信、地质普查、勘探建设项目等。(4) 商业建设项目，包括商业、饮食、仓储、综合技术服务事业的建设项目。非生产性建设工程项目是指用于满足人民物质文化生活需要的建设工程项目。主要包括：(1) 住宅建设项目。如商品房建设项目、学校教职员工住宅与学生宿舍建设项目等。(2) 文教卫生建设项目。指各级各类独立的学校、体育场（馆）、影剧院、新闻通信和出版机构等文化教育事业的建设项目，以及独立的医院、托儿所、疗养院、保健站等有关卫生保健事业的建设项目。 (3) 科学试验研究建设项目。指供各种独立的研究院（所）、试验所、检验所等科学试验研究使用的工程建设项目。(4) 公用事业建设项目。指城市中公用输水管道、污水处理、城市防洪工程、煤气、道路、桥梁、环境绿化等公用事业以及公共厕所、浴室、公共旅馆或宾馆（饭店）等服务事业建设项目。(5) 其他建设项目。指各级行政机关和团体的办公用房和附属房屋等工程的建设项目，以及不属于以上各类的其他非生产性建设项目。非生产性建设工程是发展科学、教育、文化、卫生等事业和提高人民物质文化生活水平的物质基础。因此，在进行大规模的生产性建设工程的同时，必须相应地实施非生产性建设工程，使人民生活在生产发展的基础上逐步得到改善。

3. 投资效益

按投资效益，可分为竞争性工程、基础性工程和公益性工程。竞争性工程项目是指具备市场竞争条件、由市场主体通过竞争获得、没有或不需政府投融资支持、投资回报率比较高、竞争性比较强的工程项目。基础性工程项目是指具有一定自然垄断性、建设周期长、投资大而收益较低、需要政府扶持的基础设施项目和一部分基础工业项目，以及直接增强国力的符合经济规模的支柱产业项目。如交通运输、机场、港口、桥梁、通讯、城市供排水、供气供电设施等建设项目。公益性工程项目是指那些非营利性和具有社会效益性的项目，是以谋求社会效益为目的，具有规模大、投资多、受益面宽、难以产生直接经济回报、服务年限长、影响深远等特点的工程项目。既有政府部门实施的农业、环保、水利、教育、交通等项目，也有民间组织实施的扶贫、教育发展等项目。

4. 投资规模

按投资规模，国家规定的基本建设工程分为大型（5000 万元以上）、中型（3000 万元以上 5000 万元以下）、小型（3000 万元以下）三类；更新改造工程分为限额以上（能源、交通、原材料部门投资额达到 5000 万元以上，其他部门投资额达到 3000 万元以上）和限额以下两类工程。

5. 投资来源

按投资来源，可分为政府投资工程和非政府投资工程。政府投资工程按其营利性不同，又可分为经营性政府投资工程和非经营性政府投资工程。前者如国家预算内资金建设的水利项目。后者如教学楼建设项目、医院门诊楼建设项目、司法机关办公楼建设项目等。

6. 工程的功能能否住人

按工程的功能能否住人，可分为建筑工程和构筑工程。前者如工厂、住宅、厅堂馆所、亭台楼阁和纪念性建筑等。后者一般指生产过程中所必须有的附属建筑设施，例如，烟囱、水塔、冷却塔、变电站、栈桥等；也指建筑物以外的其他建筑产品，包括道路、桥梁、运河、上下水道、水库、矿井、铁道等。实际上建筑物和构筑物通称为“建筑”，如果要明确区分，既有难度也不太可能，甚至在某种意义上还可以说没有实际意义，但从科学和精准的角度，区分开来更容易理解某个建筑物的特点。如湖南省岳阳市区内的岳阳楼属于建筑工程，慈氏塔就应该属于构筑工程。

7. 工程的寿命

按工程的寿命，可分为永久性工程和临时性工程。永久性工程是指使用年限在50年以上并且能够保持其原基本性能的建筑或设施。临时性工程简单说就是为了工程能够更好更顺利地施工而建造的工人住的板房、施工时修的临时道路等。

8．工程所处位置

按工程所处位置，可分为地上工程、地下工程和航天工程。

9．工程建设性质

按工程建设性质，可分为土木工程（这里指基础工程）、建筑工程、管线安装工程和装修工程。

第二节　工程法的调整对象和基本原则

一、工程法的概念及特征

周佑勇教授认为，工程法是指规范各项工程活动、调整工程关系的法规范的总称[①]。这种界定是准确的。我国目前没有专门的工程法法律法规，有的只是建筑法等法律法规，即规范各类房屋建筑及其附属设施的建造和与其配套的线路、管道、设备的安装活动和监督管理的法律法规，但显然这只是工程法的一个重要组成部分，工程法还包括规范水利工程、市政工程、道路桥梁工程等土木工程建设与管理的其他法律法规。

与非工程法律法规相比较，工程法具有以下特征：

（一）专业性

任何工程都涉及众多的专业领域，如需要了解和掌握土木、建筑、水文、地质、测量、勘探、机电、材料以及规划、运营、管理等专业知识。因此工程法必然是工程专家和法学专家共同劳动的产物，否则就会出现外行立法，导致法律无法实施。

① 周佑勇．工程法学［M］．北京：高等教育出版社，2017：17.

（二）复杂性

工程法的复杂性体现在三个方面。

1. 涉及的专业知识具有复杂性

如前所述，它涉及土木、建筑、水文、地质、测量、勘探、机电、材料以及规划、运营、管理等多种专业知识。

2. 涉及的部门具有复杂性

如水利工程由水利部主管，铁路工程由交通运输部主管，城市市政道路工程由住房和城乡建设部主管。而不同的主管部门往往对其主管的工程又有不同的规定。

3. 工程建设各阶段涉及的法律法规所调整的法律关系具有复杂性

在工程立项、规划阶段，主要由行政法、经济法调整，形成行政法律关系和经济法律关系；在工程建设施工阶段，主要由民法调整，形成民事法律关系；而在工程建设运营管理过程中，又要由民法、行政法、刑法调整，形成民事法律关系、行政法律关系和刑事法律关系。

周佑勇教授在其《工程法学》一书中还认为，工程法具有公益性特征，其理由是工程法调整的工程大多是公共工程，具有浓厚的公益色彩①。我们认为这个特征有些牵强附会，我们现在讨论的是工程法的特征，而不是工程的特征。实际上工程法在公益性上与其他法并没有区别。

二、工程法的调整对象

工程法的调整对象是工程关系。任何工程都有一个从立项到形成社会存在物的过程。所谓工程关系就是指在工程决策、立项、规划、报建、勘察、设计、拆迁安置、招投标、施工、监理、管理、竣工验收、保修等全过程中所形成的各种社会关系。工程法就是对工程全过程中所形成的各种社会关系进行调整的法律规范。

工程关系作为社会关系经过工程法调整后形成工程法律关系。所谓工程法律关系就是由工程法确认和调整的工程关系主体之间的权利与义务

---

① 周佑勇．工程法学［M］．北京：高等教育出版社，2017：18.

关系。

对于工程法律关系的种类问题，学术界的认识存在差异。

东南大学法学院张马林博士和河南城建学院法学院生青杰教授认为，按工程法所调整的社会关系的种类不同，工程法律关系可划分为工程管理关系和工程交易关系[①]。

东南大学土木工程学院李启明教授认为，按工程法所调整的工程关系在不同阶段所体现的不同特点，工程法律关系可划分为工程决策法律关系、工程实施法律关系和工程运营法律关系[②]。

周佑勇教授则认为，按工程法所调整的工程关系的性质不同，工程法律关系可划分为纵向的工程行政关系和横向的工程民事关系[③]。

我们认为，从工程法的调整对象和工程法律关系的性质综合来看，在整个工程建设过程中，按照法律关系出现的先后顺序，工程法律关系大致上可划分为工程行政法律关系、工程民商事法律关系、工程经济法律关系、工程刑事法律关系、工程争议解决法律关系。至于工程建设完成后，在管理、使用、转让等过程中产生的法律关系如物业管理法律关系、住房保障法律关系、房地产税收法律关系、房屋销售法律关系、房屋租赁法律关系、房屋继承法律关系等与工程建设无关，并非工程法的调整对象。

（一）工程行政法律关系

这是工程建设主体与政府行政主管部门之间在工程立项、规划、报建、拆迁安置、招投标、施工、监理、管理等过程中形成的法律关系。工程行政法律关系最主要的特点有两个：一是主体之间是管理与被管理的行政相对关系；二是政府行政主管部门的管理具有多元性，不同的工程其行政主管部门也不同。工程行政法律关系因工程的特殊性又包含以下具体法律关系：一是土地所有权法律关系。任何工程必须建设于一定的地面上，

---

① 张马林．论工程法的调整对象［J］．东南法学，2010（1），转引自周佑勇．工程法学［M］．北京：中国人民大学出版社，2010：7；生青杰．建设工程法［M］．武汉：武汉理工大学出版社，2007：1.

② 李启明．建设工程合同管理（第二版）［M］．北京：中国建筑工业出版社，2009：2-3.

③ 周佑勇．工程法学［M］．北京：高等教育出版社，2017：20.

且工程一旦建成则具有无法移动的特点。因此土地和工程在法律上都被视为“不动产”。我国实行土地公有制，国家实行严格的土地保护和利用制度，工程建设必须通过一定的法律程序获得土地而后才能进行建设，因此土地所有权关系是工程法学的研究对象。二是城乡规划法律关系。在我国，所有的工程项目都必须符合城乡规划，而城乡规划立法与土地管理立法是紧密相连的。如果说土地所有权法律关系确立了土地的权属性质、土地利用总体规划和建设用地基本框架的话，那么城乡规划法律关系则是进一步结合社会发展的基本因素对土地利用规划和建设用地的一般程序作出规定。三是土地征收补偿法律关系。除了水利、铁路等大型基础设施建设以外，我国大多数工程建设项目位于城市，国有土地的数量远远不能满足工程建设的需要，需要征用集体土地将其转化为国有土地进行工程建设，但必须对被征收人进行补偿安置。

（二）工程民商事法律关系

这是工程建设主体相互之间在工程勘察、设计、施工、监理、运营、保修等过程中形成的法律关系。工程民商事法律关系最主要的特点有两个：一是主体之间是平等关系，即使工程发包方是政府部门，它与承包方之间也是地位平等的法律关系主体；二是工程民事法律关系主要是合同法律关系，工程的勘察、设计、施工、监理、运营、保修等都是通过合同的方式来确定双方的权利义务关系。

（三）工程经济法律关系

这是工程建设主体与政府行政主管部门或者金融机构之间在工程立项、报建、融资、拆迁安置、施工、竣工验收等过程中形成的法律关系。工程经济法律关系最主要的特点是：纵横交错性，既有管理与被管理的行政相对关系，如工程设计、施工过程中与环保部门的关系，工程施工过程中与安全监督部门、劳动部门的关系，工程竣工验收过程中与税务、审计部门的关系；又有平等主体之间的合同关系，如工程建设主体与银行之间的贷款合同关系。

（四）工程刑事法律关系

这是工程建设主体与国家公安机关、司法机关之间在工程建设全过程中因工程建设主体的犯罪行为所形成的受刑法规范调整的法律关系。如工程事故类犯罪中的工程重大安全事故罪；工程渎职类犯罪中的玩忽职守罪，滥用职权罪，国家机关工作人员签订、履行合同失职被骗罪，环境监管失职罪，非法批准征用、占用土地罪，非法低价出让国有土地使用权罪；工程侵权类犯罪中的生产、销售伪劣产品罪，生产、销售不符合安全标准的产品罪；工程欺诈类犯罪中的诈骗罪、合同诈骗罪、非法吸收公众存款罪、集资诈骗罪；工程环境类犯罪中的污染环境罪；工程腐败类犯罪中的受贿罪、行贿罪、贪污罪等。工程刑事法律关系的主要特点是：其一，必须有工程领域的犯罪行为发生，这种法律关系不能由意外事件引发；其二，工程领域犯罪高发且可以发生在工程建设全过程中的任何一个环节。

（五）工程争议解决法律关系

这是工程建设主体之间因工程纠纷以及工程建设主体与国家公安机关、司法机关之间在工程建设全过程中因工程建设主体的犯罪行为所形成的受程序法规范调整的法律关系。工程建设主体之间因工程纠纷所形成的民事诉讼或仲裁法律关系受民事诉讼法、仲裁法规范调整；工程建设主体与国家公安机关、司法机关之间在工程建设全过程中因工程建设主体的犯罪行为所形成的刑事诉讼法律关系则受刑事诉讼法规范的调整。工程争议解决法律关系的主要特点是：具有滞后性，即使有工程纠纷发生，如果不向法院起诉或向仲裁机构申请仲裁，法院或仲裁机构不会主动来解决纠纷，也就不会形成民事诉讼或仲裁法律关系；即使有犯罪行为，如果没有发现和告发，也不可能形成刑事诉讼法律关系。

三、工程法的渊源

我国现行的工程法渊源包括：

（一）宪法

《中华人民共和国宪法》是所有工程法律法规的立法依据。

（二）法律

由全国人大及其常委会制定的有关工程方面的规范性文件有《中华人

民共和国民法典》《中华人民共和国建筑法》《中华人民共和国招标投标法》《中华人民共和国土地管理法》《中华人民共和国城市规划法》《中华人民共和国城市房地产管理法》《中华人民共和国环境保护法》《中华人民共和国环境影响评价法》等。

（三）行政法规

由国务院制定的有关工程方面的规范性文件有《建设工程质量管理条例》《建设工程安全生产管理条例》《建设工程勘察设计管理条例》《中华人民共和国土地管理法实施条例》等。

（四）部门规章

由国务院各相关部委制定的有关工程方面的规范性文件有《工程监理企业资质管理规定》《注册监理工程师管理规定》《建设工程监理范围和规模标准规定》《建筑工程设计招标投标管理办法》《房屋建筑和市政基础设施工程施工招标投标管理办法》《评标委员会和评标方法暂行规定》《建筑工程施工发包与承包计价管理办法》《建筑工程施工许可管理办法》《实施工程建设强制性标准监督规定》《房屋建筑工程质量保修办法》《房屋建筑工程和市政基础设施工程竣工验收备案管理暂行办法》《城市建设档案管理规定》等。

（五）地方性法规和地方政府规章

由各省市自治区人大常委会和省级政府以及设区的市人大常委会制定的有关工程方面的规范性文件。如湖南省人大常委会制定的《湖南省建设工程质量和安全生产管理条例》等。湖南省人民政府制定的《湖南省重点建设项目管理办法》《湖南省重大建设工程和可能发生严重次生灾害建设工程地震安全性评价管理办法》《湖南省建筑消防设施管理办法》等。

（六）司法解释

由最高人民法院制定的有关工程方面的规范性文件。如因实施《中华人民共和国民法典》而废止的《关于审理建设工程施工合同纠纷案件适用法律问题的解释（一）（二）》和 2021 年 1 月 1 日起实施的《关于审理建设工程施工合同纠纷案件适用法律问题的解释（一）》，它们分别是此前和现行的审判工程领域纠纷案件的重要依据。

四、工程法的基本原则

工程法的基本原则是指作为工程法律规范的指导思想或基础，具有综合性、稳定性本质特征和普遍效力，贯穿于工程立法、司法和工程建设活动始终的法律原理和基本准则。

（一）保证工程质量原则

所谓保证工程质量原则是指建设工程在质量、安全上应获得良好保障。由于建设工程质量不仅关系到工程本身的使用价值，而且关系到人类的生命财产安全，所以保证工程质量原则是工程法的首要原则。在立法上，国家应有工程建设强制性质量安全标准；在工程建设活动中，当事人应有质量安全意识，切实按照工程建设强制性质量安全标准进行设计、施工；在司法上，司法机关应严格依据工程建设强制性质量安全标准对工程质量安全纠纷进行裁判，维护法律的权威性和当事人的合法权益。

（二）维护公共利益原则

所谓维护公共利益原则是指建设工程立法、司法和工程建设规划立项活动要保护社会公众共同享有的生存、发展资源和条件。从工程建设角度讲，工程质量原则突出体现在工程建设施工过程中，而维护公共利益原则突出体现在工程建设规划立项过程中。我国在立法上对公共利益及其范围没有明确的界定，事实上，由于领域不同，评价标准不同，对公共利益的理解就可能不同，如为了建设湖南省岳阳市环南湖三圈，市政府从节省建设经费的角度决定利用湖南理工学院近4公里湖岸线的道路，湖南理工学院则在经过几轮磋商后作了有条件的妥协，在此对公共利益就有不同的理解。

在我国建设工程立法中并没有明确将维护公共利益作为一项法律原则，但建设工程与公共利益息息相关。现实中，建设工程侵害公共利益的事件屡见不鲜；假借维护公共利益之名侵害建设工程当事人合法权益甚至行政相对人合法权益的事件也屡见不鲜，如有些建设工程征地拆迁过程中侵害人民的利益。

（三）与国际接轨原则

所谓与国际接轨原则是指在建设工程立法、司法和工程建设活动中应援引、借鉴国际上成熟的、有效的建设规范或监管模式。如，国际承包工程往往是一个系统工程，需要向国际经验学习，由不同资质的企业去从事勘察、设计、施工、监理等各环节的工作。再如，当前我国引进了不少工程建设新模式，像 PPP 模式、BOT 模式、EPC 模式等以及借鉴国际咨询工程师联合会（FIDIC）合同文本。

关于周佑勇教授主编的《工程法学》教材中所列出的“衡平原则”“公平、公正、公开及诚实信用原则”“合理干预原则”，我们认为已经分别被保证工程质量原则、维护公共利益原则所涵盖，没有必要作为工程法的基本原则再进行阐述。

第三节　工程法学及其学科属性

一、工程法学的概念

周佑勇教授在《工程法学》一书中基本上没有用“工程法学”这一概念，他在书中除前言提到“工程法学”外，正文中用的都是“工程法”概念。其认为工程法是一门独立的交叉法学学科①。显然，在界定工程法学概念时，周佑勇教授的思维是模糊的，他将“工程法”直接等同于“工程法学”，这是概念上的混淆。工程法是指有关工程的法律法规，工程法学则是研究工程法律现象的一门学问。

沈阳建筑大学管理学院法学专业负责人吴访非教授等认为，工程法学是研究工程法律规范及其发展规律的法学学科②。

---

① 周佑勇. 工程法学［M］. 北京：高等教育出版社，2017：35.

② 孟庆鹏. 吴访非. 工程经济法［M］. 北京：中国电力出版社，2016：9.

在我国最早研究工程法的台湾大学法律系林明锵教授认为，工程法学作为法学学科的一个次级单元，是在法学与工程之间不断进行对话沟通的基础上，进而发生实质性“科际整合”的产物[①]。显而易见，林明锵教授也只是说明了工程法学的特征和属性是学科之间的整合（大陆称之为学科交叉），并没有回答什么叫工程法学。

上述学者对工程法学概念的界定各有自己的角度，但都不完整。我们认为，工程法与工程法学是两个既有区别但又紧密联系着的概念。既然工程法学是一门法学学科，对这一概念的界定必然要求与法学的基本概念相一致，由于法学是以法律规范、法律现象及其规律为研究对象的学科，那么所谓工程法学显然也是以工程法律规范、工程法律现象及其发展规律为研究对象的学科，是工程学和法学相互交叉融合的法学学科。工程法是工程法学的研究对象之一。

工程法学这门交叉学科的出现有其独特的时代背景。当今世界普遍勃兴的基建市场必然触发不断增长的工程领域法律纠纷，由于涉及诸多与工程相关的技术知识，很多对工程问题一窍不通的法律人在此间或者“步履蹒跚”，或者“寸步难行”。因此，适应现实需求而产生的工程法学首要的使命就是如何解决工程领域特别是我国当前工程市场中的法律问题。在此基础上，通过日复一日的学术研究积淀和反思，借鉴其他学科先进的研究成果和成熟的研究方法，提炼出“展现中国特色、具有中国气派”的工程法学学术思想和学科方法论，展现工程法学学科体系的中国特色，进而使工程法学真正立足于法学学科之林，丰富中国特色法学学科体系，便是工程法学理论界和实务界的共同使命。

二、工程法学的研究对象

周佑勇教授认为，工程法本质上是以工程问题为导向的横跨传统法多领域之法规范整体。工程法学的研究对象既涉及法学外学科之间的交叉，

---

① 林明锵．工程与法律教学研究之科际整合：以台大小巨蛋判决为例［J］．台大法学论丛，2009（3）：109－171．

即与工程相关的土木、建筑、管理、投资、保险等学科，也涉及法学内学科之间的交叉，即行政法、民法、刑法等部门法学学科[①]。但很显然他没有概括工程法学的研究对象究竟是什么。

吴访非教授、孟庆鹏副教授认为，工程法学是一门法学学科，工程法学以工程法律规范及其发展规律为研究对象。工程法学不仅研究工程而且研究工程建设法的发展规律，不仅研究工程法的现状，而且研究工程法的历史发展，不仅研究静态的工程法，而且研究动态的工程法[②]。

我们认为工程法学的研究对象是工程法律规范、工程法律现象及其发展规律。第一是工程法律规范，这是目前以高校为主的学术界主要研究的对象；第二是工程法律现象，如工程法律意识、工程法律行为、工程法律问题，这是目前法律实务部门的专家学者主要研究的对象；第三是工程法律规范、工程法律现象的发展规律，主要研究工程法的立法、执法、司法现状，工程法发展史，工程法的未来发展趋势特别是工程法学基本理论等，目前基本上还没有多少人进行过系统的研究。

三、工程法学的学科属性

在上一个问题中我们已经涉及了这个问题，但没有展开。

周佑勇教授在其第一版《工程法学》一书的前言中认为，工程法是一门新兴的法学交叉学科。这种学科交叉既涉及法学外学科之间的交叉，也涉及法学内学科之间的交叉。法学外学科即与工程相关的土木、建筑、管理、投资、保险等学科；法学内学科即行政法、民法、刑法等部门法学学科。这种独特的研究方法与研究对象使工程法学日益成为一门独立的法学边缘学科。然而，他在其第一版和第二版《工程法学》关于工程法的学科属性中又都认为，将工程法界定为一门独立的交叉法学学科，而非传统的法学边缘学科似乎更为妥帖[③]。显然他对工程法学的学科属性也是认识不清的，学科定位前后不一致。他在前言中认为工程法学既是一门独立的法

---

① 周佑勇．工程法学［M］．北京：中国人民大学出版社，2010：前言．

② 孟庆鹏，吴访非．工程经济法［M］．北京：中国电力出版社，2016：9．

③ 周佑勇．工程法学［M］．北京：高等教育出版社，2017：35．

学交叉学科，又是一门独立的法学边缘学科，这种认识本来是对的，二者并不矛盾和冲突，但在工程法的学科属性中他又认为，工程法只是一门独立的交叉法学学科，而不是法学边缘学科。其实，工程法学是一门独立的法学交叉学科或交叉法学学科是从它的形式上的特点来讲的，它是工程学与法学的交叉融合，本质上还是一门法学学科。工程法学是一门独立的法学边缘学科则是从它与其他部门法学学科的关系上来讲的，它不依赖于其他部门法学学科而存在，有自己的研究对象，所以它是一门独立的法学学科，但与其他传统部门法学学科相比较，它的地位次要一些，处在边缘地带，没有它不会严重影响法学学科体系的建立，只是没有它法学学科体系会有所缺憾而已。

（一）工程法学的特点

当今社会在知识领域凸显出的三大特征是学科交叉、知识融合和技术集成。学科交叉是指超出各自学科边界所进行的学科间的合作与互动，是将不同学科的理论、方法或思维形态有机融为一体的学科建设活动。学科交叉的知识体系是诸多学科交叉渗透、创造性地建构起来的新知识体系，是拓展出的新的研究领域，有其独特的学科研究对象、概念、原理、方法等[①]。冯果教授认为，新兴交叉学科是传统学科的衍生，是法学学科新的增长点，最有可能产生重大的学科突破和革命性变革，也最有可能回应和解决现实生活中重大复杂的社会性问题和全球性问题，推动法治实践的不断深化。我国现行的“理论法学＋部门法学”的传统法学学科体系，已滞后于社会变革和法治实践，甚至在一定程度上成为法学学科体系完善的障碍。在他看来，法学新兴交叉学科能否成为一门成熟的学科，能否推动中国法治事业的发展，首要的是以问题为导向，提升学术研究水平，形成固定的研究对象，同时，还要将其他相关知识与法学原理实现实质性融通，这需要不断提炼和发掘其法学学科的基本属性。当然，最为重要的是要形成自己独特的知识谱系。[②]

---

① 姜明. 以学科交叉为特色的高校核心竞争力研究［J］. 中国成人教育，2007（8）：8－9.

② 冯果. 加速新时代法学新兴交叉学科的发展［N］. 光明日报，2017－12－29（7）.

工程法学正是在社会发展到必须研究和解决众多工程法律问题时应运而生的，问题导向鲜明，可以说没有需要解决的工程法律特殊问题就不可能出现工程法学。工程法学作为交叉学科以传统部门法学学科为基础，但又因为它鲜明的问题导向而独立于其他传统部门法学学科而存在。

1. 专业性

作为交叉学科，工程法学首先需要工程技术知识的支持。学习、研究和运用工程法理论，都需要懂得一定的工程技术知识。工程技术知识是工程法学的生命和源泉，是工程法学赖以生存的基础和土壤，没有工程技术知识，也就没有工程法学；没有工程技术知识的有力支持，工程法学是不可能产生的。

2. 跨学科性

作为交叉学科，工程法学体现了工程学与法学的融合、多个部门法学学科的综合。如前所述，工程法调整的工程法律关系就包括工程行政法律关系、工程民商事法律关系、工程经济法律关系、工程刑事法律关系、工程争议解决法律关系。既包括实体法又包括程序法，且横跨行政、民事、刑事三大传统基础法学学科。其实，工程学与法学的交叉融合不仅可以通过研究工程领域中的法律问题形成工程法学，而且可以通过运用工程研究范畴和方法研究法学问题，从而创建法工程学，这可能是更为艰难而有价值的法学交叉学科。

3. 研究主体的多元性和研究方法的独特性

作为交叉学科，工程法学的研究和实践主体必然具有多元性，相互之间的协作研究将成为工程法学研究和发展的重要特色。

（二）工程法学既是一门独立的法学交叉学科，也是一门法学边缘学科

一种系统化的法律知识和理论是不是一门独立的学科主要取决于两点：第一，它研究的那些法律规范所调整的社会关系是否具备某种“共性”，即是否具有独立的共同的调整对象；第二，将那些具备共性的法律规范进行综合研究是不是必要的。

1. 工程法学研究的工程法具有共同的调整对象

如前所述，工程法的调整对象是工程关系，是在工程决策、立项、规

划、报建、勘察、设计、拆迁安置、招投标、施工、监理、管理、竣工验收、保修等全过程中所形成的各种社会关系。这些具有共性（工程性）的社会关系经过工程法的调整形成工程关系主体之间的权利与义务关系。包括工程行政法律关系、工程民商事法律关系、工程经济法律关系、工程刑事法律关系、工程争议解决法律关系。所以，工程法学作为一门独立的法学交叉学科和法学边缘学科是可能的。

2．对这些具有工程共性的法律规范进行综合研究是必要的

当今世界，学科的分化导致“在学科内部被不断分解成二级、三级子学科，由不同的人群予以持续性研究，并在此基础上培养出专精于某一具体领域的人才。学科分化推动了科学研究的深刻化和精细化，但在消解人类认知一种盲区的同时，也创造了另一种可能的盲区，因为社会问题不会按某个单一学科的逻辑和意图呈现自己”。“随着经济社会和科技的迅速发展，人类社会重大领域出现的各种问题愈加呈现出复杂性、集合性、动态性的特征，任何一个学科系统都难以单独作出回应”。①

工程领域中的法律问题正是因为具有专业性、复杂性、综合性的特点，所以，无论是传统法学学科中的行政法、民商法、经济法，还是刑法，都不能从自身单一学科来解决工程领域中出现的法律问题。因此，工程法学作为一门独立的法学交叉学科和法学边缘学科是必要的。

北京大学刘剑文教授和中国政法大学解志勇教授②关于领域法学的开创性理论思维，为工程法学作为一门独立的学科的必要性提供了重要的理论支撑。按照他们的观点，法学学科体系由基础学科和领域学科所构成。传统法学学科中的行政法、民商法、刑法属于基础学科，工程法学、卫生法学、经济法学等则属于领域学科。基础学科相对固定，能凸显法学作为科学的内涵稳定性；而领域学科则是开放的体系，最能彰显法学的与时俱进性。基础学科为领域学科的发展提供研究方法和基本范式，领域学科则为基础学科的发展注入活力，为其进步作出最好诠释，二者共同组成稳

① 刘剑文．论领域法学：一种立足新兴交叉领域的法学研究范式［J］．政法论丛，2016（5）：3.

② 解志勇．法学学科结构的重塑研究［J］．政法论坛，2019（2）：13－22.

定、开放、包容的法学学科体系。这种观点是对传统观点的重要突破，解决了长期以来困扰学术界的许多问题，也解决了工程法学是不是一个独立的法学学科的问题。

第四节　工程法学研究

一、工程法学的研究价值

工程法学从21世纪初由台湾地区的学术组织和专家学者开始研究以来，已经在海峡两岸形成了不小的研究队伍。湖南理工学院政法学院也在2012年开办的工程法律实验班的基础上，从2016年开始由工程法律人才培养模式的探索转向工程法学理论和实务问题的探讨，出版了相关的著作，发表了相关的论文，在法律硕士研究生培养上设置了工程法务研究方向，力图在工程法学术研究方面实现质的突破。那么，从事工程法学研究的价值何在？目的何在？

（一）工程法学本身的价值（工程法学作为交叉学科存在的价值）

1. 工程学与法学交叉有其共同基础

近现代科学发展史表明，新学科的产生、科学前沿的重大突破，大多是在不同的学科彼此交叉和相互渗透的过程中形成的，当代学科交叉研究体现了科学向综合性发展的趋势。而不同学科间的交叉必然有其交叉的内在基础。工程学与法学分属自然科学和社会科学两大独立的学科，有各自的研究领域，那么，工程学与法学为何能交叉，其交叉点又是什么？工程学作为自然科学，是通过研究与应用数学、自然科学等基础学科知识，来达到改良各行业中现有建筑、机械、仪器、系统、材料和加工步骤的设计和应用方式的一门学科。作为其研究对象的建设工程是为人类提供物质技术基础和生活条件的各类建筑物和工程设施，与人的生产、生活、健康乃至人类的延续密切相关，其建设标准具有强制性，因而与法学联系得格外紧密。因为法律是强制性的社会规范，其主要功能之一是维护人类的生产生活秩序和人的生命健康。工程学与法学交叉正是基于维护人类的生产生活秩序和人的生命健康这一共同使命而融合在一起形成工程法学。

2. 工程学与法学交叉源于工程建设实践中出现的问题

任何学科都不是学者们主观凭空想象的产物，都来源于人类社会的实践活动及其出现的问题。工程学是为了解决建设工程中的技术问题而产生的学科，法学则是为了解决人类社会各领域中的社会问题而产生的学科。建设工程的工程师在进行工程学研究或建造工程时，不但要遵循工程学的科学技术规范，同时也要遵循法律规范。在当今的工程建设过程中出现了许多需要通过法律途径加以解决的问题，如违规建设问题、围标问题、虚假招标问题、挂靠问题、实际施工人问题、黑白合同问题、建设材料以次充好问题、工程偷工减料问题、工程监理形同虚设问题、工程验收问题、工程保修和后期维护问题等，所有这些问题都不是技术问题而是社会问题，都需要制定相应的法律、法规进行规范和调整，于是相应的工程法律法规应运而生，如最高人民法院就建设施工合同存在的问题发布的《关于审理建设工程施工合同纠纷案件适用法律问题的解释》，工程学与法学都需要对司法解释涉及的问题进行研究。

（二）研究工程法学的价值

1. 为解决建设工程领域中存在的社会问题提供理论支持

工程法学作为交叉学科是综合性、系统性的知识体系，有利于有效地解决人类社会面临的重大科学问题和社会问题。众所周知，我国的建设工程领域正处在一个迅猛发展、矛盾尖锐、纠纷频发、恶性事件时有发生的特殊时期。如何有效防控工程纠纷、及时公正处理工程纠纷，有赖于工程法学为其提供理论支持。我国高等院校纷纷探索工程法学人才培养模式，研究工程领域中的现实问题，都是源于对我国建设工程领域现状的担忧和对防控、解决建设工程领域重大社会问题的苦苦寻求。

2. 丰富中国特色法学学科体系

当前法学学科建设的症结可以归为两个方面：一方面，法学学科与社会发展相脱节；另一方面，法学学科与其他学科相隔绝。就与社会实践联系而言，法学本身作为“实践性很强的学科，自应当源自实践，服务于实践，随着实践的发展变化而更替其自身”。然而，“我国目前的法学学科体系还是在苏联的法学学科体系下形成的以部门法为划分依据的体系结构”①，这种体系结构有其系统化、体系化方面的优势。不过其缺陷同样也是明显的，面对数字化时代层出不穷的新情势和新问题，难以作出及时有效的回应，更不用说在合理总结经验事实的基础上不断催生出法学新兴学科。就学科的联系来讲，法学与人文社会科学乃至自然科学存在着紧密的联系已经是一个不言而喻的事实，但是就我国法学学术研究的整体来说，“学界不注重法学与其他领域知识交融的现象比较普遍，跨学科的知识融合存在严重不足”②。排斥甚至拒绝知识融合的倾向导致面对纷繁复杂的社会问题，法律人所给出的回应尽管真诚却因欠缺整体性视角而流于片面，实用性不强。

工程法学作为法学学科的一个次级单元，是在法学与工程学之间不断进行对话沟通的基础上，进而发生实质性“科际整合”的产物③。工程法学作为交叉学科与传统学科一起共同构建法学学科体系。如果将工程法学作为一门领域法学的话，那么“领域法学发挥着整合不同法学学科以及法学与其他一级学科知识的功能，并紧跟时代步伐因应社会变迁过程中出现的法学问题。领域学科展现了学科划分与部门法划分之间的距离：即使没有制定相应立法，领域学科作为重要的知识体系也有其独立价值。领域学科还会促进基础学科理论的发展和完善，预测社会发展中可能出现的新矛盾、新问题”④。

3. 提升地方本科院校的办学水平

学科建设在地方高校的发展过程中发挥着关键性的作用。首先，从学理上来说，学科建设在高等学校建设工作中居于核心地位，学科为教师们提供了生存进步的土壤，学科的定向规范了人才培养的方向和质量，学科

① 付子堂. 构建具有中国特色的法学学科体系［J］. 中国高等教育，2017（10）：16－19.

② 王利明，常鹏翱. 从学科分立到知识融合——我国法学学科30年之回顾与展望［J］. 法学，2008（12）：58－67.

③ 林明锵. 工程与法律教学研究之科际整合：以台大小巨蛋判决为例［J］. 台大法学论丛，2009（3）：109－171.

④ 解志勇. 法学学科结构的重塑研究［J］. 政法论坛，2019（2）：13－22.

的水平直接决定了一所大学的办学水平，因而可以说，有了一流的学科，才会有一流的学者、一流的学生和一流的大学①。其次，从地方高校的自身实际来看，地方本科院校缺少中央政策资金支持，受制于各省市不同的经济发展水平和政策扶助力度，集中有限资源优先发展特色学科并由此形成比较优势，是地方本科院校提升竞争力的必由之路。最后，从2017年教育部、财政部和国家发展改革委联合发布的第一轮“双一流”建设名单可以看到，42所“双一流”建设高校都不是地方本科院校，但在“双一流”建设学科分布中，一些地方院校的优势或特色学科却得以入选。因此，“双一流”政策的实施给了地方院校生存发展空间，也凸显了学科建设对于地方本科院校“生死存亡”的重要性。我们地方高校发展工程法学这一特色学科可谓是恰逢其时。通观国内目前进行工程法律人才培养和主研工程法律相关问题的高等院校，无一不是理工学科占优势地位。各所法学院的相关主事者普遍正视所在院校的学科发展现状，积极主动借助并依托工科优势，通过加强与土木工程、交通工程等专业的交流融合②，打造特色法律人才培养方向，在此基础上进一步从事跨学科研究，承担工程法学这一交叉学科建设的任务。

研究工程法学对于提升地方本科院校办学水平的作用是显而易见的。当前在高校建设竞争过程中，科研的重要性愈益显现，地方本科院校法学院系受限于各种主客观条件，科研现状整体水平不高，影响力有限。因此必须通过内部挖潜，或是外部引进，整合各类资源，围绕工程法领域相关问题做研究，持续发力，蓄积研究成果。相信通过集中精力开展工程法领域学术研究，定能实现学科水平的大幅迈进，从而提高学科整体的科研水平。

4. 深化地方高校服务地方职能

人才培养、科学研究、文化传承和社会服务是现代大学的四大职能。作为地方本科院校必然要求其学科专业建设要与地方经济社会发展的需要

---

① 谢桂华. 关于学科建设的若干问题［J］. 高等教育研究，2002（5）：46－52.

② 周扬. 在科学和法治的轨道上推进中国特色世界一流法学学科建设——张文显教授访谈录［J］. 中国大学教学，2017（8）：4－13.

相适应。立足法学学科，结合工程相关知识，致力于分析和解决工程法律问题的工程法学，以其问题意识来源于实践、学术研究为了实践的独特品性，自然成为理工类地方本科院校服务地方经济社会发展的重要发力点。地方工程建设中所涉及的规划审批、勘察设计、招投标、采购、征地拆迁、工程合同订立及履行、工程质量管理等环节，都会出现大量的法律问题，这些法律问题的妥善解决除了有赖于法律人的实践智慧之外，相应的学术研究亦发挥着重要作用。

二、工程法学研究的背景、发展历程及热点问题

（一）工程法学研究的背景

1. 交叉学科问题的缘起

前已述及，交叉学科作为不同学科之间相互融合、渗透而出现的新兴学科，它可以是自然科学与人文社会科学之间的交叉而形成的新兴学科（如生物学和金融学交叉形成进化金融学），也可以是自然科学和人文社会科学内部不同分支学科的交叉而形成的新兴学科（如科学技术哲学），还可以是技术科学和人文社会科学内部不同分支学科的交叉而形成的新兴学科（如网络技术和语言科学融合交叉形成网络语言学）。自然科学不同分支学科之间和人文社会科学不同分支学科之间的相互融合、渗透而出现的新兴学科也是交叉学科（如量子物理与计算机科学的交叉融合形成量子信息学，分子生物学与计算机科学的交叉融合形成生物信息学，法学与社会学、经济学交叉形成法社会学、法经济学）。

学科交叉通常源于单一学科无法或者无意对某些重要问题进行研究。例如，社会科学学科中的人类学和社会学，通常并不重视研究科技进步对社会的影响。因此，一些对此感兴趣的社会科学家（如人类学、历史学、哲学、社会学等方面的学者）有意去参与科学与技术研究项目。不过，也有不少交叉学科起源于新的研究方向，如纳米科技等。

对于交叉学科的讨论始于 20 世纪 40 年代，“跨学科”一词最早由美国哥伦比亚大学心理学家罗伯特·伍德沃斯提出。我国在 20 世纪 80 年代引入“跨学科”一词，我国学者将其解释为“交叉学科”。1980 年，中国

科技界出现了“加强软科学，发展交叉科学，提倡学科交叉”的认识热潮。时任中国科协副主席的钱三强教授，以鲜明的态度积极支持。他在第一次全国交叉科学学术讨论会上，作了《迎接交叉科学新时代》的演讲。这次演讲被公认为交叉科学发展史上的“著名演讲”，受到广泛重视。

可见，学科交叉不是一个新问题。但21世纪以来特别是2020年以来，它又成为一个热门话题。2005年，美国大学联合会（AAU）的报告指出：“近年来，各种类型的跨学科计划、项目、中心和研究所在大学出现……这种快速增长反映了面对新的复杂问题，需要对学科知识和研究方法进行重新整合。”① 与此同时，越来越多的大学在其战略发展规划中将跨学科列为重要目标。2020年7月29日，中华人民共和国成立以来第一次研究生教育（视频）会议上，决定新增“交叉学科”作为新的学科门类。2021年1月13日，国务院学位委员会、教育部正式发布了《关于设置“交叉学科”门类、“集成电路科学与工程”和“国家安全学”一级学科的通知》，使“交叉学科”成为继“哲学、经济学、法学、教育学、文学、历史学、理学、工学、农学、医学、军事学、管理学、艺术学”之后的第14个学科门类。

学科的交叉融合对于科学进步、知识传承和人才培养意义深远。第一，学科交叉融合有助于催生重大科学成就。有人研究诺贝尔奖百年评选历程发现，有41.02%的获奖项目属于交叉学科，尤其在20世纪的最后25年内，在95项自然科学奖中，交叉学科领域就有45项，占获奖总数的47.4%②。第二，学科交叉融合是培养拔尖创新人才的有效途径。创新意识以及创造力是拔尖创新人才的突出特征，文理交融则成为创新人才孕育和成长的土壤。人文学科的学生以形象思维和直觉感受见长，而理工学科的学生则擅长抽象思维和逻辑推理，因此，学科交叉使形象与抽象、直觉与逻辑构成学生科学思维和创造的两翼，同时也成为培养拔尖创新人才的必备因素。第三，学科交叉融合是当今世界一流大学的共识和特征。哈佛

---

① 牛力．近年来美国大学推进学科交叉的举措及其启示［J］．煤炭高等教育，2009（1）：67－69.

② 冯一潇．诺贝尔奖为何青睐交叉学科［N］．科学时报，2010－2－2.

大学、麻省理工学院、斯坦福大学等世界知名高校都十分重视推动多学科交叉融合，纷纷通过设立跨学科研究基金、发布跨学科研究计划、建立跨学科研究平台等途径推动学科交叉融合，开拓新的科学研究领域，催生原创性科研成果。我国也有北京大学、浙江大学等部分高校已经把交叉学科列为学科建设的重要内容。有的实行双学位制；有的开设选修课；有的允许学生高年级转系、转专业；有的发展新兴的跨学科性质的系和专业等，目的在于着力培养跨学科复合型人才。

2. 我国法学交叉学科建设情况

我国法学交叉学科研究成果以“领域法学”和“行业法”两种观点影响较大。

以北京大学法学院刘剑文教授为代表，提出“领域法学”研究范式，认为领域法学是以问题为导向，以特定经济社会领域全部与法律有关的现象为研究对象，融经济学、政治学和社会学等多种研究范式于一体的交叉性、开放性、应用性和整合性的新型法学学科体系、学术体系和话语体系。中国政法大学解志勇教授在“领域法学”研究基础上进一步将现有法学学科体系划分为“基础学科”和“领域学科”。有人提出将工程法学纳入领域学科，使之成为一门独立的法学交叉学科，但是也有人认为由于工程具有极强的专业性，以基础学科为起点构建工程法学体系过于片面，还需要结合建设工程领域知识体系来确定其学科属性。

以复旦大学法学院孙笑侠教授为代表，提出“行业法”研究范式，认为行业法是以国家涉及行业的法律为基础，通过政府涉及行业的行政法规和行政规章、地方立法机关以行业为背景的地方性法规等，从而形成的行业法体系的总称。但他没有明确提出建立“行业法学”新型法学学科。

“领域法学”和“行业法”这两种观点的共同点是：其一，研究背景相同，都是因为法学教育依旧是原来的课程体系格局，毕业生不能满足各行业、各领域对法律人才的需求；其二，研究对象相同，都是以现行立法和法学研究现状为对象；其三，研究方法相同，都是以问题为导向，以解决实践问题为研究起点；其四，研究目标相同，都不是对部门法的补充，而是为了建立新的法律体系或法学知识结构体系；其五，基本理念相同，都是主张部门法学科之间的科际整合，并认为“领域法学”或“行业法”与部门法具有同等地位。

但“领域法学”研究的范围显然大于“行业法”，“领域法学”的包容性、开放性更强，“领域法学”填补了“行业法”与部门法划分所造成的空隙。而且像“财税法”“环境法”“社会法”“海洋法”“工程法”等根本无法用“行业法”来解释，将财税、环境、社会、海洋、工程等称为“行业”也显得滑稽。所以比较而言，称“领域法学”比称“行业法”要好，在某种意义上“工程法学”也可看成是一种“领域法学”。

根据教育部网站消息，各学位授予单位立足学科发展前沿，积极回应社会需求，在1997年《授予博士、硕士学位和培养研究生的学科、专业目录》的二级学科之外，自主设置了一大批二级学科和按二级学科管理的交叉学科，有力推动了新兴交叉学科的发展，强化了复合型人才培养。2019年8月16日，为方便社会各界了解高校培养情况、学生就业深造、广大用人部门查询，国务院学位委员会办公室对这些学科进行了汇总整理并向社会公布。但截止到2019年5月31日，在公布的“普通高等学校自设二级学科名单”中，始终没有发现“工程法学”这个二级学科，在公布的“普通高等学校自设交叉学科名单”中，与法学交叉的自设学科有50个，但也没有交叉学科“工程法学”的身影，除了大部分是人文社科学科的交叉外，还出现了医事法学、神经科学与心理学、矿业贸易与投资、数据科学这些法学与自然科学交叉的学科。2021年6月30日最新公布的“学位授予单位（不含军队单位）自主设置二级学科名单”和“学位授予单位（不含军队单位）自主设置交叉学科名单”也还没有“工程法学”这个二级交叉学科。这说明工程法学还没有被学术界广泛了解，工程法学理论界和实务界还要加倍努力！

（二）我国工程法学研究的发展历程

我国工程法学研究开始于台湾，至今已有近20年的历史。2005年8月10日台湾工程法学会成立，通过了37条学会章程。这是一个以非营利为目的的社会团体，其宗旨是：第一，以法律为主轴整合与工程有关的土木、建筑、机电、财务、会计、管理、保险等相关专业及科技。第二，从事工程法学研究实践及工程法制改革。台湾大学、台湾政治大学、台湾东吴大学等高校都有不少学者在从事工程法学研究工作，出版了不少学术著作和发表了一些论文，与大陆部分高校常有学术交流往来。

工程法学研究会大陆地区的名称五花八门，有的叫工程法学研究会，有的叫建筑法学研究会，有的叫交通法学研究会，有的叫建筑与房地产法学研究会，还有的叫建设工程法学研究会。

大陆地区最早成立的省级工程法学研究会是陕西省法学会建筑法学研究会，于2011年在西安建筑科技大学挂牌成立。从2012年起每年固定在西安建筑科技大学召开研究会年会暨学术研讨会，先后以“建设工程的法律理论与实务研究”“建设工程施工合同（示范文本）理论与实务探讨”“城乡规划、建设法律制度与实务”“创新、协调发展理念下建设工程法律前沿问题”“新常态下建设工程的法律纠纷及其解决”“新形势下建设工程招标投标及相关法律问题研究”“新时代建设工程法治的新进展”“建设工程领域中PPP项目的法律规制与风险防范”等为主题展开研讨。

2012年5月26日，浙江省法学会建设工程法学研究会成立（2019年更名为“浙江省法学会工程建设法学研究会”）。研究会成立之日在杭州召开了首届学术研讨会。会议以“建筑企业内部承包责任制合同相关法律问题研究”为主题展开了讨论。此后，浙江省法学会建设工程法学研究会每年都召开一次年会，从2013年起，分别就“建设工程施工合同（示范文本）与企业法律风险防范”“建筑企业当前普遍面临的不良债务处置、内部承包模式下施工企业对项目负责人的债务风险防范”“停工、停建、缓建项目的处置与PPP项目的风险及应对”“营改增的税制改革对建筑业的影响及应对、建筑业推进PPP模式的法律风险及防范、施工合同纠纷中的工程造价司法鉴定问题”“EPC模式下的法律实务”“房地产疑难法律问题研讨”“施工企业面临的法律困境和挑战”等主题展开讨论。

2013年5月12日山东省法学会交通法学研究会在山东交通学院成立。研究会成立以来学术研究活动不活跃，只在2016年和2017年分别以“公路法治建设”“交通治理法治化”等为主题召开了年会。

2013年12月28日江苏省工程法学研究会成立并召开了“工程建设的

政策与法律”研讨会。会上介绍了创立于2008年12月的东南大学工程法学交叉学科，“东南大学交通法制与发展研究中心”等机构已先行开展了工程法学的跨学科研究。此后，江苏省工程法学研究会每年也召开一次年会，从2014年起，分别就“交叉学科视角下工程领域的公私合作（PPP）问题研究”“政府与社会资本合作法治发展与法律服务”“招标投标法律制度研究”“一带一路背景下海外工程承包风险防控”“工程私法问题研究”“工程全周期与法制全周期介入”“民法典·风险社会·工程合同法律纠纷”等主题展开讨论。

2014年11月22日贵州省法学会建设工程和房地产法学研究会成立，从2017年起至2019年连续举行了三届论坛，围绕“建设工程和房地产领域法律风险规制”“建设工程施工合同效力问题”“城市更新法律问题”等主题进行了讨论。

2015年12月26日，济南市法学会工程法学研究会在山东建筑大学成立。

2016年1月安徽省法学会建筑与房地产法学研究会成立，参加人员主要是法官、金融和建筑房地产相关行业专业人士，出版了《房地产法律研究与司法实务》系列丛书（第一、二辑），但直到2020年11月5日才召开《房地产法律研究与司法实务》（第三辑）编写工作研讨会。

2017年11月26日，湖南省法学会工程法学研究会成立。至2020年召开了四次年会，但年会主题不集中。

2018年2月3日，南昌市法学会建设工程法学研究会成立。

2019年3月17日，西北政法大学成立建设工程与基础设施法学研究中心。

（三）我国当前和未来一段时期工程法学研究的热点问题展望

（1）《民法典》对建设工程合同的影响

（2）建设工程施工合同中的转包与分包

（3）建设工程施工合同的无效情形

（4）建设工程价款结算及优先受偿权

（5）工程审计中的法律冲突问题

（6）建设工程司法鉴定

(7)《政府投资条例》对工程项目实施的影响与建议(《政府投资条例》于2018年12月5日国务院第33次常务会议通过,自2019年7月1日起施行)

(8)情势变更原则在PPP项目中的适用

(9)EPC模式下的法律实务

(10)“一带一路”背景下海外工程承包风险防控

(11)“一带一路”倡议中的工程债务问题

(12)工程纠纷中的替代性争议解决机制

三、工程法学研究的基本原则

周佑勇教授在《工程法学》一书中介绍了“工程法的基本原则”,那是讲的工程法律规范以及工程立法、执法的行为准则。我们这里讲的是对工程法进行研究需要遵循什么基本原则。虽然不同的主体由于价值观、研究角度的不同,因而所持态度会有差异,但是基于客观的立场,所有学科的学者在进行学科研究时都应该有一些共同的原则需要加以遵守。对于工程法学研究来讲至少应该坚持以下三个基本原则。

(一)自主性原则

众所周知,大学是追求知识和真理的学术机构,自主性是大学与生俱来的品质。但随着时代的变迁和社会的发展,大学也不再完全自由,它要受到社会需求和物质利益的制约。由于科学研究是大学的职能之一,因而学术研究能否坚守自由的品质,往往决定着学术水平的高低。

北京大学原校长林建华先生曾经指出:“我们不能为世俗而抛弃学术的独立与尊严,也不能为名利而哗众取宠、放任自流。大学的精神和文化应当是简单的、纯洁的,不允许有尔虞我诈、奉承迎合,也不应有急功近利、好大喜功,真理才是我们永远的追求!”[①] 工程法学应当建立和完善自己的学术话语系统,“保持自己的品格和特色,不跟风,不趋同,不被强

---

① 林建华.“大学是个大家庭”——北大校长林建华在全校教师干部大会上的讲话[EB/OL].(2015-02-15).人民网,http://edu.people.com.cn/n/2015/0215/c1006-26570963.html.

势学科的评价标准牵着鼻子走。”学术场域的坚守是一门学科获得尊重并走向成功所必需的基础平台。“任何科学只有当其尝试用其自己的方式并与其邻近科学一样有力地说明自己方向的时候，它们之间才能产生取长补短的交流。”已经过世的复旦大学国际关系与公共事务学院邓正来教授曾说：“如果我们不捍卫我们学术场域的自主性，我们就会丢失我们自己的社会科学资本；如果我们丢失了这种社会科学资本，我们就不能进行知识的生产和再生产，进而也就丧失了我们所宣称的学术和学者的独特性。”①

（二）客观性原则

学术研究的实质是人们为构建相对完整的科学理论体系，按一定的范式去发现新科学知识或完善科学理论的创新活动。学术研究的这种特质，决定了学术研究必须遵循客观性原则。

工程法学作为新兴的交叉学科仍然存在诸多需要解决的问题。研究范式上缺乏学科基础，懂工程又懂法的少，懂法的绝大多数不懂工程；研究范畴上缺乏学科边界，哪些范畴是工程法学的基本概念还需要认真研究；知识体系还没有取得共识，工程法学研究人员还在各说各话。因此，工程法学研究必须从客观存在的实际出发，踏踏实实地从需要解决的存在着的问题入手，一步一个脚印地创立工程法学新的理论体系。

（三）创新性原则

工程法学作为新兴的综合性的交叉学科不能沿袭传统学科研究的老路，必须有所创新。创新不仅是学科发展的生命，也是学科建设取得成效的关键。学科建设和研究本质上就是一种创新活动。其中最重要的是观念上的创新，这是学科研究的关键。

长期以来，不少高校教师对学科建设与地方高校及教师个人生存和发展的关系没有清醒的认识，故步自封，几十年坚守自己的一亩三分地，缺乏创新的冲动和能力，外部的推力和学校学科专业建设的需要似乎对他都不起作用。这种现状应该改变也必须改变，不改变就没有创新，施教者不

① 邓正来．中国学者必须强调学术自主性［J］．华侨大学学报，2010（3）．

创新就没有能力培养创新型人才。

习近平总书记指出："抓创新就是抓发展，谋创新就是谋未来。"① 至于创新什么，这是见仁见智的问题。我们认为，学科创新包括观念、学科内容、研究方向、研究方法的创新。

四、工程法学的研究方法

学科研究中最根本的原则和方法是辩证唯物主义的认识论和方法论以及唯物辩证法。主要包括从实际出发的原则和方法、理论联系实际的原则和方法、具体问题具体分析的原则和方法、历史唯物主义分析的原则和方法。但这些原则和方法是研究的指导思想，而不是具体的研究方法，不能生搬硬套，更不能动不动以此给别人戴帽子、打棍子。有学者就指出："长期以来，我国法学界有一个研究方法上的误区，一谈研究，就讲辩证唯物主义的认识论和方法论。生硬地用辩证唯物主义的认识论和方法论去研究法律现象，结果弄得许多问题似是而非。我们不否认哲学的方法对法学研究的参考和借鉴，但绝不能是形而上学的照搬。法学不是哲学，哲学上的追求真理和法学上的查明案情似乎相似，但绝不能等同。在证明方法上，法学家有法学家独特的查明案情的方法，类似司法认知、法律推定、事实推定等方法是哲学家所不具备的或者说是所不承认的。比如，辩证唯物主义坚持实践是检验真理的唯一标准，法学上就不能讲实践是检验判决的唯一标准，如果用'只有经过实践、认识、再实践、再认识的过程，才能认识案件事实，得出经得起历史检验的判决'作为判决的标准，那么这样的判决用十年百年也难以做出来，这在司法实践上是绝对行不通的，法学研究上也绝不能用这样的方式解决法律问题。"②

就具体研究方法来讲，一个学科的研究方法因研究者的学术背景、个人的偏好、研究的条件以及现实的需要等各种原因不同而有所不同，但都应该有一些共同的、只要条件允许都可以采用的方法。我们认为下列方法

---

① 习近平. 深入理解新发展理念［J］. 求是，2019（10）.

② 裴国智，马晓晖. 简论证据法学的学科定位和研究方法［J］. 武汉公安干部学院学报，2006（4）：39.

在工程法学的研究中是必不可少的。

（一）文献综述法

文献综述法是指对一个学科或领域或研究课题在一定时期内已经发表的相关文献进行收集、整理、分析和评述，以了解和掌握该学科或领域或研究课题的研究状况、前沿方向和趋势的研究方法。这是最基础的学科研究方法。

文献综述法并不是简单地罗列已经发表的相关文献，而是要对有意义和价值的相关文献作出简明扼要的概括，说明相关文献的主要观点及价值，并据此来验证或推翻原有的理论假设。

文献综述法是一种对已取得的研究成果或研究文献进行的“再研究”，它可以帮助自己和其他读者了解研究的起源与进程，了解和掌握哪些文献是未来研究中最重要的参考资料。了解和掌握前人所做的研究，可以清楚地知道自己需要研究什么、可以研究什么、以后的研究路线是什么，从而推动研究工作向更深层次发展。

但文献综述法要注意的问题是，所收集的文献要尽可能全面，否则通过总结所得出的结论就是片面的，从而忽视了某些重要的问题，捡了芝麻丢了西瓜。另外，既要学会用批判的眼光对收集来的文献所表达的研究内容和结果进行描述和分析，又要客观评价已有的研究成果，否则就有可能忽视所收集的文献价值。

（二）比较研究法

在法学研究领域，比较研究法是一种盛行的研究方法，比较法学已经成为一门独立的学科。比较研究法，主要从两个方面进行：一是纵向比较，主要是进行不同时期的法律制度的比较；二是横向比较，主要是不同法系、不同国家、不同地区之间的法律制度比较。比较的目的在于发现不同法律制度的相同点和不同点，并找出其原因。只有通过比较，才能客观地发现一个法系、一个国家或一个地区的法律制度的特点，并有助于对其作出客观评价，以决定是否应该吸收和借鉴在本国法律制度之中。

（三）实证研究法

实证研究法，是指运用个案分析、现实数据、实践经验等实际调查结果来验证理论观点是否正确或合理的研究方法。①

实证研究法是一种非常好的研究方法，但在我们的学者特别是学生中很少用，大多习惯于思辩和逻辑推理的研究方法。其主要原因是实证研究法需要进行艰苦细致的调查研究工作，收集准确翔实的实际数据和资料。思辩和逻辑推理的研究方法不是不要，它同样是非常重要的方法，甚至有些人缺少的就是思辩和逻辑推理的能力，但它只能做到“言之有理”，而不能做到“言之有据”。实证研究法的宗旨是理论联系实际，要求法学的理论研究与司法实践紧密结合，注意发现实践中的新问题和新情况。理论研究离不开实践经验，否则就是无源之水、无本之木。工程法学研究也不例外，只有进行大量的实证分析研究，才能真正了解工程法律实践，才能研究制定出切合实际并具有可操作性的工程法律制度和规则。

第五节　工程法学的逻辑结构体系和范畴体系

一、工程法学的逻辑结构体系

工程法学的逻辑结构体系也可称之为工程法学的知识体系，亦即它由哪些方面的知识内容所构成。这是一个仁者见仁智者见智的事情。不过，基于前面我们对工程法学的概念及研究对象的研讨，我们认为工程法学的逻辑结构体系已经非常清晰。根据工程法的调整对象和工程法学的研究对象，工程法学作为一门交叉学科，除本章所阐述的工程法学概述外，其知识体系还包括以下五个相互联系的部分。

（一）工程行政法

工程行政法是调整建设工程决策、选址、环境影响评价、用地预审、项目立项、建设用地规划、工程设计、土地拆迁许可及土地使用权出让、

① 裴国智，马晓晖．简论证据法学的学科定位和研究方法［J］．武汉公安干部学院学报，2006（4）：40.

报建、拆迁安置、招投标等环节行政管理关系的法律规范。其内容主要包括工程行政法律关系、工程行政许可、工程行政征收、工程行政处罚与工程行政强制、政府采购与工程招投标等。关于上述法律规范及其调整对象的研究成果便形成工程行政法学。

（二）工程民商法

工程民商法是调整建设工程勘察设计、承包、施工、监理、竣工验收等过程中所发生的物权、债权、人身权、知识产权等民事法律关系以及涉及公司企业运作、保险、票据、破产等商事法律关系的法律规范。其内容主要包括工程民商事法律关系、工程合同法（包括工程勘察设计合同、工程承包合同、工程施工合同、工程监理合同）、工程物权法、工程担保法、工程保险法、工程知识产权法、工程侵权责任法等。关于上述法律规范及其调整对象的研究成果便形成工程民商法学。

（三）工程经济法

工程经济法是调整建设工程项目投融资、安全生产、劳资、环保以及办理纳税、进行会计核算和审计等活动中所发生的经济管理和经营协调关系的法律规范。其内容主要包括工程经济法律关系、工程项目投融资法、工程安全生产法、工程质量法、工程财税法（包括税法、会计法、审计法）、工程劳动法、工程环保法等。关于上述法律规范及其调整对象的研究成果便形成工程经济法学。

（四）工程刑法

工程刑法是调整建设工程运行过程中所发生的犯罪、刑事责任和刑罚的法律规范。其内容主要包括工程刑法及其属性、工程犯罪及其种类、工程犯罪的成因及危害、工程犯罪的“大数据”预防，特别是重点阐述现实生活中常见的工程重大安全事故罪、建设工程领域职务犯罪、建设工程领域串通投标犯罪的认定。关于上述法律规范及其调整对象的研究成果便形成工程刑法学。

（五）工程争议解决程序法

工程争议解决程序法是调整建设工程运行过程中因解决工程法律关系

主体之间的违约、侵权纠纷、行政争议乃至犯罪所发生的程序性法律关系的法律规范。其内容主要包括工程民事纠纷的处理方式、工程行政纠纷的处理方式、工程领域刑事犯罪的追究、国际工程争议解决机制。关于上述法律规范及其调整对象的研究成果便形成工程争议解决程序法学。

二、工程法学的范畴体系

任何学科的知识体系都是建立在一系列概念的基础之上的。范畴是最基本的概念。学术界对法学各二级学科的基本范畴研究较多，而对其范畴体系的研究却少之又少。检索知网收录论文，可搜索到法学界探讨法学范畴体系的只有五位学者。[①] 可见，这是一块硬骨头，特别是对于新兴交叉学科的工程法学来说要探讨这个问题就更难。不过，尽管我们对工程法学的范畴体系只有一些粗浅的想法，但还是想借本书出版之机将这些粗浅的想法提出来，也算是抛砖引玉吧。

按照中国法学会副会长张文显教授等学者的观点，法学学科范畴体系是由普通范畴（或称一般范畴）、基本范畴、中心范畴（或称核心范畴）和基石范畴所构成的逻辑严密、层次分明的理论体系。

普通范畴是对法律现象的某个具体侧面、某种具体联系、某一具体过程的比较简单的抽象，属于初级范畴。在部门法学中这种范畴是大量存在的。如“公民”“法人”“罪犯”“原告”等属于普通范畴，是对依法享有权利和承担义务的人的分类概括和初级抽象。又如“缔约”“违约”“犯罪”“正当防卫”“立法”“司法”等是对某类法律活动的比较简单的抽象，也属于普通范畴。

基本范畴是以法律现象的总体为背景，对法律现象的基本环节、基本过程或初级本质的抽象，属于法学理论的重要概念。如“法律主体”就是

---

① 张文显. 论法学的范畴意识、范畴体系与基石范畴［J］. 法学研究，1991（03）：1－8；詹勤艳. 论经济法的范畴体系［J］. 重庆科技学院学报（社会科学版），2014（02）：42－44；钱叶芳. 社会法学的法域、核心范畴及范畴体系［J］. 法学，2019（09）：117－128；钱继磊. 法理时代环境法学范畴体系初探［J］. 河北法学，2020，38（02）：135－150；钟林林，周世中. 论比较法学范畴体系的重构［J］. 社会科学家，2020（04）：98－104.

一个基本范畴，是对依法具有权利义务资格的各种主体的共同概括和高级抽象。上面所讲的"公民""法人""罪犯""原告"都是"法律主体"的具体表现。再如"法律行为"也是一个基本范畴，它是对一切法律活动（包括国家机关及其工作人员的立法、执法、司法活动以及公民、法人的各种有法律意义的作为或不作为）的相当复杂的抽象。上面所讲的"缔约""违约""犯罪""正当防卫""立法""司法"也都是"法律行为"的具体表现。

中心范畴是对法律现象总体的普遍联系、普遍本质、一般规律的高度抽象，在法学范畴体系中属于核心范畴。权利和义务是法学的中心范畴。

基石范畴是中心范畴中的主导范畴，构成了整个法学范畴体系的逻辑起点和基石，并进而构成了整个法学理论体系的基石。权利是法学的基石范畴。

依照上述这种观点，我们认为工程法学范畴体系按照各范畴在其中的位阶可以这样构建：

（一）基石范畴：工程正义[①]

正义既是一个道德伦理范畴（公平公正）和政治范畴（平等），也是一个法学范畴。正义是人类所追求的崇高的具有公正性、合理性的价值和目标，包括观点、思想、行为和制度等。衡量是否正义的客观标准是这种观点、思想、行为和制度是否促进了社会进步，是否符合社会发展的规律，是否满足社会中绝大多数人最大利益的需要。正义要求分配社会利益和承担社会义务遵循一定的规范和标准，保持一定的中立。正义可分为制度正义、形式正义（程序正义）、实质正义（实体正义或结果正义）。制度正义是指社会财富、资源、责任、义务分配的公平和正当。它是形式正义、实质正义的前提和基础。[②] 形式正义或程序正义是指对法律制度的公正一致的执行，是保证实现制度正义的具体步骤和方法的公平和正当。实

---

① 张云龙. 工程与社会正义——开启工程研究的政治学之维［J］. 自然辩证法通讯，2018，40（10）：75－81.

② 刘俊海. 立法不公是最大的不公正［N］. 民主与法制时报，2015－04－16（6）.

质正义是指实现制度正义的结果符合人们的道德理想、价值诉求，是正义实现的理想状态，是正义的归宿。工程法学之所以将“工程正义”作为基石范畴，作为工程法学的逻辑起点，是因为工程作为人类的创造性活动及其结果，能否公平和正当地运行，关乎人的生存环境、切身利益甚至生命健康，关乎良好社会制度的建立和稳定，因此工程法往往是对人类工程活动的强制性规范，它首先是一种制度正义，然后在制度正义的指引下，要求工程法律关系各类主体在工程征收、许可、招投标、签约、施工、监理、仲裁、诉讼、犯罪追究等活动中要做到程序正义和实体正义。从工程立法、执法、司法、守法的整个运行机制来说，最根本的目的都是追求工程正义。

（二）核心范畴：工程权利和工程义务

任何法律规范都是对各种法律关系主体的权利和义务的设定，各种法律关系的核心问题都是权利的行使和义务的履行。任何部门法学或领域法学为了实现自己的价值和目标，其理论体系也都是围绕法律关系主体的权利和义务而展开的。权利依法行使和义务依法履行都标志着正义的实现。因此，工程权利和工程义务是工程法学的核心范畴。工程权利和工程义务的配置是否合法、合理，工程权利的行使和工程义务的履行是否合法、合理，决定了工程正义的价值和目标能否实现。

（三）基本范畴：工程法律关系、工程法律事实、工程法律责任

工程法律关系是工程法律规范在调整人们的工程行为过程中所形成的具有法律上的权利义务形式的工程关系。它是工程法学范畴体系中的基本范畴。尽管工程权利和工程义务是工程法律关系的核心内容，是工程法律关系范畴的重要组成部分，从概念的构成来讲似乎没有工程法律关系就没有工程权利和工程义务，但是，无论是理论界探讨工程法律关系范畴也好，还是法律实务中分析工程法律关系解决工程领域法律纠纷也好，最终落脚点都是分清工程法律关系主体之间的权利和义务；更为重要的是，如果没有工程法律规范的调整在相关主体之间形成法律上的权利和义务，任何工程关系都不可能形成工程法律关系。因此，在范畴的位阶上，工程权利和工程义务是比工程法律关系更为核心、更为根本的范畴。此外，工程权利和工程义务又因工程法律事实的产生、变更、消灭而发生变化。这种变化必然导致工程法律责任的出现。因此，工程法律事实、工程法律责任也是比工程权利和工程义务位阶要低的范畴，但因其抽象性则可以列为基本范畴。

（四）普通范畴：工程法律关系主体、工程法律关系客体、工程法律行为、工程法律事件、民事责任、行政责任、刑事责任

普通范畴作为初级范畴在工程法学范畴体系中主要有以下七种：工程法律关系类基本范畴中包括工程法律关系主体、工程法律关系客体两种普通范畴。工程法律事实类基本范畴中包括工程法律行为、工程法律事件两种普通范畴。工程法律责任类基本范畴中包括民事责任、行政责任、刑事责任三种普通范畴。

（五）法律概念

普通范畴是由众多法律概念所支撑的。工程法律关系主体普通范畴是由建设单位或发包人、施工单位或承包人、实际施工人、勘察单位、设计单位、监理单位、相关行政主管部门等法律概念来支撑的。工程法律关系客体普通范畴是由表现为财的客体如建设资金，表现为物的客体如生产资料、消费资料和建设工程，表现为行为的客体如施工、监理等活动，表现为非物质财富的客体如建设工程知识产权等法律概念来支撑的。工程法律行为普通范畴是由征收、许可、招标、投标、围标、串标、挂靠、签订合同、总承包、转包、分包、非法转包、违法分包、勘察、设计、施工、劳务分包、监理、工程审计、工程款支付、竣工验收、备案、仲裁、诉讼、犯罪追究等法律概念来支撑的。工程法律事件普通范畴是由社会事件、自然事件等不可抗力法律概念来支撑的。

可见，工程法学范畴体系是一个由基石范畴作基础、核心范畴作支柱、基本范畴作梁架、普通范畴作门窗、众多法律概念作砖瓦而建立起来的一座宏伟大厦。

第二章 工程行政法

第一节 工程行政法概述

一、行政法的基本概念

（一）行政法中的行政

虽然现有教科书对行政法的定义各种各样，但在综合各国行政法的共性和各种行政法学理论观点的基础上，我们可以将行政法界定为调整行政关系的、规范和控制行政权力的法律规范系统。[①] 这个定义里有两个核心要素，一是“行政关系”，另一是“行政权力”。二者都离不开“行政”这个范畴。可见，理解行政法的前提是理解“行政”。

1. 一般意义上的行政

一般意义上的行政外延较广，指的是包括国家、企业以及其他社会组织在内的主体对一定范围内的事务实施执行和管理的活动。简单地理解，所谓行政，指的就是组织的执行和管理。

2. 公共行政

行政法上所说的行政并不泛指一般行政，而是特指公共行政。公共行政指的是以维护公共秩序、增进公共利益为目的的行政。毫无疑问，政府

---

① 姜明安．行政法与行政诉讼法学（第七版）［M］．北京：北京大学出版社、高等教育出版社，2019：19.

是最重要的一种公共行政主体。但在现代社会中，公共行政已不再是国家机关的专属活动，社会组织开始承担起原本只有国家机关才能享有的公共行政职能。这就使得公共行政呈现出国家行政与非国家行政并存的格局。

由国家机关以外的社会组织实施的公共行政在社会生活的方方面面影响着公民、法人或其他组织的权益，因此，各国行政法开始将非国家行政中的公共行政也纳入行政法的调整范围。尽管行政法也调整非国家行政，但国家行政仍然是行政法的基本调整对象，从而也是行政法学的基本研究对象。

3. 国家行政

从形式意义上看，国家行政是指行政机关的整个职能活动，既包括其实质为行政性质的职能活动，也包括其实质为立法、司法性质的职能活动。也就是说，形式意义上的国家行政包括了国家行政机关实施行政管理权的活动、制定行政立法的活动以及根据法律的规定作出行政裁决的活动。

值得注意的是，一方面行政机关的行政立法与行政司法行为并不是原本意义上的“行政”，因为它们在本质上不是“执行”，而是立法（制定规则）和司法（居中裁决）。因此，从实质意义上看，行政机关的行政立法与行政司法应排除在国家行政之外。另一方面，立法机关与司法机关也会从事一些具有执行、管理性质的活动，这些活动在本质上也属于国家行政。

可见，究竟从形式意义上还是从实质意义上来理解国家行政，对于行政法的范围将产生极大影响。从形式角度理解国家行政的话，意味着将国家行政机关的各种职能活动看成一个整体，通过行政法将行政机关的各种行政权予以统一规制，有利于实现对行政权的全面监督。如果从实质角度理解国家行政的话，将导致现代社会中影响越来越大的行政立法和行政司法行为游离于行政法的调整之外，但却可以将其他国家机关中实质属于行政管理的活动纳入行政法的范围。

4. 行政法中行政的概念

行政法上的行政主要是指形式意义上的国家行政。但由于现代社会的复杂性，某些实质意义上的行政也受行政法规则支配，行政机关以外的社会组织所从事的公共行政活动也在行政法的调整范围之内。

综上所述，行政法上的行政，是指国家通过一定的组织为实现国家或社会职能而进行的公共管理活动及其过程。

行政法上的行政具有以下几个特征：（1）行政具有执行性；（2）行政的目的具有公益性；（3）行政的活动具有整体性与能动性；（4）行政具有过程性；（5）行政具有法定性与裁量性；（6）行政具有效率性；（7）行政具有受监督性。

（二）行政法的概念与体系

从内容上看，行政法是有关行政的主体及职权、行为及程序、违法及责任以及救济等的法律规范的总称。从目的上看，行政法是调整行政关系、规范和控制行政权的法律规范系统。以上两个定义分别揭示了行政法的不同特征，不管怎样定义行政法，至少我们可以总结出行政法所具有的几个特点：（1）行政法是有关行政的法；（2）行政法的主要内容涉及行政权的行使及其后果；（3）行政法的外延是有关行政的法律规范体系的总和；（4）行政法的本质即控制和规范行政权。

目前学界比较流行的观点认为，行政法的本质在于规范和控制行政权。而行政法为了实现控权目的，在体系上可以分为事前法、事中法和事后法三个部分。其中，事前法通过行政组织法控制行政权的权源；事中法通过行政行为法和行政程序法规范行政权行使的手段和方式；而事后法则通过行政法制监督法、行政责任法、行政救济法制约行政权。这样，行政法构建起了覆盖行政权全过程的监督与控制体系，也构成了现代行政法最核心的内容。

二、工程行政法及其调整对象

（一）工程行政法及工程行政法律关系的概念

工程行政法是行政法的一个具体部门，属于部门行政法的范畴。同时它又是工程法的重要组成部分。行政管理的事项繁杂、类型众多，在各种各样的行政管理领域产生了相应的部门行政法，例如教育行政法、卫生行政法、交通行政法、环境行政法等。工程行政法就是调整行政主体在建设工程领域行使行政职权过程中与行政相对人发生的权利义务关系的法律规范的总称。其调整对象是行政主体在建设工程领域行使行政职权过程中与行政相对人发生的法律关系。

工程行政法律关系是行政法律关系中的一种特殊类型。所谓工程行政法律关系，主要指的是建设工程行政主管部门在对工程项目实施立项、决策、规划等管理过程中，与行政相对人形成的行政管理关系，以及由此派生出的因违法行政或不当行政而产生的行政救济关系。工程行政法律关系也涉及工程行政主管部门内部的行政组织关系，以及与行政法制监督主体形成的行政法制监督关系。但在实践中，工程行政法主要关注的是工程行政管理关系和工程行政救济关系。

行政法律关系制度有助于从“动态过程”揭示行政法现象、说明第三人的法律地位，协调和平衡多重复杂的行政活动，并且推进行政法各项制度的完善。① 研究和分析作为工程行政法和工程行政法学主要基石的工程行政法律关系，不仅可以有助于我们认识与理解各种工程行政现象和工程行政活动，而且还能为工程行政纠纷的司法解决提供合理的受案基准，促进行政争议的化解和行政目标的实现，从而更好地规范行政权力与保障公民权利。

（二）工程行政法律关系的内容

1. 工程行政管理关系

工程行政管理关系是指建设工程行政主管部门在行使职权过程中与行政相对人发生的各种法律关系。在工程行政管理关系中，行政主体始终处于主导地位。行政管理关系的产生、变更或消灭，很大限度上取决于行政主体的单方行为，无需以双方协商一致为前提。为保证行政管理关系的实现，行政主体可以对行政相对人采取直接的强制手段。

工程行政法的主要内容就是围绕如何调整工程行政管理关系而展开

① ［德］汉斯·J. 沃尔夫，等. 行政法［M］. 高家伟，译. 北京：商务印书馆，2002：388.

的。在现代工程建设中，工程行政管理关系覆盖了工程建设全生命周期的各个阶段。这是由建设工程所固有的公共利益属性所决定的。

2. 工程行政救济关系

工程行政救济关系是指行政相对人认为其合法权益受到工程行政主管部门行政行为的侵犯，向行政救济主体申请救济，行政救济主体依法作出向相对人提供或不予提供救济的决定而发生的各种法律关系。

行政救济主体包括：受理行政相对人申诉、控告、检举的国家机关；受理行政复议的行政复议机关；受理行政诉讼的人民法院。

（三）工程行政法律关系的主体

在行政法上，行政法律关系的主体又称行政法主体，是行政法调整的各种行政关系的参加人，包括国家行政机关、社会公权力组织、国家公务员、行政相对人以及行政法制监督主体。与行政法主体相关的另一个概念是行政主体，二者既有联系也有区别。王名扬先生认为，行政主体是享有实施行政职务的权力，并负担由于实施行政职务而产生的权利、义务和责任的主体。① 在当下行政法学界，行政主体概念还与行政诉讼制度紧密相关，行政主体被表述成依法拥有独立的行政职权，能以自己的名义行使行政职权以及独立参加诉讼，并能独立承担法律责任的组织。这种行政主体理论可以称为“诉讼主体模式”。② 可见，所谓行政主体主要具有三个特征，一是享有并行使行政权，二是体现自己的名义，三是能够独立承担法律责任从而可以作为行政诉讼的被告。

综上所述，所谓行政主体是指具有行政权能，能以自己的名义运用行政权力，独立承担相应法律责任的社会组织。③ 行政主体是行政法主体的一种，主要包括行政机关和法律、法规、规章授权行使一定行政管理职能的社会组织。

在工程行政法律关系中，工程行政主体主要是建设行政主管部门。但

---

① 王名扬. 法国行政法［M］. 北京：中国政法大学出版社，1989：38.

② 章剑生. 现代行政法基本理论（第二版）［M］. 北京：法律出版社，2014：184.

③ 周佑勇. 行政法专论［M］. 北京：中国人民大学出版社，2010：103.

工程行政管理关系内容复杂，类型多样，在工程建设项目生命周期的不同阶段均有不同的行政主体参与，因此，发改部门、规划部门、自然资源部门、环保部门、安监部门、消防部门、交通运输部门、水利部门、工信部门等都有可能成为工程行政主体。除了工程行政主体外，工程行政法律关系主体还包括工程行政相对人，例如从事工程建设、勘察、设计、施工、监理的单位和个人。

（四）工程行政法律关系的客体

工程行政法律关系的客体是指工程行政法律关系参加者的权利、义务所指向的对象。工程行政法律关系客体的范围十分广泛，但可概括为如下三种：物，指一定的物质财富，如土地、房屋、建设工程等。智力成果，指在建设工程运行过程中产生的一定形式的智力成果，如专利、发明等。行为，指工程行政法律关系主体为一定目的的有意识的活动，如许可、征收、强制、纳税、处罚等。其中物和行为是主要的客体。

工程行政行为是工程行政管理关系产生、变更和消灭的前提。在工程行政管理领域存在着大量的行政行为，从行为的性质来看，可分为工程行政立法和工程行政执法；从行为的内容来看，可分为负担工程行政行为和授益工程行政行为。在工程行政法实践中，工程行政行为主要表现为以下几种形式：工程行政许可、工程行政征收、工程行政处罚、工程行政强制、工程行政规划、工程行政检查。

第二节　工程行政许可

一、工程行政许可概述

（一）工程行政许可的概念

工程行政许可是指在法律规范一般禁止的情况下，行政主体根据行政相对人的申请，经依法审查，通过颁发许可证或者执照等形式，依法作出准予或者不准予特定的行政相对人从事建设工程相关活动的行政行为。

在行政法上，行政许可是有限设禁和解禁的行政行为。行政许可存在的前提是法律规范的一般禁止。可以说，行政许可法要解决的是两大问题，一是该不该设禁、由谁设禁以及设什么禁的问题；二是该不该解禁、由谁解禁以及如何解禁的问题。正是因为法律有禁止，才存在许可的问题。

从行为类型上看，行政许可是授益行政行为。这是因为许可意味着解禁和赋权，对获得许可的相对人来说是一种利益。但是要看到，行政许可首先意味着一般性禁止，对没有获得许可的相对人来说，实际上是一种限制和不利。因此，尽管行政许可具有授益性，法律仍然需要对其进行严格控制，以减少行政权对私人权利和自由的干预，增强市场和个人的积极性。

行政许可不同于行政审批。一般来讲，行政审批是指行政机关基于行政相对人的申请，对其请求和条件依法进行审查，就行政相对人从事特定活动、取得资格资质、确认特定民事关系，而作出准予或者不准予的意思表示。行政许可是一种行政审批，但行政审批的范围大于行政许可。只要行政相对人的事务需要行政主体审批同意的，都属于行政审批的范畴，例如在行政确认、行政给付以及内部行政关系中，都存在行政审批。

（二）工程行政许可的类型

行政许可包括一般许可、特许、认可、核准、登记等类型。在建设工程领域，工程行政许可主要涉及一般许可、特许、认可三种类型。

一般许可指的是行政机关准予符合法定条件的公民、法人或者其他组织从事特定活动，对申请人并无特殊限制的许可。这是使用最广泛、最常见的许可。一般许可的事项范围是《行政许可法》第 12 条第 1 项所规定的“直接涉及国家安全、公共安全、经济宏观调控、生态环境保护以及直接关系人身健康、生命财产安全等特定活动，需要按照法定条件予以批准的事项”。

特许指的是行政机关代表国家将原本属于国家或者某行政主体的某种权利赋予个人、法人或其他组织的行政行为，又称设权行为。特许最常见的情形是行政机关向公民、法人或者其他组织转让原本属于国家的资源或专营权的行为。特许的事项范围是《行政许可法》第12条第2项所规定的“有限自然资源开发利用、公共资源配置以及直接关系公共利益的特定行业的市场准入等，需要赋予特定权利的事项”。行政机关实施特许，应当通过招标、拍卖等公平竞争的方式作出决定。但是，法律、行政法规另有规定的，依照其规定。行政机关通过招标、拍卖等方式作出行政许可决定的具体程序，依照有关法律、行政法规的规定。行政机关按照招标、拍卖程序确定中标人、买受人后，应当作出准予行政许可的决定，并依法向中标人、买受人颁发行政许可证件。行政机关违反法律规定，不采用招标、拍卖方式，或者违反招标、拍卖程序，损害申请人合法权益的，申请人可以依法申请行政复议或者提起行政诉讼。

认可是由行政机关对申请人是否具备特定技能的认定。认可主要适用于为公众提供服务、直接关系公共利益并且要求具备特殊信誉、特殊条件或者特殊技能的资格、资质的事项。认可的事项范围是《行政许可法》第12条第3项所规定的“提供公众服务并且直接关系公共利益的职业、行业，需要确定具备特殊信誉、特殊条件或者特殊技能等资格、资质的事项”。赋予公民特定资格，依法应当举行国家考试的，行政机关根据考试成绩和其他法定条件作出行政许可决定；赋予法人或者其他组织特定的资格、资质的，行政机关根据申请人的专业人员构成、技术条件、经营业绩和管理水平等的考核结果作出行政许可决定。但是，法律、行政法规另有规定的，依照其规定。

二、工程规划许可

建设工程规划许可是一种对建设工程项目进行规范和限制，以保证建设工程符合城乡规划制度的行政许可行为。工程规划许可包括“一书两证”，即“建设项目选址意见书”“建设用地规划许可证”“建设工程规划许可证”。

根据《国务院办公厅关于加强和规范新开工项目管理的通知》（国办发〔2007〕64号）的规定，实行审批制的政府投资项目，项目单位应首先向国家发展和改革委员会等项目审批部门报送项目建议书，依据项目建议书批复文件分别向城乡规划、国土资源和环境保护部门申请办理规划选址、用地预审和环境影响评价审批手续。完成相关手续后，项目单位根据项目论证情况向国家发展和改革委员会等项目审批部门报送可行性研究报告，并附规划选址、用地预审和环评审批文件。项目单位依据可行性研究报告批复文件向城乡规划部门申请办理规划许可手续，向国土资源部门申请办理正式用地手续。

实行核准制的企业投资项目，项目单位分别向城乡规划、国土资源和环境保护部门申请办理规划选址、用地预审和环评审批手续。完成相关手续后，项目单位向国家发展和改革委员会等项目核准部门报送项目申请报告，并附规划选址、用地预审和环评审批文件。项目单位依据项目核准文件向城乡规划部门申请办理规划许可手续，向国土资源部门申请办理正式用地手续。

实行备案制的企业投资项目，项目单位必须首先向国家发展和改革委员会等备案管理部门办理备案手续，备案后，分别向城乡规划、国土资源和环境保护部门申请办理规划选址、用地和环评审批手续。

（一）建设项目选址意见书

建设项目选址意见书是建设工程项目单位在立项过程中，由城市规划行政主管部门依法核发的有关建设项目的选址和布局是否符合规划要求的法律凭据，也是土地管理部门供地、计划部门项目立项的依据。

《城乡规划法》第36条规定，按照国家规定需要有关部门批准或者核准的建设项目，以划拨方式提供国有土地使用权的，建设单位在报送有关部门批准或者核准前，应当向城乡规划主管部门申请核发选址意见书。前款规定以外的建设项目不需要申请选址意见书。这是建设项目选址意见书的法律依据。

核发项目选址意见书的主要依据包括以下几个方面：

（1）经批准的项目建议书；

（2）建设项目与城市规划布局的协调；

（3）建设项目与城市交通、通信、能源、市政、防灾规划的衔接与协调；

（4）建设项目配套的生活设施与城市生活居住及公共设施规划的衔接与协调；

（5）建设项目对城市环境可能造成的污染影响，以及与城市环境保护规划和风景名胜、文物古迹保护规划的协调；

（6）建设项目选址、用地范围和具体规划要求。

（二）建设用地规划许可证

建设用地规划许可证是建设工程项目单位在向土地管理部门申请使用土地前，经规划行政主管部门确认建设项目位置和范围符合城市规划的凭证，是建设单位用地的法定凭证。简称“地规证”。

《城乡规划法》第 37 条、第 38 条分别对划拨土地的规划管理和出让土地的规划管理作出了原则性规定，不论使用划拨用地的建设项目还是使用出让用地的建设项目，都必须向城乡规划部门申领建设用地规划许可证。这些都是建设用地规划许可证的法律依据。此外，《城乡规划法》第 39 条还规定，规划条件未纳入国有土地使用权出让合同的，该国有土地使用权出让合同无效；对未取得建设用地规划许可证的建设单位批准用地的，由县级以上人民政府撤销有关批准文件；占用土地的，应当及时退回；给当事人造成损失的，应当依法给予赔偿。因此，建设用地规划许可是建设单位获得建设用地使用权的前提，属于对土地使用权出让合同的效力性强制性规定。

在城市、镇规划区内以划拨方式提供国有土地使用权的建设项目，经有关部门批准、核准、备案后，建设单位应当向城市、县人民政府城乡规划主管部门提出建设用地规划许可申请，由城市、县人民政府城乡规划主管部门依据控制性详细规划核定建设用地的位置、面积、允许建设的范围，核发建设用地规划许可证。建设单位在取得建设用地规划许可证后，方可向县级以上地方人民政府土地主管部门申请用地，经县级以上人民政府审批后，由土地主管部门划拨土地。

在城市、镇规划区内以出让方式提供国有土地使用权的，在国有土地使用权出让前，城市、县人民政府城乡规划主管部门应当依据控制性详细规划，提出出让地块的位置、使用性质、开发强度等规划条件，作为国有土地使用权出让合同的组成部分。未确定规划条件的地块，不得出让国有土地使用权。以出让方式取得国有土地使用权的建设项目，建设单位在取得建设项目的批准、核准、备案文件和签订国有土地使用权出让合同后，向城市、县人民政府城乡规划主管部门领取建设用地规划许可证。城市、县人民政府城乡规划主管部门不得在建设用地规划许可证中，擅自改变作为国有土地使用权出让合同组成部分的规划条件。

建设用地规划许可的条件是：

（1）建设项目符合城乡规划；

（2）以划拨方式供地的建设项目，取得建设项目选址意见书（有效期内）和有国有主管部门对建设项目用地的预审意见或其他相关文件；

（3）以出让方式供地的建设项目，取得国有土地使用权出让合同；

（4）取得国家发展和改革委员会等项目审批部门批准、核准、备案的文件；

（5）建设项目涉及环保、城管、国家安全、消防、文物保护等部门的，需提供各相关行政主管部门的书面意见。

（三）建设工程规划许可证

建设工程规划许可证是经城乡规划主管部门对建设工程设计方案等依法审核，对符合城乡规划要求的建设工程核发的凭证。简称“建规证”。

建设工程规划许可制度旨在通过审查建设工程的标高、建筑密度、建筑层数、绿化面积、容积率、建筑立面以及与环境的协调等，确保工程建设项目符合城乡规划，保障建设单位和公众的合法权益。

《城乡规划法》第40条第1款规定，在城市、镇规划区内进行建筑物、构筑物、道路、管线和其他工程建设的，建设单位或者个人应当向城市、县人民政府城乡规划主管部门或者省、自治区、直辖市人民政府确定的镇人民政府申请办理建设工程规划许可证。第41条第1款规定，在乡、村庄规划区内进行乡镇企业、乡村公共设施和公益事业建设的，建设单位或者个人应当向乡、镇人民政府提出申请，由乡、镇人民政府报城市、县人民政府城乡规划主管部门核发乡村建设规划许可证。这些都是建设工程规划许可证的法律依据。

1. 建设工程规划许可证的适用范围

城市规划区内各类建设项目（包括住宅、工业、仓储、办公楼、学校、医院、市政交通基础设施等）的新建、改建、扩建、翻建，均需依法办理建设工程规划许可证。具体范围包括：新建、改建、扩建建筑工程；各类市政工程、管线工程、道路工程等；文物保护单位和优秀近代建筑的大修工程以及改变原有外貌、结构、平面的装修工程；沿城市道路或者在广场设置的城市雕塑等美化工程；户外广告设施；各类临时性建筑物、构筑物。

在乡镇规划区内进行乡镇企业、乡村公共设施和公益事业建设的，需要依法办理乡村建设工程规划许可证。在乡、村庄规划区内使用原有宅基地进行农村村民住宅建设的规划管理办法，由省、自治区、直辖市人民政府制定。

2. 建设工程规划许可的条件

城市规划区内的建设项目申请办理建设工程规划许可证，应当提交使用土地的有关证明文件、建设工程设计方案等材料。需要建设单位编制修建性详细规划的建设项目，还应当提交修建性详细规划。对符合控制性详细规划条件的，由城市、县人民政府城乡规划主管部门或者省、自治区、直辖市人民政府确定的镇人民政府核发建设工程规划许可证。城市、县人民政府城乡规划主管部门或者省、自治区、直辖市人民政府确定的镇人民政府应当依法将经审定的修建性详细规划、建设工程设计方案的总平面图予以公布。

在乡、村庄规划区内进行乡镇企业、乡村公共设施和公益事业建设以及农村村民住宅建设，不得占用农用地；确需占用农用地的，应当依照《中华人民共和国土地管理法》有关规定办理农用地转用审批手续后，由城市、县人民政府城乡规划主管部门核发乡村建设规划许可证。建设单位或者个人在取得乡村建设规划许可证后，方可办理用地审批手续。

3. 建设工程规划许可的法律地位

建设工程规划许可是该建设工程能否合法开展建设的前提条件。建设单位应当按照规划条件进行建设；确需变更的，必须向城市、县人民政府城乡规划主管部门提出申请。变更内容不符合控制性详细规划的，城乡规划主管部门不得批准。城市、县人民政府城乡规划主管部门应当及时将依法变更后的规划条件通报同级土地主管部门并公示。建设单位应当及时将依法变更后的规划条件报有关人民政府土地主管部门备案。

县级以上地方人民政府城乡规划主管部门按照国务院规定对建设工程是否符合规划条件予以核实。未取得建设工程规划许可证或者未按照建设工程规划许可证的规定进行建设的，由县级以上地方人民政府城乡规划主管部门责令停止建设；尚可采取改正措施消除对规划实施的影响的，限期改正，处建设工程造价 5% 以上 10% 以下的罚款；无法采取改正措施消除影响的，限期拆除，不能拆除的，没收实物或者违法收入，可以并处建设工程造价 10% 以下的罚款。

然而，《城乡规划法》还规定，建设工程是否符合规划条件“未经核实或者经核实不符合规划条件的，建设单位不得组织竣工验收。建设单位应当在竣工验收后六个月内向城乡规划主管部门报送有关竣工验收资料”，这与上述不得建设否则将给予行政处罚的规定是相矛盾的，并且也不符合该法的立法宗旨。

三、建设用地许可

（一）我国土地使用制度概述

1. 土地权利归属制度

根据《土地管理法》第 2 条的规定，中华人民共和国实行土地的社会主义公有制，即全民所有制和劳动群众集体所有制。全民所有，即国家所有土地的所有权由国务院代表国家行使，用地单位和个人只有使用权；农民集体所有的土地依法属于村农民集体所有，由村集体经济组织或者村民委员会经营、管理。

《土地管理实施条例》第 2 条进一步明确了国有和农民集体所有土地的范围。国有土地包括：（1）城市市区的土地；（2）农村和城市郊区中已经依法没收、征收、征购为国有的土地；（3）国家依法征用的土地；（4）

依法不属于集体所有的林地、草地、荒地、滩涂及其他土地；（5）农村集体经济组织全部成员转为城镇居民的，原属于其成员集体所有的土地；（6）因国家组织移民、自然灾害等原因，农民成建制地集体迁移后不再使用的原属于迁移农民集体所有的土地。农村和城市郊区的土地，除法律规定属于国家所有的以外，属于农民集体所有。宅基地和自留地、自留山，属于农民集体所有。

国家实行土地登记制度。县级以上人民政府对所管辖的土地进行登记造册，属于国有土地的，由县级以上人民政府登记造册，核发证书，确认使用权。属于集体所有土地的，由县级人民政府登记造册，核发证书，确认所有权。

2．土地所有权禁止转让制度

根据《土地管理法》第 2 条的规定，任何单位和个人不得侵占、买卖或者以其他形式非法转让土地。

但土地使用权可以依法转让。国家为了公共利益的需要，可以依法对集体所有的土地实行征用。国家实行国有土地有偿有限期使用制度。除国家核准的划拨土地外，凡新增土地和原使用的土地改变用途或使用条件、进行市场交易等，均实行有偿有限期的使用。

3．土地用途管制制度

土地用途管制制度是指政府依靠公权力对其领土范围内的土地资源的用途以及开发和利用强度进行管制的制度。

《土地管理法》第 4 条规定，国家实行土地用途管制制度。国家编制土地利用总体规划，规定土地用途，将土地分为农用地、建设用地和未利用地。严格限制农用地转为建设用地，控制建设用地总量，对耕地实行特殊保护。使用土地的单位和个人必须严格按照土地利用总体规划确定的用途使用土地。农用地是指直接用于农业生产的土地，包括耕地、林地、草地、农田水利用地、养殖水面等；建设用地是指建造建筑物、构筑物的土地，包括城乡住宅和公共设施用地、工矿用地、交通水利设施用地、旅游用地、军事设施用地等；未利用地是指农用地和建设用地以外的土地。

（二）土地使用许可制度

1．土地使用权的划拨和出让

《土地管理法》规定，国家依法实行国有土地有偿使用制度。但是，国家在法律规定的范围内划拨国有土地使用权的除外。即我国土地出让许可存在有偿出让和无偿划拨两种方式。其中，除国家机关用地和军事用地，城市基础设施用地和公益事业用地，国家重点扶持的能源、交通、水利等基础设施用地，以及法律、行政法规规定的其他使用划拨方式用地外，工程建设单位需要使用国有土地的，原则上都应当以出让等有偿使用方式取得。而出让与划拨的最大区别在于，以出让方式取得土地使用权的，使用权人应缴纳土地使用权出让金等土地有偿使用费和其他费用。

不论哪种方式，经批准的建设项目需要使用国有建设用地的，建设单位都应当向有批准权的县级以上人民政府自然资源主管部门提出建设用地申请，经自然资源主管部门审查，报本级人民政府批准。这就是土地使用许可制度。

值得注意的是，2019 年新修订的《土地管理法》删除了旧法第 43 条，新增了第 63 条，这成为我国土地出让许可制度的重大改革。旧法第 43 条规定："任何单位和个人进行建设，需要使用土地的，必须依法申请使用国有土地；但是，兴办乡镇企业和村民建设住宅经依法批准使用本集体经济组织农民集体所有的土地的，或者乡（镇）村公共设施和公益事业建设经依法批准使用农民集体所有的土地的除外。"在这一规定下，除乡镇企业、村民住宅、乡（镇）村公共设施和公益事业建设以外，任何建设项目只能使用国有土地，不能使用集体土地。新法废除了这一规定，新增的第 63 条规定："土地利用总体规划、城乡规划确定为工业、商业等经营性用途，并经依法登记的集体经营性建设用地，土地所有权人可以通过出让、出租等方式交由单位或者个人使用，并应当签订书面合同，载明土地界址、面积、动工期限、使用期限、土地用途、规划条件和双方其他权利义务。"新法在法律层面明确了集体所有的土地性质也可以登记为"经营性建设用地"，并规定此类用地也可以出让、出租等。而通过出让等方式取得的集体经营性建设用地使用权还可以转让、互换、出资、赠与或者抵押。这就使得在集体所有的经营性建设用地上进行工业建设或商业开发成为可能。这一改革必将能够更好地体现农村土地的价值，尊重集体所有权，激发农村经济的活力。

建设单位使用国有土地的，应当按照土地使用权出让等有偿使用合同的约定或者土地使用权划拨批准文件的规定使用土地；确需改变该幅土地建设用途的，应当经有关人民政府自然资源主管部门同意，报原批准用地的人民政府批准。其中，在城市规划区内改变土地用途的，在报批前，应当先经有关城市规划行政主管部门同意。集体建设用地的使用者应当严格按照土地利用总体规划、城乡规划确定的用途使用土地。

2. 国有土地使用权的出让方式

（1）招标出让。招标出让是指土地所有者（出让人）向多方土地使用者（投标人）发出投标邀请，通过各投标人设计标书的竞争，来确定土地使用权受让人的方式。

（2）拍卖出让。拍卖出让是按指定时间、地点，在公开场所出让方用叫价的办法将土地使用权拍卖给出价最高者的方式。

（3）挂牌出让。挂牌出让是指出让人发布挂牌公告，按公告规定的期限将拟出让宗地的交易条件在指定的土地交易场所挂牌公布，接受竞买人的报价申请并更新挂牌价格，根据挂牌期限截止时的出让结果或现场竞价结果确定土地使用者的方式。

（4）协议出让。指政府作为土地所有者与选定的受让方磋商用地条件及价款，达成协议并签订土地使用权出让合同、有偿出让土地使用权的方式。

自实施“招、拍、挂”方式出让建设用地使用权制度以来，土地成交价格节节攀升，土地资源的资产价值得到体现。土地出让收益大部分进入地方财政，极大地支持了地方基础设施建设和土地开发。同时，由于建设用地使用权出让收入成为一些地方政府财政收入的重要来源甚至主要来源，因此地方财政又被戏称为“土地财政”。但是，地价和房价的快速上涨使得投资房地产的收益远高于其他行业，必然抑制制造业和新兴产业的活力，不利于社会的进步。同时，房屋刚需阶层背负沉重债务，对经济波动的承受力降低，不利于消费品行业的发展，既影响生活质量，也不利于经济长远发展。不过，也不能将这种负面影响全部归责为“招拍挂”制度，因为影响房价的最终因素是供需关系。“招拍挂”仍是保障土地市场公开、公正透明的最好工具，具有不可替代的作用。

为了抑制房价，减少“招拍挂”制度带来的负面影响，许多地方也积极探索了一些举措，例如：“限房价、竞地价”“限地价、竞房价”“限地价、竞政策性住房面积”“商品住房用地中配建保障性住房”，引入“熔断机制”等。应该说，这些措施各有优势，也各有弊病，但都在一定程度上起到了抑制房价的作用。各地可以因地制宜，选择适合本地实际情况的政策。

四、工程施工许可

（一）工程施工许可的概念

建设工程施工许可是指建设行政主管部门根据建设单位的申请，对建设工程是否具备施工条件进行审查，对符合条件者准许该建设工程开始施工并颁发建设工程施工许可证的一种制度。

《建筑法》第7条规定，建筑工程开工前，建设单位应当按照国家有关规定向工程所在地县级以上人民政府建设行政主管部门申请领取施工许可证；但是，国务院建设行政主管部门确定的限额以下的小型工程除外。按照国务院规定的权限和程序批准开工报告的建筑工程，不再领取施工许可证。这是关于工程施工许可的直接法律依据。

（二）工程施工许可的实施范围

在中华人民共和国境内从事各类房屋建筑及其附属设施的建造、装修装饰和与其配套的线路、管道、设备的安装，以及城镇市政基础设施工程的施工，建设单位在开工前应当依照本办法的规定，向工程所在地的县级以上地方人民政府住房和城乡建设主管部门申请领取施工许可证。

工程投资额在30万元以下或者建筑面积在300平方米以下的建筑工程，可以不申请办理施工许可证。省、自治区、直辖市人民政府住房和城乡建设主管部门可以根据当地的实际情况，对限额进行调整，并报国务院住房和城乡建设主管部门备案。按照国务院规定的权限和程序批准开工报告的建筑工程，不再领取施工许可证。

依法核定作为文物保护的纪念建筑物和古建筑等的修缮，依照文物保护的有关法律规定执行。抢险救灾及其他临时性房屋建筑和农民自建低层住宅的建筑活动，不适用本法。军事房屋建筑工程施工许可的管理，按国务院、中央军事委员会制定的办法执行。

（三）申领工程施工许可证的条件

2019 年修订的《建筑法》简化了申领施工许可证所需的条件，降低了获得施工许可证的门槛，有利于缩短工程建设周期，降低施工企业成本。《建筑法》规定的申领工程施工许可证应具备以下条件：

（1）已经办理该建筑工程用地批准手续；

（2）依法应当办理建设工程规划许可证的，已经取得建设工程规划许可证；

（3）需要拆迁的，其拆迁进度符合施工要求；

（4）已经确定建筑施工企业；

（5）有满足施工需要的资金安排、施工图纸及技术资料；

（6）有保证工程质量和安全的具体措施。

与旧法相比，新法最大的变化在于：删除“资金已落实”的要求，只要有资金安排的能力即可，这有利于建筑业盘活资金；删除了“法律、行政法规规定的其他条件”的规定，进一步明确了申领工程施工许可证的条件。

但是，2018 年修订的住建部《建筑工程施工许可管理办法》（以下简称《办法》）在申领工程施工许可证的条件方面增设了一些原《建筑法》和现行《建筑法》均没有的规定，这些规定是否违背《行政许可法》，在新《建筑法》实施后是否还继续有效，则是一个值得探讨的问题。例如，《办法》第 4 条第 4 项规定：“按照规定应当招标的工程没有招标，应当公开招标的工程没有公开招标，或者肢解发包工程，以及将工程发包给不具备相应资质条件的企业的，所确定的施工企业无效。”而《建筑法》只有

“已经确定建筑施工企业”的要求，并无是否需要招标的限制。此外，《办法》第4条第5项规定：“施工图设计文件已按规定审查合格”，而《建筑法》只有“有满足需要的施工图纸及技术资料”，并无已审查合格的条件。从立法层级来看，《办法》属于规章，是《建筑法》的下位法。《行政许可法》第16条规定：“规章可以在上位法设定的行政许可事项范围内，对实施该行政许可作出具体规定。法规、规章对实施上位法设定的行政许可作出的具体规定，不得增设行政许可；对行政许可条件作出的具体规定，不得增设违反上位法的其他条件。”据此，《办法》中的上述规定，究竟是对上位法的“具体规定”，还是“增设违反上位法的其他条件”，还需要进一步研究。但从2019年修订《建筑法》时立法者并未将《办法》中的上述规定补充、上升为法律来看，立法者似乎并不支持《办法》的规定，而是进一步贯彻简政放权的管理思路。从这个意义上看，我们认为《办法》的上述规定是不适当的，应及时修改，与《建筑法》的规定和立法精神保持一致。

（四）工程施工许可的实施程序

（1）建设单位向发证机关领取《建筑工程施工许可证申请表》。

（2）建设单位持加盖单位及法定代表人印鉴的《建筑工程施工许可证申请表》，并附相关证明文件，向发证机关提出申请。

（3）对于符合条件的，发证机关应当自收到申请之日起七日内颁发施工许可证；对于证明文件不齐全或者失效的，应当当场或者五日内一次告知建设单位需要补正的全部内容，审批时间可以自证明文件补正齐全后作相应顺延。

（4）对于不符合条件的，应当自收到申请之日起七日内书面通知建设单位，并说明理由。

（5）工程在施工过程中，建设单位或者施工单位发生变更的，应当重新申请领取施工许可证。

（五）施工许可证的效力期限

建设单位应当自领取工程施工许可证之日起三个月内开工。因故不能按期开工的，应当在期满前向发证机关申请延期，并说明理由；延期以两次为限，每次不超过三个月。既不开工又不申请延期或者超过延期次数、时限的，施工许可证自行废止。

在建的建设工程因故中止施工的，建设单位应当自中止施工之日起一个月内向发证机关报告，报告内容包括中止施工的时间、原因、在施部位、维修管理措施等，并按照规定做好建设工程的维护管理工作。建设工程恢复施工时，应当向发证机关报告；中止施工满一年的工程恢复施工前，建设单位应当报发证机关核验施工许可证。

五、工程安全许可

（一）工程安全许可的实施范围

国家对建设工程施工企业实行安全生产许可制度。建设工程施工企业未取得安全生产许可证的，不得从事建设工程施工活动。

建设工程施工企业是指从事土木工程、建筑工程、线路管道和设备安装工程及装修工程的新建、扩建、改建和拆除等有关活动的企业。

（二）工程安全许可的实施主体

国务院建设主管部门负责中央管理的建设工程施工企业安全生产许可证的颁发和管理。省、自治区、直辖市人民政府建设主管部门负责本行政区域内前款规定以外的建设工程施工企业安全生产许可证的颁发和管理，并接受国务院建设主管部门的指导和监督。

市、县人民政府建设主管部门负责本行政区域内建设工程施工企业安全生产许可证的监督管理，并将监督检查中发现的企业违法行为及时报告安全生产许可证颁发管理机关。

（三）安全生产许可条件

（1）建立、健全安全生产责任制，制定完备的安全生产规章制度和操作规程；

（2）保证本单位安全生产条件所需资金的投入；

（3）设置安全生产管理机构，按照国家有关规定配备专职安全生产管理人员；

(4) 主要负责人、项目负责人、专职安全生产管理人员经建设主管部门或者其他有关部门考核合格；

(5) 特种作业人员经有关业务主管部门考核合格，取得特种作业操作资格证书；

(6) 管理人员和作业人员每年至少进行一次安全生产教育培训并考核合格；

(7) 依法参加工伤保险，依法为施工现场从事危险作业的人员办理意外伤害保险，为从业人员交纳保险费；

(8) 施工现场的办公、生活区及作业场所和安全防护用具、机械设备、施工机具及配件符合有关安全生产法律、法规、标准和规程的要求；

(9) 有职业危害防治措施，并为作业人员配备符合国家标准或者行业标准的安全防护用具和安全防护服装；

(10) 有对危险性较大的分部分项工程及施工现场易发生重大事故的部位、环节的预防、监控措施和应急预案；

(11) 有生产安全事故应急救援预案、应急救援组织或者应急救援人员，配备必要的应急救援器材、设备；

(12) 法律、法规规定的其他条件。

(四) 安全生产许可的程序

建设工程施工企业从事建设工程施工活动前，应当向省级以上建设主管部门申请领取安全生产许可证。

中央管理的建设工程施工企业（集团公司、总公司）应当向国务院建设主管部门申请领取安全生产许可证。其他建设工程施工企业，包括中央管理的建设工程施工企业（集团公司、总公司）下属的建设工程施工企业，应当向企业注册所在地省、自治区、直辖市人民政府建设主管部门申请领取安全生产许可证。

建设主管部门应当自受理建设工程施工企业的申请之日起45 日内审查完毕；经审查符合安全生产条件的，颁发安全生产许可证；不符合安全生产条件的，不予颁发安全生产许可证，书面通知企业并说明理由。企业自接到通知之日起应当进行整改，整改合格后方可再次提出申请。

建设主管部门审查建设工程施工企业安全生产许可证申请，涉及铁路、交通、水利等有关专业工程时，可以征求铁路、交通、水利等有关部门的意见。

（五）安全生产许可证的效力期限

安全生产许可证的有效期为3年。安全生产许可证有效期满需要延期的，企业应当于期满前3个月向原安全生产许可证颁发管理机关申请办理延期手续。

企业在安全生产许可证有效期内，严格遵守有关安全生产的法律法规，未发生死亡事故的，安全生产许可证有效期届满时，经原安全生产许可证颁发管理机关同意，不再审查，安全生产许可证有效期延期3年。

六、工程消防许可

（一）工程消防设计许可

我国对按照国家工程建设消防技术标准需要进行消防设计的建设工程，实行建设工程消防设计审查验收制度。建设工程的消防设计、施工必须符合国家工程建设消防技术标准。建设、设计、施工、工程监理等单位依法对建设工程的消防设计、施工质量负责。工程消防设计审查验收是建设行政主管部门核发施工许可证的前提，因此，工程消防设计审查验收行为属于行政许可。

根据《消防法》《建筑法》以及住建部2020年公布的《建设工程消防设计审查验收管理暂行规定》①，建设工程消防设计许可有两种方式，一种是消防设计审查验收，适用于特殊建设工程；另一种是消防设计备案抽查，适用于其他建设工程。

1. 特殊建设工程的消防设计审查

特殊建设工程主要是指火灾危险性大，或者一旦发生火灾容易造成重

---

① 随着住建部《建设工程消防设计审查验收管理暂行规定》的发布，2020年5月29日，公安部发布了关于废止《建设工程消防监督管理规定》的决定，该规定在实施了11年后正式废止。

大财产损失或人员伤亡，从而具有较高消防要求的工程。按照住建部《建设工程消防设计审查验收管理暂行规定》，具有下列情形之一的建设工程是特殊建设工程：（1）总建筑面积大于二万平方米的体育场馆、会堂，公共展览馆、博物馆的展示厅；（2）总建筑面积大于一万五千平方米的民用机场航站楼、客运车站候车室、客运码头候船厅；（3）总建筑面积大于一万平方米的宾馆、饭店、商场、市场；（4）总建筑面积大于二千五百平方米的影剧院，公共图书馆的阅览室，营业性室内健身、休闲场馆，医院的门诊楼，大学的教学楼、图书馆、食堂，劳动密集型企业的生产加工车间，寺庙、教堂；（5）总建筑面积大于一千平方米的托儿所、幼儿园的儿童用房，儿童游乐厅等室内儿童活动场所，养老院、福利院，医院、疗养院的病房楼，中小学校的教学楼、图书馆、食堂，学校的集体宿舍，劳动密集型企业的员工集体宿舍；（6）总建筑面积大于五百平方米的歌舞厅、录像厅、放映厅、卡拉 OK 厅、夜总会、游艺厅、桑拿浴室、网吧、酒吧，具有娱乐功能的餐馆、茶馆、咖啡厅；（7）国家工程建设消防技术标准规定的一类高层住宅建筑；（8）城市轨道交通、隧道工程，大型发电、变配电工程；（9）生产、储存、装卸易燃易爆危险物品的工厂、仓库和专用车站、码头，易燃易爆气体和液体的充装站、供应站、调压站；（10）国家机关办公楼、电力调度楼、电信楼、邮政楼、防灾指挥调度楼、广播电视楼、档案楼；（11）设有前述第 1 项至第 6 项所列情形的建设工程；（12）前述第 10 项、第 11 项规定以外的单体建筑面积大于四万平方米或者建筑高度超过五十米的公共建筑。

我国对特殊建设工程实行消防设计审查制度。特殊建设工程的建设单位应当向消防设计审查验收主管部门申请消防设计审查，未经消防设计审查或者审查不合格的，建设单位、施工单位不得施工。建设、设计、施工单位不得擅自修改经审查合格的消防设计文件。确需修改的，建设单位应当依照本规定重新申请消防设计审查。

2. 其他建设工程的消防设计备案

其他建设工程是指特殊建设工程以外的其他按照国家工程建设消防技术标准需要进行消防设计的建设工程。

其他建设工程的消防设计不需要进行事先审查，而是采用备案制。根据《建设工程消防设计审查验收管理暂行规定》，建设单位申请施工许可或者申请批准开工报告时，应当提供满足施工需要的消防设计图纸及技术资料。未提供满足施工需要的消防设计图纸及技术资料的，有关部门不得发放施工许可证或者批准开工报告。其他建设工程的消防设计备案是有关部门核发施工许可证或者批准开工报告的条件，但备案部门并不对消防设计进行审查，也不对消防设计是否符合要求作出决定，因此不属于行政许可。将其他建设工程的消防设计备案放在本书工程消防许可框架下讨论，只是为了知识完整性的考虑。

（二）工程消防验收许可

工程消防验收许可是指在建设工程竣工验收后，消防设计审查验收主管部门对建设工程是否符合各项消防标准，以及消防设施是否合格进行查验，并出具消防验收合格或不合格意见的行政行为。消防验收是特殊建设工程投入使用的前提，属于行政许可。

1. 特殊建设工程的消防验收

我国对特殊建设工程实行消防验收制度。特殊建设工程竣工验收后，建设单位应当向消防设计审查验收主管部门申请消防验收；未经消防验收或者消防验收不合格的，禁止投入使用。

建设单位组织竣工验收时，应当对建设工程是否符合下列要求进行查验：完成工程消防设计和合同约定的消防各项内容；有完整的工程消防技术档案和施工管理资料；建设单位对工程涉及消防的各分部分项工程验收合格；施工、设计、工程监理、技术服务等单位确认工程消防质量符合有关标准；消防设施性能、系统功能联调联试等内容检测合格。

消防设计审查验收主管部门受理消防验收申请后，应当按照国家有关规定，对特殊建设工程进行现场评定。现场评定包括对建筑物防（灭）火设施的外观进行现场抽样查看；通过专业仪器设备对涉及距离、高度、宽度、长度、面积、厚度等可测量的指标进行现场抽样测量；对消防设施的功能进行抽样测试、联调联试消防设施的系统功能等内容。

消防设计审查验收主管部门应当自受理消防验收申请之日起十五日内

出具消防验收意见。符合规定条件的，应当出具消防验收合格意见。不符合规定条件的，消防设计审查验收主管部门应当出具消防验收不合格意见，并说明理由。

2. 其他建设工程的消防备案抽查

我国对其他建设工程实行备案抽查制度。其他建设工程竣工验收合格之日起五个工作日内，建设单位应当报消防设计审查验收主管部门备案。其他建设工程经依法抽查不合格的，应当停止使用。

消防设计审查验收主管部门应当对备案的其他建设工程进行抽查。抽查工作推行“双随机、一公开”制度，随机抽取检查对象，随机选派检查人员。消防设计审查验收主管部门应当自其他建设工程被确定为检查对象之日起十五个工作日内，按照建设工程消防验收有关规定完成检查，制作检查记录。检查结果应当通知建设单位，并向社会公示。

建设单位收到检查不合格整改通知后，应当停止使用建设工程，并组织整改，整改完成后，向消防设计审查验收主管部门申请复查。消防设计审查验收主管部门应当自收到书面申请之日起七个工作日内进行复查，并出具复查意见。复查合格后方可使用建设工程。

其他建设工程的消防备案抽查也不属于行政许可，而是一种行政监督管理的手段。将其放在工程消防许可框架下介绍，也是基于知识完整性的考虑。

七、工程行政许可改革

长期以来，我国工程建设项目审批手续多、办事难、耗时长等问题比较突出。2017 年我国在世界银行《全球营商环境报告》中整体排名 78 位，其中“办理建筑许可”指标位列 172 位，在 10 个评价指标排序中列最后。为贯彻落实党中央、国务院关于深化“放管服”改革和优化营商环境的部署要求，推动政府职能转向减审批、强监管、优服务，促进市场公平竞争，国务院办公厅于 2018 年下发了《关于开展工程建设项目审批制度改革试点的通知》（国办发〔2018〕33 号，以下简称《通知》），决定在北京市、天津市、上海市、重庆市、沈阳市、大连市、南京市、厦门市、武汉市、广州市、深圳市、成都市、贵阳市、渭南市、延安市和浙江省等 16 个地区开展工程建设项目审批制度改革试点。改革试点开展以来，试点地区按照国务院部署，对工程建设项目审批制度实施了全流程、全覆盖改革，基本形成统一的审批流程、统一的信息数据平台、统一的审批管理体系和统一的监管方式。2019 年，国务院办公厅下发《关于全面开展工程建设项目审批制度改革的实施意见》（国办发〔2019〕11 号，以下简称《意见》），标志着工程建设项目审批制度改革在全国范围内全面实施。2019 年的《意见》延续了 2018 年《通知》中对工程建设项目审批制度实施全流程、全覆盖改革的基本要求，进一步明确了工程建设项目审批“四统一”的改革目标。

（一）统一审批流程

1. 精简审批环节

精简审批事项和条件，取消不合法、不合理、不必要的审批事项，减少保留事项的前置条件。下放审批权限，按照方便企业和群众办事的原则，对下级机关有能力承接的审批事项，下放或委托下级机关审批。合并审批事项，对由同一部门实施的管理内容相近或者属于同一办理阶段的多个审批事项，整合为一个审批事项。转变管理方式，对能够用征求相关部门意见方式替代的审批事项，调整为政府内部协作事项。调整审批时序，地震安全性评价在工程设计前完成即可，环境影响评价、节能评价等评估评价和取水许可等事项在开工前完成即可；可以将用地预审意见作为使用土地证明文件申请办理建设工程规划许可证；将供水、供电、燃气、热力、排水、通信等市政公用基础设施报装提前到开工前办理，在工程施工阶段完成相关设施建设，竣工验收后直接办理接入事宜。

2. 规范审批事项

各地要对本地区工程建设项目审批事项进行全面清理，统一审批事项和法律依据，逐步形成全国统一的审批事项名称、申请材料和审批时限。要本着合法、精简、效能的原则，制定国家、省（自治区）和地级及以上城市工程建设项目审批事项清单，明确各项审批事项的适用范围和前置条件，并实行动态管理。下级政府制定的审批事项清单原则上要与上级政府审批事项清单一致，超出上级政府审批事项清单范围的，要报上级机关备案，并说明理由。

3. 合理划分审批阶段

将工程建设项目审批流程主要划分为立项用地规划许可、工程建设许可、施工许可、竣工验收四个阶段。其中，立项用地规划许可阶段主要包括项目审批核准、选址意见书核发、用地预审、用地规划许可证核发等。工程建设许可阶段主要包括设计方案审查、建设工程规划许可证核发等。施工许可阶段主要包括设计审核确认、施工许可证核发等。竣工验收阶段主要包括规划、土地、消防、人防、档案等验收及竣工验收备案等。其他行政许可、强制性评估、中介服务、市政公用服务以及备案等事项纳入相关阶段办理或与相关阶段并行推进。每个审批阶段确定一家牵头部门，实行“一家牵头、并联审批、限时办结”，由牵头部门组织协调相关部门严格按照限定时间完成审批。

4. 分类制定审批流程

制定全国统一的工程建设项目审批流程图示范文本。地级及以上地方人民政府要根据示范文本，分别制定政府投资、社会投资等不同类型工程的审批流程图；同时可结合实际，根据工程建设项目类型、投资类别、规模大小等，进一步梳理合并审批流程。简化社会投资的中小型工程建设项目审批，对于带方案出让土地的项目，不再对设计方案进行审核，将工程建设许可和施工许可合并为一个阶段。《意见》还提出试点地区也可以在其他工程建设项目中探索将工程建设许可和施工许可合并为一个阶段。

5. 实行联合审图和联合验收

制定施工图设计文件联合审查和联合竣工验收管理办法。将消防、人防、技防等技术审查并入施工图设计文件审查，相关部门不再进行技术审查。实行规划、土地、消防、人防、档案等事项限时联合验收，统一竣工验收图纸和验收标准，统一出具验收意见。对于验收涉及的测绘工作，实行“一次委托、联合测绘、成果共享”。

6. 推行区域评估

在各类开发区、工业园区、新区和其他有条件的区域，推行由政府统一组织对压覆重要矿产资源、环境影响评价、节能评价、地质灾害危险性评估、地震安全性评价、水资源论证等评估评价事项实行区域评估。实行区域评估的，政府相关部门应在土地出让或划拨前，告知建设单位相关建设要求。

7. 推行告知承诺制

对通过事中事后监管能够纠正不符合审批条件的行为且不会产生严重后果的审批事项，实行告知承诺制。公布实行告知承诺制的工程建设项目审批事项清单及具体要求，申请人按照要求作出书面承诺的，审批部门可以根据申请人信用等情况直接作出审批决定。对已经实施区域评估范围内的工程建设项目，相应的审批事项实行告知承诺制。

（二）统一信息数据平台

《意见》要求建立完善工程建设项目审批管理系统。地级及以上地方人民政府要按照“横向到边、纵向到底”的原则，整合建设覆盖地方各有关部门和区、县的工程建设项目审批管理系统，并与国家工程建设项目审批管理系统对接，实现审批数据实时共享。省级工程建设项目审批管理系统要将省级工程建设项目审批事项纳入系统管理，并与国家和本地区各城市工程建设项目审批管理系统实现审批数据实时共享。研究制定工程建设项目审批管理系统管理办法，通过工程建设项目审批管理系统加强对工程建设项目审批的指导和监督。地方工程建设项目审批管理系统要具备“多规合一”业务协同、在线并联审批、统计分析、监督管理等功能，在“一张蓝图”基础上开展审批，实现统一受理、并联审批、实时流转、跟踪督办。以应用为导向，打破“信息孤岛”，实现工程建设项目审批管理系统与全国一体化在线政务服务平台的对接，推进工程建设项目审批管理系统与投资项目在线审批监管平台等相关部门审批信息系统的互联互通。

（三）统一审批管理体系

1. “一张蓝图”统筹项目实施

统筹整合各类规划，划定各类控制线，构建“多规合一”的“一张蓝图”。依托工程建设项目审批管理系统，加强“多规合一”业务协同，统筹协调各部门对工程建设项目提出建设条件以及需要开展的评估评价事项等要求，为项目建设单位落实建设条件、相关部门加强监督管理提供依据，加速项目前期策划生成，简化项目审批或核准手续。

2. “一个窗口”提供综合服务

县级及以上城市人民政府要加强政务大厅建设，发挥服务企业群众、监督协调审批的作用。整合各部门和各市政公用单位分散设立的服务窗口，设立工程建设项目审批综合服务窗口。建立完善“前台受理、后台审核”机制，综合服务窗口统一收件、出件，实现“一个窗口”服务和管理。省级人民政府要统一制定本地区“一窗受理”的工作规程。鼓励为申请人提供工程建设项目审批咨询、指导、协调和代办等服务，帮助企业了解审批要求，提供相关工程建设项目的申请材料清单，提高申报通过率。

3. “一张表单”整合申报材料

各审批阶段均实行“一份办事指南，一张申请表单，一套申报材料，完成多项审批”的运作模式，牵头部门制定统一的办事指南和申报表格，每个审批阶段申请人只需提交一套申报材料。建立完善审批清单服务机制，主动为申请人提供项目需要审批的事项清单。不同审批阶段的审批部门应当共享申报材料，不得要求申请人重复提交。

4. “一套机制”规范审批运行

建立健全工程建设项目审批配套制度，明确部门职责，明晰工作规程，规范审批行为，确保审批各阶段、各环节无缝衔接。建立审批协调机制，协调解决部门意见分歧。建立跟踪督办制度，实时跟踪审批办理情况，对全过程实施督办。各级政府部门要主动加强与人大及司法机构的沟通协调配合，加快法律法规、规范性文件和标准规范的立改废释工作，修改或废止与工程建设项目审批制度改革要求不相符的相关制度，建立依法推进改革的长效机制。

（四）统一监管方式

1. 加强事中事后监管

进一步转变监管理念，完善事中事后监管体系，统一规范事中事后监管模式，建立以“双随机、一公开”监管为基本手段，以重点监管为补充，以信用监管为基础的新型监管机制，严肃查处违法违规行为。对于实行告知承诺制的审批事项，审批部门应当在规定时间内对承诺人履行承诺的情况进行检查，承诺人未履行承诺的，审批部门要依法撤销行政审批决定并追究承诺人的相应责任。

2．加强信用体系建设

建立工程建设项目审批信用信息平台，完善申请人信用记录，建立红黑名单制度，实行信用分级分类管理，出台工程建设项目审批守信联合激励和失信联合惩戒合作备忘录，对失信企业和从业人员进行严格监管。将企业和从业人员违法违规、不履行承诺的失信行为纳入工程建设项目审批管理系统，并与全国信用信息共享平台互联互通，加强信用信息共享，构建“一处失信、处处受限”的联合惩戒机制。

3．规范中介和市政公用服务

建立健全中介服务和市政公用服务管理制度，实行服务承诺制，明确服务标准和办事流程，规范服务收费。依托工程建设项目审批管理系统建立中介服务网上交易平台，对中介服务行为实施全过程监管。供水、供电、燃气、热力、排水、通信等市政公用服务要全部入驻政务服务大厅，实施统一规范管理，为建设单位提供“一站式”服务。

第三节　工程行政征收

一、土地征收与补偿

（一）土地征收的条件

按照2019年新修订的《土地管理法》的规定，集体所有的土地在符合土地利用总体规划的前提下也可以用于经营性建设，并可以通过出让、出租等方式交由单位或者个人使用。因而今后建设工程用地并不必然以集体土地征收为国有土地为前提。但是，直接用于经营性建设的集体土地在规划层面必然是小规模的，这就决定了其难以实现大规模城市化建设所需土地的供给。因此，未来建设工程用地的主要来源仍然是国有土地。这就涉及将农民集体所有的土地征收为国有土地，然后再以国有建设用地的性质予以出让的问题。

法律规定，国家为了公共利益的需要，可以依法对土地实行征收或者征用并给予补偿。建设占用土地，涉及农用地转为建设用地的，还应当办理农用地转用审批手续。《土地管理法》第45条对集体土地征收为国有土地的条件作出了规定。首先，征收必须是基于公共利益的需要；其次，必须符合下列情形之一：

（1）军事和外交需要用地的；

（2）由政府组织实施的能源、交通、水利、通信、邮政等基础设施建设需要用地的；

（3）由政府组织实施的科技、教育、文化、卫生、体育、生态环境和资源保护、防灾减灾、文物保护、社区综合服务、社会福利、市政公用、优抚安置、英烈保护等公共事业需要用地的；

（4）由政府组织实施的扶贫搬迁、保障性安居工程建设需要用地的；

（5）在土地利用总体规划确定的城镇建设用地范围内，经省级以上人民政府批准由县级以上地方人民政府组织实施的成片开发建设需要用地的；

（6）法律规定为公共利益需要可以征收农民集体所有的土地的其他情形。

（二）土地征收的程序

国家征收土地的，依照法定程序批准后，由县级以上地方人民政府予以公告并组织实施。

县级以上地方人民政府拟申请征收土地的，应当开展拟征收土地现状调查和社会稳定风险评估，并将征收范围、土地现状、征收目的、补偿标准、安置方式和社会保障等在拟征收土地所在的乡（镇）和村、村民小组范围内公告至少三十日，听取被征地的农村集体经济组织及其成员、村民委员会和其他利害关系人的意见。多数被征地的农村集体经济组织成员认为征地补偿安置方案不符合法律、法规规定的，县级以上地方人民政府应当组织召开听证会，并根据法律、法规的规定和听证会情况修改方案。

拟征收土地的所有权人、使用权人应当在公告规定期限内，持不动产权属证明材料办理补偿登记。县级以上地方人民政府应当组织有关部门测算并落实有关费用，保证足额到位，与拟征收土地的所有权人、使用权人就补偿、安置等签订协议；个别确实难以达成协议的，应当在申请征收土地时如实说明。

相关前期工作完成后，县级以上地方人民政府方可申请征收土地。

（三）土地征收的补偿

新修订的《土地管理法》确定了“保障被征地农民原有生活水平不降低、长远生计有保障”的补偿原则，在提高征地补偿标准、落实征地补偿费用以外，进一步推进被征地农民社会保障工作，从法律层面保障了被征地农民的长远生计。在征地补偿标准方面，改变了以前以土地年产值为标准进行补偿，实行按照区片综合地价进行补偿，区片综合地价除了考虑土地产值，还要考虑区位、当地经济社会发展状况等因素综合制定。

《土地管理法》规定，征收土地应当给予公平、合理的补偿。征收土地应当依法及时足额支付土地补偿费、安置补助费以及农村村民住宅、其他地上附着物和青苗等的补偿费用，并安排被征地农民的社会保障费用。

征收农用地的土地补偿费、安置补助费标准由省、自治区、直辖市通过制定公布区片综合地价确定。制定区片综合地价应当综合考虑土地原用途、土地资源条件、土地产值、土地区位、土地供求关系、人口以及经济社会发展水平等因素，并至少每三年调整或者重新公布一次。

征收农用地以外的其他土地、地上附着物和青苗等的补偿标准，由省、自治区、直辖市制定。对其中的农村村民住宅，应当按照先补偿后搬迁、居住条件有改善的原则，尊重农村村民意愿，采取重新安排宅基地建房、提供安置房或者货币补偿等方式给予公平、合理的补偿，并对因征收造成的搬迁、临时安置等费用予以补偿，保障农村村民居住的权利和合法的住房财产权益。

县级以上地方人民政府应当将被征地农民纳入相应的养老等社会保障体系。被征地农民的社会保障费用主要用于符合条件的被征地农民的养老保险等社会保险缴费补贴。

二、国有土地上房屋征收与补偿

（一）征收的主体

2011 年国务院《国有土地上房屋征收与补偿条例》规定，市、县级人民政府负责本行政区域的房屋征收与补偿工作。市、县级人民政府确定的房屋征收部门组织实施本行政区域的房屋征收与补偿工作。房屋征收部门可以委托房屋征收实施单位，承担房屋征收与补偿的具体工作。

也就是说，国有土地房屋征收的主体有三个层面，分别是房屋征收决定主体、房屋征收部门，以及房屋征收实施单位。市、县级人民政府是作出征收决定的主体，对房屋征收与补偿工作负责。但市、县级人民政府并不直接实施征收和补偿工作，而是由其确定的房屋征收部门组织实施，一般指的是市、县人民政府设立的征收办、拆迁办等机构。这些机构属于行政机关的内设机构，本身不属于行政主体。但基于行政法规的授权，这些机构可以行使房屋征收与补偿的有关行政职权，因而属于法律法规授权的组织，在授权范围内可以自己的名义行使职权，独立承担法律责任。房屋征收部门负责的区域内可能有多个征收项目，每个项目又可能涉及众多被征收人，事务繁多，难以独自完成。因此，房屋征收部门在组织实施征收与补偿工作时，可能还需要委托房屋征收实施单位承担房屋征收与补偿的具体工作，这在性质上属于行政委托。根据行政委托的基本原理，房屋征收实施单位不能以自己的名义实施征收与补偿行为，而必须以房屋征收部门的名义实施，其自身也不能独立承担法律后果。房屋征收部门需要对房屋征收实施单位在委托范围内实施的房屋征收与补偿行为负责监督，并对其行为后果承担法律责任。

（二）征收条件

为了保障国家安全、促进国民经济和社会发展等公共利益的需要，有下列情形之一，确需征收房屋的，由市、县级人民政府作出房屋征收决定：

（1）国防和外交的需要；

（2）由政府组织实施的能源、交通、水利等基础设施建设的需要；

（3）由政府组织实施的科技、教育、文化、卫生、体育、环境和资源保护、防灾减灾、文物保护、社会福利、市政公用等公共事业的需要；

（4）由政府组织实施的保障性安居工程建设的需要；

（5）由政府依照城乡规划法有关规定组织实施的对危房集中、基础设施落后等地段进行旧城区改建的需要；

（6）法律、行政法规规定的其他公共利益的需要。

（三）征收补偿方案

房屋征收部门拟定征收补偿方案，报市、县级人民政府。市、县级人民政府应当组织有关部门对征收补偿方案进行论证并予以公布，征求公众意见。征求意见期限不得少于三十日。

市、县级人民政府应当将征求意见情况和根据公众意见修改的情况及时公布。因旧城区改建需要征收房屋，多数被征收人认为征收补偿方案不符合《国有土地上房屋征收与补偿条例》规定的，市、县级人民政府应当组织由被征收人和公众代表参加的听证会，并根据听证会情况修改方案。

（四）征收决定

市、县级人民政府作出房屋征收决定后应当及时公告。公告应当载明征收补偿方案和行政复议、行政诉讼权利等事项。市、县级人民政府及房屋征收部门应当做好房屋征收与补偿的宣传、解释工作。房屋被依法征收的，国有土地使用权同时收回。

被征收人对市、县级人民政府作出的房屋征收决定不服的，可以依法申请行政复议，也可以依法提起行政诉讼。这是因为征收决定尽管是以通知、通告的形式发布的，但征收范围必须是确定的，因此征收范围内的被征收人尽管数量众多，仍然在统计上可以特定，而且征收行为是一次性的，对被征收人的利益直接产生影响，因而是具体行政行为，属于行政复议和行政诉讼的受案范围。

房屋征收范围确定后，不得在房屋征收范围内实施新建、扩建、改建房屋和改变房屋用途等不当增加补偿费用的行为；违反规定实施的，不予补偿。由于房屋征收的补偿款直接与房屋数量、面积、用途、装修等有关，实践中有些被征收人为了取得更多补偿款，往往突击新建、扩建、改建房屋。这种行为损害了公共利益，不具有正当性，因而不予补偿。

（五）征收补偿

作出房屋征收决定的市、县级人民政府对被征收人给予的补偿包括：（1）被征收房屋价值的补偿；（2）因征收房屋造成的搬迁、临时安置的补偿；（3）因征收房屋造成的停产停业损失的补偿。征收个人住宅，被征收人符合住房保障条件的，作出房屋征收决定的市、县级人民政府应当优先给予住房保障。

对被征收房屋价值的补偿，不得低于房屋征收决定公告之日被征收房屋类似房地产的市场价格。被征收房屋的价值，由具有相应资质的房地产价格评估机构按照房屋征收评估办法评估确定。

被征收人可以选择货币补偿，也可以选择房屋产权调换。被征收人选择房屋产权调换的，市、县级人民政府应当提供用于产权调换的房屋，并与被征收人计算、结清被征收房屋价值与用于产权调换房屋价值的差价。因旧城区改建征收个人住宅，被征收人选择在改建地段进行房屋产权调换的，作出房屋征收决定的市、县级人民政府应当提供改建地段或者就近地段的房屋。

因征收房屋造成搬迁的，房屋征收部门应当向被征收人支付搬迁费；选择房屋产权调换的，产权调换房屋交付前，房屋征收部门应当向被征收人支付临时安置费或者提供周转用房。

房屋征收部门与被征收人在征收补偿方案确定的签约期限内达不成补偿协议，或者被征收房屋所有权人不明确的，由房屋征收部门报请作出房屋征收决定的市、县级人民政府依照《国有土地上房屋征收与补偿条例》的规定，按照征收补偿方案作出补偿决定，并在房屋征收范围内予以公告。

补偿决定应当公平，包括补偿方式、补偿金额和支付期限、用于产权调换房屋的地点和面积、搬迁费、临时安置费或者周转用房、停产停业损失、搬迁期限、过渡方式和过渡期限等事项。

需要注意的是，房屋征收决定和补偿是两个不同的行政行为，它们共同处于一个完整的房屋征收过程之中。房屋征收决定合法并不意味着补偿行为也合法。因此，被征收人虽然认可征收行为的合法性，但对补偿决定不服的，也可以依法申请行政复议，或者依法提起行政诉讼。

（六）搬迁

实施房屋征收应当先补偿、后搬迁。作出房屋征收决定的市、县级人民政府对被征收人给予补偿后，被征收人应当在补偿协议约定或者补偿决定确定的搬迁期限内完成搬迁。任何单位和个人不得采取暴力、威胁或者违反规定中断供水、供热、供气、供电和道路通行等非法方式迫使被征收人搬迁。禁止建设单位参与搬迁活动。

被征收人在法定期限内不申请行政复议或者不提起行政诉讼，在补偿决定规定的期限内又不搬迁的，由作出房屋征收决定的市、县级人民政府依法申请人民法院强制执行。

第四节　工程行政处罚与工程行政强制

一、工程行政处罚

（一）行政处罚的概念

行政处罚是指行政机关依法对违反行政管理秩序的公民、法人或者其他组织，以减损权益或者增加义务的方式予以惩戒的行为。这里的“违反行政管理秩序”是指行政相对人违反行政法律规范但尚未构成犯罪的行为。理解行政处罚，需要认识到行政处罚的三个特征：

（1）行政处罚的主体是行政主体，实施行政处罚必须依据法定权限。行政主体必须严格依据法定权限行使行政处罚权，越权无效。

（2）行政处罚的对象是违反行政管理秩序的行政相对人。即违反行政法律规范，但尚未达到犯罪程度。

（3）行政处罚的直接目的是对违法者予以惩戒和教育。行政处罚的最终目的是有效实施行政管理，维护公共利益和社会秩序。

（二）行政处罚的种类

1. 行政处罚的理论分类

（1）人身罚。人身罚亦称自由罚，是限制或剥夺违法者人身自由的行政处罚。限制人身自由的处罚只能由法律设定。人身罚包括行政拘留、驱逐出境、禁止进境或出境、限期出境等。

（2）财产罚。财产罚是强迫违法者缴纳一定数额的金钱或者一定数量的物品，或者限制、剥夺其某种财产权的处罚。财产罚包括罚款和没收。

（3）行为罚。行为罚亦称能力罚，是限制或者剥夺行政违法者某些特定行为能力和资格的处罚。行为罚包括责令停产停业，暂扣或吊销许可证、执照等。

（4）申诫罚。申诫罚亦称精神罚，是行政机关向违法者发出警戒，申明其有违法行为，通过对其名誉、荣誉、信誉等施加影响，引起其精神上的警惕，从而使其不再违法的处罚形式。申诫罚包括警告、通报批评等。

2. 2021 年修订的《行政处罚法》确定的行政处罚种类

（1）警告、通报批评。指行政机关对有违法行为的公民、法人或者其他组织提出告诫，使其认识所应负责的一种处罚。警告、通报批评一般适用于那些违反行政管理法规较轻微、对社会危害程度不大的行为。这种处罚虽然没有减损相对人的财产权益或者经营范围、资格等，但对相对人的声誉会产生不良影响，属于声誉罚。

（2）罚款、没收违法所得、没收非法财物。指行政机关依法强制违反行政管理法规的行为人在一定期限内缴纳一定数量货币和财物的处罚行为。罚款是一种适用范围比较广泛的行政罚。为了避免罚款的随意性，行政处罚法对罚款进行了一些限定性的规定。对已经制定的法律、行政法规规定的行政处罚的种类中没有罚款的，地方性法规和规章不能增加规定罚款的处罚。为了避免罚款执行人营私舞弊，法律规定作出罚款决定的机关与收缴罚款的机构分离，罚款必须全部上缴国库，任何行政机关或者个人不得以任何形式截留、私分。罚款的设定与执行要运用适当，罚与过相当。没收违法所得、没收非法财产，指国家行政机关根据行政管理法规，将行为人的违法所获得的财物或非法财物强制无偿收归国有的一项行政处罚措施。没收是一种较为严厉的财产罚，其执行领域具有一定程度的限定性，只有对那些为谋取非法收入而违反法律法规的公民、法人及组织才可以实行这种财产罚。罚款和没收都是对行政相对人财产的剥夺，属于财产罚。

（3）暂扣许可证件、降低资质等级、吊销许可证件。暂扣或者吊销许可证是指国家行政机关，对违反行政管理法规的行政相对人依法实行暂时扣留或吊销其许可证，限制或剥夺其从事某项生产或经营活动权利的行政处罚。对于实施资质等级管理的行业，行政相对人只有在取得相应等级的资质证书后，方可在其资质等级许可的范围内从事相应的活动，而降低资质等级也就限制了相对人的经营活动范围。因此，暂扣许可证件、降低资质等级、吊销许可证件都是对相对人从事某种活动的资格所作的限制或减损，属于资格罚。

（4）限制开展生产经营活动、责令停产停业、责令关闭、限制从业。指国家行政机关对违反行政管理法规的行政相对人，依法在一定期限内限制生产经营范围或剥夺其从事某项生产或经营活动权利，或者限制从事某种特定职业的行政处罚，属于行为罚的一种。

（5）行政拘留。指公安机关对于违反《治安管理处罚条例》的公民，在短期内限制其人身自由的一种处罚措施，属于人身自由罚，是行政处罚中最严厉的一种。由于其严厉性，因此行政处罚法对于此种处罚的限制规定也是最严格的，只有法律才能够规定涉及公民人身自由的行政拘留罚，其他如行政法规、地方性法规、规章等都不能设定此种处罚。

（6）法律、行政法规规定的其他行政处罚。上面所列五种处罚只是行政处罚的基本种类，也是运用得最多的种类。为了防止现有法律和行政法规规定的处罚的遗漏和今后立法中可能出现了新的处罚措施而设定了此项概括性兜底条款。

3. 工程行政处罚的常见种类

《行政处罚法》只规定了行政处罚的一般种类、实施机关、实施程序等，不可能对所有的行政处罚事项作出规定。工程建设中的某个行为是否属于行政违法行为，要承担何种行政责任，还要看其他工程行政法律法规的具体规定。在工程法律法规中，行政处罚条款一般规定在工程法律法规中的“法律责任”部分，我国《建筑法》《招标投标法》《城乡规划法》《消防法》《建设工程安全生产管理条例》《建设工程质量管理条例》等均规定有行政处罚条款。例如，《建筑法》第65条规定了罚款、吊销许可证、没收违法所得这几种处罚种类，第67条还规定了责令停产停业、降低资质等级的处罚种类。

《行政处罚法》规定，“其他行政处罚种类”只有法律和行政法规才能设定，规章以及行政规范性文件均不得设定。以国务院《建设工程质量管理条例》第55条为例，该条规定：“违反本条例规定，建设单位将建设工程肢解发包的，责令改正，处工程合同价款0.5%以上1%以下的罚款；对全部或者部分使用国有资金的项目，并可以暂停项目执行或者暂停资金拨付。”这里的“暂停项目执行或者暂停资金拨付”就属于其他处罚种类。《条例》是国务院制定的行政法规，因而可以设定其他行政处罚。但是，住建部的规章就不能设定这类其他行政处罚，但可以在法律、行政法规已设定的行政处罚种类方面作出细化的实施规定。

值得注意的问题是，在建设工程领域的法律法规中，在规定行政处罚的同时还大量规定了“责令改正”条款，例如《建筑法》第64条规定：“违反本法规定，未取得施工许可证或者开工报告未经批准擅自施工的，责令改正，对不符合开工条件的责令停止施工，可以处以罚款。”那么“责令改正”是不是行政处罚的种类呢？我们认为，责令改正本身并不是对违法行为人所施加的惩罚，而是违法行为人应当承担的法定义务。责令改正的内容实质上是要求违法行为人履行法定义务，停止其违法行为，从而消除不良后果或者避免危害的扩大，并没有剥夺违法行为人的权利或者增加其负担。因此，责令改正不属于行政处罚，而是行政机关在实施行政处罚时应当一并采取的行政命令。因此，《行政处罚法》第28条第1款才规定：“行政机关实施行政处罚时，应当责令当事人改正或者限期改正违法行为。”

（三）行政处罚的程序

1. 简易程序

（1）适用条件：违法事实确凿并有法定依据，对公民处以 200 元以下、对法人或者其他组织处以 3000 元以下罚款或者警告的行政处罚的，可以当场作出行政处罚决定。法律另有规定的，从其规定。

（2）适用程序。执法人员按照简易程序当场作出行政处罚决定的，应当向当事人出示执法证件。执法人员应当告知当事人拟作出的行政处罚内容及事实、理由、依据，并告知当事人依法享有的陈述、申辩、要求听证等权利。执法人员应当填写预定格式、编有号码的行政处罚决定书。行政处罚决定书应当载明当事人的违法行为，行政处罚的种类和依据，罚款数额、时间、地点，申请行政复议、提起行政诉讼的途径和期限以及行政机关名称，并由执法人员签名或者盖章。行政处罚决定书应当当场交付当事人。执法人员当场作出的行政处罚决定，应当报所属行政机关备案。

2. 普通程序

除依法可以当场作出行政处罚外，行政机关发现公民、法人或者其他组织有依法应当给予行政处罚的行为的，适用普通程序。在工程行政处罚中，主要涉及的是普通程序的适用。

（1）立案调查。行政机关在立案后，必须对案件进行全面、客观、公正的调查，收集有关证据；必要时，依照法律、法规的规定，可以进行检查。执法人员在调查或者检查时，应当主动向当事人或者有关人员出示证件。当事人或者有关人员应当如实回答询问，并协助调查或者检查，不得拒绝或阻挠。询问或者检查应当制作笔录。行政机关在收集证据时，可以采取抽样取证的方法；在证据可能灭失或者以后难以取得的情况下，经行政机关负责人批准，可以先行登记保存，并应当在七日内及时作出处理决定，在此期间，当事人或者有关人员不得销毁或者转移证据。执法人员与当事人有直接利害关系的，应当回避。

（2）说明理由并告知权利。行政机关在作出行政处罚决定之前，应当告知当事人拟作出的行政处罚内容及事实、理由、依据，并告知当事人依法享有的陈述、申辩、要求听证等权利。

（3）当事人陈述和申辩。当事人有权进行陈述和申辩。行政机关必须充分听取当事人的意见，对当事人提出的事实、理由和证据，应当进行复核；当事人提出的事实、理由或者证据成立的，行政机关应当采纳。行政机关不得因当事人申辩而加重处罚。

（4）听证程序。行政机关拟作出下列行政处罚决定，应当告知当事人有要求听证的权利，当事人要求听证的，行政机关应当组织听证：较大数额罚款；没收较大数额违法所得、没收较大价值非法财物；降低资质等级、吊销许可证件；责令停产停业、责令关闭、限制从业；其他较重的行政处罚；法律、法规、规章规定的其他情形。

（5）作出决定。调查终结，行政机关负责人应当对调查结果进行审查，根据不同情况，分别作出如下决定：确有应受行政处罚的违法行为的，根据情节轻重及具体情况，作出行政处罚决定；违法行为轻微，依法可以不予行政处罚的，不予行政处罚；违法事实不能成立的，不得给予行政处罚；违法行为已构成犯罪的，移送司法机关。对情节复杂或者重大违法行为给予较重的行政处罚，行政机关的负责人应当集体讨论决定。有下列情形之一，在行政机关负责人作出行政处罚的决定之前，应当由从事行政处罚决定法制审核的人员进行法制审核，未经法制审核或者审核未通过的，不得作出决定：涉及重大公共利益的；直接关系当事人或者第三人重大权益、经过听证程序的；案件情况疑难复杂、涉及多个法律关系的；法律、法规规定应当进行法制审核的其他情形的。行政机关应当自行政处罚案件立案之日起 90 日内作出行政处罚决定。法律、法规、规章另有规定的，从其规定。

（6）制作处罚决定书。行政机关依照法律规定给予行政处罚，应当制作行政处罚决定书。行政处罚决定书应当载明下列事项：当事人的姓名或者名称、地址；违反法律、法规或者规章的事实和证据；行政处罚的种类和依据；行政处罚的履行方式和期限；不服行政处罚决定，申请行政复议或者提起行政诉讼的途径和期限；作出行政处罚决定的行政机关名称和作出决定的日期。行政处罚决定书必须盖有作出行政处罚决定的行政机关的印章。

（7）处罚决定书的送达。行政处罚决定书应当在宣告后当场交付当事人；当事人不在场的，行政机关应当在7日内依照《中华人民共和国民事诉讼法》的有关规定，将行政处罚决定书送达当事人。当事人同意并签订确认书的，行政机关可以采用传真、电子邮件等方式，将行政处罚决定书等送达当事人。

二、工程行政强制

（一）行政强制的概念

行政强制是指在行政过程中出现行政相对人违反义务或者义务不履行的情况，为了确保行政的实效性、维护公共利益，由行政主体或者行政主体申请人民法院，对行政相对人的人身、财产及行为采取的强制性处置措施。

行政强制的主体包括行政主体和人民法院。其中，人民法院主要是作为行政强制执行的实施主体。

行政强制适用于制止违法行为、防止证据损毁、避免危害发生、控制危险扩大、实现义务履行等情况。因此，行政强制的主要功能是保全和督促，而不是惩罚。

行政强制的目的在于确保行政的实效性，维护和实现公共利益。因此，一旦实现了相关目的，行政强制应当立即终结。

（二）行政强制的种类

1．行政强制措施

行政强制包括行政强制措施和行政强制执行两类。

根据《行政强制法》的规定，我国行政强制措施主要有以下四种：限制公民人身自由；查封场所、设施或者财物；扣押财物；冻结存款、汇款。此外，还有“其他行政强制措施”这一兜底类型（即时强制、调查强制）。

2．行政强制执行

行政强制执行是指行政机关或者行政机关申请人民法院，对不履行行政决定的公民、法人或者其他组织，依法强制履行义务的行为。行政强制执行的目的是实现义务的履行，而不是对相对人施以惩戒。因此，适用行政强制执行的前提条件是行政相对人不履行法定义务，有必要采取强制手段迫使其履行义务。

行政强制执行的主体是行政主体或者人民法院。行政主体只在有法律明确授予行政强制执行权的情况下才能实施行政强制执行，否则应申请人民法院强制执行。这种由行政机关申请人民法院强制执行的制度，又被称为非诉执行。

行政强制执行在工程行政强制中较为常见。对于违法建筑，以及被征收的建筑，行政相对人不履行拆除义务或者不履行搬迁义务的，都有可能涉及行政强制执行。对于被征收房屋的强制执行，《国有土地上房屋征收与补偿条例》规定行政机关应当申请人民法院强制执行。但对于违法建筑，《行政强制法》与《土地管理法》的规定有不一致的地方，需要予以注意。《行政强制法》赋予了行政机关自主拆除违法建筑的行政强制执行权，该法第44条规定："对违法的建筑物、构筑物、设施等需要强制拆除的，应当由行政机关予以公告，限期当事人自行拆除。当事人在法定期限内不申请行政复议或者提起行政诉讼，又不拆除的，行政机关可以依法强制拆除。"但《土地管理法》第83条规定："依照本法规定，责令限期拆除在非法占用的土地上新建的建筑物和其他设施的，建设单位或者个人必须立即停止施工，自行拆除……期满不起诉又不自行拆除的，由作出处罚决定的机关依法申请人民法院强制执行，费用由违法者承担。"对于在非法占用的土地建设的建筑物和其他设施的拆除，只能由行政机关申请人民法院强制执行。那么，对于违法建筑到底行政机关能不能自行强制拆除，就出现了法律规定的不一致。实践中一般认为，对于因非法占用土地而形成的违法建筑的强拆，只能依《土地管理法》的规定由行政机关申请人民法院强制执行。而对于因违反规划许可等其他原因形成的违法建筑，可由行政机关自行拆除。

（三）行政强制执行的实施程序

1. 行政机关自主实施的强制执行

（1）催告。行政机关作出强制执行决定前，应当事先催告当事人履行义务。

催告应当以书面形式作出，并载明下列事项：履行义务的期限；履行义务的方式；涉及金钱给付的，应当有明确的金额和给付方式；当事人依法享有的陈述权和申辩权。

当事人收到催告书后有权进行陈述和申辩。行政机关应当充分听取当事人的意见，对当事人提出的事实、理由和证据，应当进行记录、复核。当事人提出的事实、理由或者证据成立的，行政机关应当采纳。

（2）制作并交付强制执行决定书。经催告，当事人逾期仍不履行行政决定，且无正当理由的，行政机关可以作出强制执行决定。在催告期间，对有证据证明有转移或者隐匿财物迹象的，行政机关可以作出立即强制执行决定。

强制执行决定应当以书面形式作出，并载明下列事项：当事人的姓名或者名称、地址；强制执行的理由和依据；强制执行的方式和时间；申请行政复议或者提起行政诉讼的途径和期限；行政机关的名称、印章和日期。

在执行中或者执行完毕后，据以执行的行政决定被撤销、变更，或者执行错误的，应当恢复原状或者退还财物；不能恢复原状或者退还财物的，依法给予赔偿。

（3）行政强制执行的中止。有下列情形之一的，中止执行：当事人履行行政决定确有困难或者暂无履行能力的；第三人对执行标的主张权利，确有理由的；执行可能造成难以弥补的损失，且中止执行不损害公共利益的；行政机关认为需要中止执行的其他情形。

中止执行的情形消失后，行政机关应当恢复执行。对没有明显社会危害，当事人确无能力履行，中止执行满三年未恢复执行的，行政机关不再执行。

（4）行政强制执行的终结。有下列情形之一的，终结执行：公民死亡，无遗产可供执行，又无义务承受人的；法人或者其他组织终止，无财产可供执行，又无义务承受人的；执行标的灭失的；据以执行的行政决定被撤销的；行政机关认为需要终结执行的其他情形。

（5）禁止采用的强制执行方式。行政机关不得在夜间或者法定节假日实施行政强制执行。但是，情况紧急的除外。行政机关不得对居民生活采取停止供水、供电、供热、供燃气等方式迫使当事人履行相关行政决定。

2. 行政机关申请人民法院强制执行

《行政强制法》规定，当事人在法定期限内不申请行政复议或者提起行政诉讼，又不履行行政决定的，没有行政强制执行权的行政机关可以自期限届满之日起3个月内，依照规定申请人民法院强制执行。行政机关申请人民法院强制执行前，应当催告当事人履行义务。催告书送达10日后当事人仍未履行义务的，行政机关可以向所在地有管辖权的人民法院申请强制执行；执行对象是不动产的，向不动产所在地有管辖权的人民法院申请强制执行。

行政机关向人民法院申请强制执行，应当提供下列材料：强制执行申请书；行政决定书及作出决定的事实、理由和依据；当事人的意见及行政机关催告情况；申请强制执行标的情况；法律、行政法规规定的其他材料。

人民法院应当自受理之日起30日内作出是否执行的裁定。裁定不予执行的，应当说明理由，并在5日内将不予执行的裁定送达行政机关。因情况紧急，为保障公共安全，行政机关可以申请人民法院立即执行。经人民法院院长批准，人民法院应当自作出执行裁定之日起5日内执行。

行政机关对人民法院不予执行的裁定有异议的，可以自收到裁定之日起15日内向上一级人民法院申请复议，上一级人民法院应当自收到复议申请之日起30日内作出是否执行的裁定。

第五节　政府采购与工程招投标

一、政府采购

（一）政府采购的概念

政府采购是指各级国家机关、事业单位和团体组织，使用财政性资金采购依法制定的集中采购目录以内的或者采购限额标准以上的货物、工程和服务的行为。

采购是指以合同方式有偿取得货物、工程和服务的行为，包括购买、租赁、委托、雇用等。货物，是指各种形态和种类的物品，包括原材料、燃料、设备、产品等。工程，是指建设工程，包括建筑物和构筑物的新建、改建、扩建、装修、拆除、修缮等。服务，是指除货物和工程以外的其他政府采购对象。

政府采购对社会经济有着非常大的影响，采购规模的扩大或缩小，采购结构的变化对社会经济发展状况、产业结构以及公众生活环境都有着十分明显的影响。正是由于政府采购对社会经济有着其他采购主体不可替代的影响，它已成为各国政府经常使用的一种宏观经济调控手段。《政府采购法》规定，政府采购应当遵循公开透明原则、公平竞争原则、公正原则和诚实信用原则。

我国政府采购主要经历以下发展阶段，其内容与特点如下：

1．探索阶段（1996—1998）

自 1995 年开始，财政部以财政支出改革为背景，在政府采购理论上进行了深入研究，并于次年在全国多个城市开展试点工作，其中包括上海、河北、深圳等地。

2．试点阶段（1998. 7—2000. 6）

开始对政府采购进行广泛的宣传，并以《中国财经报》为主要媒体，增强了政府采购工作的认知度。

3．推广阶段（2000. 6—2002. 12）

2000 年财政部在国库司专门设立了政府采购管理机构。推出了“中国采购网”、《中国政府采购》，与《中国财经报》杂志一起构建“三位一体”宣传格局，保证政府采购工作得到更多人认识与支持；政府采购部门出于对成本进行控制的目的，在政府部门采购公告上主要采取免费刊登的方式。

4．全面实施阶段（2003. 1 至今）

2003 年 1 月开始实行《政府采购法》，从法律层面建立起了政府采购制度体系，这表明我国政府采购制度进入全面实施阶段。

（二）政府采购法律关系的主体

（1）政府采购管理机关。指财政部门内部设立的，制定政府采购政策、法规和制度，规范和监督政府采购行为的行政管理机构。该机关不参与和干涉采购中的具体商业活动。

（2）政府采购机关。指政府设立的负责本级财政性资金的集中采购和招标组织工作的专门机构。

（3）采购单位。指使用财政性资金采购物资或者服务的国家机关、事业单位或其他社会组织。

（4）政府采购社会中介机构。指依法取得招标代理资格，从事招标代理业务的社会中介组织。

（5）供应商。指与采购人可能或者已经签订采购合同的供应商或者承包商。

（6）政府采购资金管理部门。政府采购资金管理部门是指编制政府采购资金预算、监督采购资金的部门。包括财政部门和采购单位的财务部门。

（三）政府采购的基本模式

政府采购模式即实施政府采购的组织管理形式，是随着政府采购制度的发展而发展起来的。政府采购的基本模式分为集中采购模式、分散采购模式、半集中半分散采购模式。

集中采购模式，即由一个专门的政府采购机构负责本级政府的全部采购任务。分散采购模式，即由各支出采购单位自行采购。半集中半分散采购模式，即由专门的政府采购机构负责部分项目的采购，而其他的则由各单位自行采购。

从各国政府采购的实践情况来看，政府采购模式经历了由分散到集中再到集中与分散并存的发展过程。集中采购和分散采购有其分别适用的情境，一般而言，集中采购适用于高价值、高风险，需要有专门采购知识的复杂的采购；而分散采购适用于低价值、低风险，简单的采购。半集中半分散采购通常是将采购政策制定的责任和高价值项目的采购责任集中控制，而对低价值采购责任则实行分散控制。

我国的政府采购实行集中采购和分散采购两种组织实施形式。截至目前，全国绝大部分省、自治区、直辖市设立了集中采购机构。中国的政府采购中集中采购占了很大的比重，法律规定列入集中采购目录和达到一定采购金额以上的项目必须进行集中采购。

相比于其他采购方式，集中采购具有其独特优势。第一，大多数采购都有独特的使用价值需求，只有具备专门的知识才能成功地完成，集中采购便于专业分工，有利于在采购过程中集中和充分利用专家的知识，可以培养专业采购人才，促进采购技术的提高，保证采购质量。第二，集中采购使分散零星的采购转变为集中批量采购，形成了规模效应，能引导供应商再竞争，从而降低采购价格，整合采购职能，减少作业和管理费用，可以精简采购部门的人员，使财政性资金发挥最大的效用，而且由于事权的集中，有助于提高工作效率，有助于形成社会对采购活动的监督。第三，集中采购的政策和程序具有连续性和统一性，加强了采购管理机构对采购的直接控制，与合同类型、采购方法、采购条件等有关的重要采购政策在采购部门的各个层次上更容易执行和贯彻，因而提高了采购活动的透明度，防止采购人员滥用职权。最后，集中采购能促进政府采购市场的完善。集中采购有效地抑制了市场的不正当竞争，在一定程度上矫正市场失灵，引入公开竞争机制，让所有有资格的供应商不分地区、不分所有者性质，按平等原则展开竞争，打破市场限制，有利于统一市场的形成，其统一的消费品种和规格也有利于利用政府消费扶持新兴产业。

（四）政府采购的程序

政府采购程序是指根据所确立的政府采购方式的特点，依据法律的规定执行该政府采购方式所应遵循的步骤。不同的采购方式有不同的采购程序，但总体而言，任何一项政府采购都要经历以下几个步骤：

1. 制定采购需求计划，公开采购需求

采购机构按政府采购法规和政府经济政策的需要，在既定的采购原则下，制定合适的采购目标。采购计划要明确采购的政策、采购要达到的目标、采购进行的程序、组成人员、选用的采购方式、采购的各项规则，甚至合同的主要内容都要在计划中确定下来。因此，政府采购的计划必须有细致、周全的考虑。在确定了政府的采购计划后，采购机构应向社会公开自己所需要的商品和劳务的相关信息。

2. 选择采购方式

政府采购的方式多种多样，政府选择哪种方式进行采购，主要取决于政府采购能否通过竞争方式和效率最大化方式予以实现。一般而言，在采购数额达到一定数额以上时，实行竞争性招标采购方式；当涉及紧急情况下的采购或涉及高科技应用产品和服务的采购，可采用竞争性谈判采购方式；在垄断行业或保密行业，可采用单一来源采购方式或征求建议采购方式。总之，各国一般都对本国政府适用的采购方式及条件制定了详细规定，必须根据采购的性质、数量、时间要求等因素，以有助于推动公开和有效竞争等政府采购目标的实现为遵循原则。

3. 签订采购合同

政府采购部门通过考察认定各供应商后，应在收集了各方报价的基础上择优签订政府采购合同。签订合同的供应商必须是合格的，即具有政府供货资格的供应商，要按照事先公布的评审标准对其进行资格审查。供应商签订合同时必须按照标准交纳一定数额的履约保证金，作为对履行合同规定义务的必要保证。

4. 执行采购合同

供应商签订政府采购合同后，应按合同规定提供所需要的商品或劳务。提供的商品和劳务必须满足政府对质量、性能和数量上的要求，并保证按期交货。因此，采购机构还必须监督供应商履行合同，包括考察供应商生产、交货等情况，保持和所需商品的政府部门的密切联系，一旦发现有违反合同或合同书不明确的地方，及时作出反映，向供应商指出问题或协商解决。甚至在供应商已履行合同完毕后，采购机构仍需不断接受政府部门的反馈信息。此外，还包括验收、结算和效益评估等过程。

（五）政府采购的方式

1. 公开招标

公开招标是政府采购中的主要采购方式，公开招标与其他采购方式不是并行的关系。《政府采购法》第 4 条规定，政府采购工程进行招标投标的，适用招标投标法。

公开招标的具体数额标准，属于中央预算的政府采购项目，由国务院规定；属于地方预算的政府采购项目，由省、自治区、直辖市人民政府规定；因特殊情况需要采用公开招标以外的采购方式的，应当在采购活动开始前获得设区的市、自治州以上人民政府采购监督管理部门的批准。

采购人不得将应当以公开招标方式采购的货物或者服务化整为零或者以其他任何方式规避公开招标采购。

2. 邀请招标

政府采购邀请招标也称选择性招标，由采购人根据供应商或承包商的资信和业绩，选择一定数目的法人或其他组织（不能少于三家），向其发出招标邀请书，邀请他们参加投标竞争，从中选定中标的供应商。邀请招标的条件是：具有特殊性，只能从有限范围的供应商处采购的；采用公开招标方式的费用占政府采购项目总价值的比例过大的。

3. 竞争性谈判

竞争性谈判指采购人或代理机构通过与多家供应商（不少于三家）进行谈判，最后从中确定中标供应商。竞争性谈判的条件是：招标后没有供应商投标或者没有合格标的或者重新招标未能成立的；技术复杂或者性质特殊，不能确定详细规格或者具体要求的；采用招标所需时间不能满足用户紧急需要的；不能事先计算出价格总额的。

4. 单一来源采购

单一来源采购也称直接采购，是指达到了限额标准和公开招标数额标准，但所购商品的来源渠道单一，或属专利、首次制造、合同追加、原有采购项目的后续扩充和发生了不可预见紧急情况不能从其他供应商处采购等情况。该采购方式的最主要特点是没有竞争性。单一来源采购的条件是：只能从唯一供应商处采购的；发生了不可预见的紧急情况不能从其他供应商处采购的；必须保证原有采购项目一致性或者服务配套的要求，需要继续从原供应商处添购，且添购资金总额不超过原合同采购金额百分之十的。

5. 询价采购

询价采购是指采购人向有关供应商发出询价单让其报价，在报价基础上进行比较并确定最优供应商的一种采购方式。采用询价方式的条件是：采购的货物规格、标准统一，现货货源充足且价格变化幅度小。

（六）政府采购合同签订和履行中的问题

1. 中标后未签订采购合同的问题

中标后未签订采购合同需分清情况对当事人进行处罚。

根据《招标投标法》《政府采购法》的规定，中标通知书发出后30日内采购人无正当理由不与中标供应商签订合同的，采购监管部门及相关机关应责令限期改正，给予警告，可以并处罚款；对直接负责的主管人员和其他直接责任人员，由其行政主管部门或者有关机关给予处分，并予通报等。

《政府采购法》规定，中标供应商在中标后无正当理由不与采购人或者采购代理机构签订合同的，招标采购单位不予退还其交纳的投标保证金；情节严重的，由财政等部门将其列入不良行为记录名单，在1至3年内禁止参加政府采购活动，并予以通报，直至由工商行政管理部门吊销营业执照；构成犯罪的依法追究刑事责任；给他人造成损失，投标保证金不足以弥补的，依法承担其余部分的赔偿责任。《招标投标法》还规定可以并处中标项目金额5‰以上10‰以下的罚款。

第一中标候选人因市场价格变动等原因没有及时要求采购人签订合同，属无正当理由放弃中标资格，应根据《政府采购货物和服务招标投标管理办法》的有关规定，责令其继续履行。如其拒不履行合同，就属于自身原因，采购人可以确定第二中标候选人为中标人，或重新组织招标采购。

2. 政府采购合同履行中的问题探讨①

（1）合同中止履行的规则及其适用。合同中止履行是指合同成立后，

① 刘涛. 浅析政府采购合同的变更、中止或终止履行问题［J］. 中国政府采购，2017(12)：76－79.

因法定或约定事由的出现，合同中止履行，该事由消失后合同即恢复履行的情况。引起政府采购合同中止履行的事由在《合同法》中主要体现在有关抗辩权的行使，《政府采购法》第 50 条第 2 款以及《政府采购法实施条例》第 54 条是其特别规定。

《政府采购法实施条例》第 54 条规定："询问或者质疑事项可能影响中标、成交结果的，采购人应当暂停签订合同，已经签订合同的，应当中止履行合同。"该条的适用需注意以下三个问题。第一，中标、成交结果包括两方面内容，即具体明确的中标、成交供应商，中标、成交的实质性条件如价款、支付条件、工期进度等。询问或者质疑事项对中标、成交结果产生影响的程度需要根据行为性质、项目情况综合判断，判断的依据需要达到合法、充分的标准。并且此处的影响为实质性影响，非实质性影响应排除在外。第二，询问或者质疑事项不成立或不影响中标、成交结果的，在采购人、采购代理机构依法作出答复之后，合同应恢复履行。第三，供应商因对采购人、采购代理机构的答复不满意或者采购人、采购代理机构未在规定的时间内作出答复而投诉的，已恢复履行的合同并不因此而中止，除非政府采购监督管理部门按照《政府采购法实施条例》第 57 条的规定书面通知采购人暂停采购活动。

（2）合同终止履行的规则及其适用。合同终止履行是指依法成立的合同，因具备法定情形和当事人约定的情形，合同债权、债务归于消灭。《民法典》第 557 条规定了合同权利义务终止的六种情形，这里主要讨论政府采购合同解除的特殊规则问题。

政府采购合同达到法定条件也可以解除，同时也可在合同中约定解除条款，或协商一致解除合同，但是应遵循基本的解除规则。第一，合同中约定的解除条款应以严重违约不能实现合同目的为基础，轻微的违约不能设定为解除条件，协议解除也应符合这一规则。第二，合同履行期对采购人至为关键，因此合理的宽限期和催告程序是必须的，如债务人能在合理期限内按照合同约定履行，则合同不能解除。

（3）国家利益和社会公共利益的理解及其适用。《政府采购法》第 50 条第 2 款规定："政府采购合同继续履行将损害国家利益和社会公共利益的，双方当事人应当变更、中止或者终止合同。”这是政府采购合同法定变更、中止或者终止履行的条件。有关国家利益和社会公共利益的界定问题极为复杂，但在政府采购中，国家利益和社会公共利益的理解和适用问题应注意以下四点：第一，政府采购的双方当事人本质上属于平等的民事主体，采购人的特殊身份并不能天然地得出其为国家利益、社会公共利益代言人的结论。有关国家利益、社会公共利益的判断应遵循“社会正当性”原则。第二，除非有确切证据证明合同继续履行将损害国家利益、社会公共利益，而合同双方当事人明示或默示表示不对合同予以变更、中止或终止履行外，否则政府采购监督管理部门不能自动适用本条而要求合同双方当事人变更、中止或终止履行合同。第三，政府采购合同的双方当事人在合同履行过程中都可依据该条要求变更、中止或终止履行合同，双方无法达成一致的，可由政府采购监督管理部门依单方或双方申请作出判断或决定，双方当事人也可向法院直接提起诉讼。

二、工程招投标

（一）必须招标的工程项目

2000 年原国家发展计划委报经国务院批准发布《工程建设项目招标范围和规模标准规定》（国家发展计划委第 3 号令，以下简称 3 号令，现已废止），明确了必须招标的工程项目的具体范围和规模标准。3 号令自颁布实施以来，我国形成了较为完善的强制招标制度体系，对促进招标投标制度的推广应用、规范招标投标行为、保障公平竞争、提高招标采购质量效益、预防惩治腐败发挥了积极作用。随着我国经济社会不断发展和改革持续深化，3 号令在施行中逐步出现范围过宽、标准过低的问题。同时，各省区市根据 3 号令规定，普遍制定了本地区必须招标项目的具体范围和规模标准，不同程度上扩大了强制招标范围，并造成了规则不统一，进一步加重了市场主体负担。

针对上述问题，国家发展和改革委员会同国务院有关部门对 3 号令进行了修订，形成了《必须招标的工程项目规定》（发改委 16 号令），2018 年 6 月 1 日起正式实施。与 3 号令相比较，新的《必须招标的工程项目规定》主要修改了三方面内容：一是缩小了必须招标项目的范围。从使用资金性质看，将《招标投标法》第 3 条中规定的“全部或者部分使用国有资金或者国家融资的项目”，明确为使用预算资金 200 万元人民币以上，并且该资金占投资额 10% 以上的项目，以及使用国有企事业单位资金，并且该资金占控股或者主导地位的项目。二是提高了必须招标项目的规模标准。根据经济社会发展水平，将施工的招标限额提高到 400 万元人民币，将重要设备、材料等货物采购的招标限额提高到 200 万元人民币，将勘察、设计、监理等服务采购的招标限额提高到 100 万元人民币，与 3 号令相比翻了一番。三是明确了全国执行统一的规模标准。删除了 3 号令中“省、自治区、直辖市人民政府根据实际情况，可以规定本地区必须进行招标的具体范围和规模标准，但不得缩小本规定确定的必须进行招标的范围”的规定，明确全国适用统一规则，各地不得另行调整。

《必须招标的工程项目规定》的主要内容如下：

（1）全部或者部分使用国有资金投资或者国家融资的项目包括：使用预算资金 200 万元人民币以上，并且该资金占投资额 10% 以上的项目；使用国有企业事业单位资金，并且该资金占控股或者主导地位的项目。

（2）使用国际组织或者外国政府贷款、援助资金的项目包括：使用世界银行、亚洲开发银行等国际组织贷款、援助资金的项目；使用外国政府及其机构贷款、援助资金的项目。

（3）不属于上述规定情形的大型基础设施、公用事业等关系社会公共利益、公众安全的项目，必须招标的具体范围由国务院发展改革部门会同国务院有关部门按照确有必要、严格限定的原则制定，报国务院批准。

与此同时，发改委于 2018 年还公布了《必须招标的基础设施和公用事业项目范围规定》，明确了不属于《必须招标的工程项目规定》第 2 条、第 3 条规定情形的大型基础设施、公用事业等关系社会公共利益、公众安全的项目，但具有下列情形之一的，仍然必须招标，具体范围包括：煤炭、石油、天然气、电力、新能源等能源基础设施项目；铁路、公路、管道、水运，以及公共航空和 A1 级通用机场等交通运输基础设施项目；电信枢纽、通信信息网络等通信基础设施项目；防洪、灌溉、排涝、引

(供) 水等水利基础设施项目；城市轨道交通等城建项目。

(二) 招标投标程序

1. 招标

招标是指招标人按照国家有关规定履行项目审批手续、落实资金来源后，依法发布招标公告或投标邀请书的活动。招标项目条件、投标人资格条件、评标标准和方法、合同主要条款等各项实质性条件和要求都是在招标环节得以确定。

2. 投标

投标是指投标人根据招标文件要求，编制并提交投标文件，响应招标的活动。在投标环节，投标人参与竞争须一次性投标报价，在投标截止时间结束后，再不能接受新的投标，投标人也不得再更改投标报价及其他实质性内容。

3. 开标

开标是招标人按照招标文件确定的时间和地点，邀请所有投标人到场，当众开启投标人提交的投标文件，宣布投标人名称、投标报价及投标文件中其他重要内容。

4. 评标

招标人依法组建评标委员会，依据招标文件规定和要求，对投标文件进行审查、评审和比较，确定中标候选人。评标是审查确定中标人的必经程序。对于依法必须招标的项目招标人必须根据评标委员会提出的书面评标报告和推荐的中标候选人确定中标人。

5. 中标

中标也称定标，即招标人从评标委员会推荐的中标候选人中确定中标人，并向中标人发出中标通知书，同时将中标结果通知所有未中标的投标人。

6. 签订书面合同

中标通知书发出后，招标人和中标人应当按照招标文件和中标人的投标文件在规定时间内订立书面合同，中标人按合同约定履行义务，完成中标项目。

第三章　工程民商法

第一节　工程民商法概述

一、民商法基础知识

（一）民法和民事法律关系

众所周知，民法是规定并调整平等主体的公民、法人及其他非法人组织之间的财产关系和人身关系的法律规范的总称。我国现行与民事行为相关的主要法律包括《民法典》《商标法》《专利法》《著作权法》等。其中《民法典》于2021年1月1日正式生效，其内容主要包括总则编、物权编、合同编、人格权编、婚姻家庭编、继承编、侵权责任编和附则编。原《婚姻法》《继承法》《民法通则》《收养法》《担保法》《合同法》《物权法》《侵权责任法》《民法总则》同时废止。

民事法律关系（如图3－1）是民事主体之间就一定的物或其他对象（客体）而发生的由国家强制力保证其实现的民事权利义务关系。民事法律关系分为财产法律关系和人身法律关系。[①] 尽管在财产关系中其标的常常是物，但其内容——权利和义务发生在人与人之间，因此民事法律关系是人与人之间的关系而不是人与物之间的关系。其主要特征是主体地位平等。

---

① 吴祖谋. 法学概论（第11版）［M］. 北京：法律出版社，2013.

民事法律关系
- 财产关系
  - 财产所有关系（如：所有权）
  - 财产流转关系（如：债权）
- 人身关系
  - 人格关系（如：姓名、名称、名誉等）
  - 身份关系（如：收养、监护等）

图 3－1　民事法律关系示意图

（二）商法和商事法律关系

商法是调整平等主体之间商事关系的法律规范的总称，是与民法并列并互为补充的部门法。主要包括《公司法》《保险法》《合伙企业法》《海商法》《企业破产法》《票据法》等。

商事法律关系是商事主体基于商事行为而产生的权利义务关系。商事法律关系包括商事财产法律关系和商事人身法律关系两大类。商事财产法律关系，包括内部商事财产经营法律关系（如合伙经营法律关系、投资股份法律关系）和外部财产交易法律关系（如商事买卖合同法律关系、股票交易法律关系）。商事人身法律关系，包括商事营业主体内部组织管理法律关系（如公司内部的组织管理法律关系，分支公司与本公司的法律关系）和商事营业主体之间的人身权法律关系（如商业名称法律关系、商誉权法律关系）。

商事法律关系作为民事法律关系的一种特殊形式，自然具有民事法关系的属性和基本特征。但作为民事法律关系特别的一类，商事法律关系还有区别于其他民事法律关系的一些基本特点。

1. 商事行为是以营利为目的的行为

营利性是商法的基本特性，同时也是商事行为的基本特性之一。商事行为的营利性主要应从行为的目标来考察，而不在于行为的结果，行为结果是否营利不能成为判断商事行为成立与否的依据。

2. 商事行为是经营性行为

经营性是商事行为区别于一般民事行为的重要特征之一。经营性是指行为人的营利行为具有反复性、不间断性和计划性的特点，表明主体至少在一段时期内连续不断地从事某种性质相同的营利活动，具有职业性。

3．商事行为是商主体所为的行为

商事行为是商主体这一特定主体所从事的行为。某一主体要从事严格意义上的商事行为，就必须具有特定的商事行为能力，主体的行为能力对行为的有效性起着决定性作用。

二、建设工程领域民商事法律

建设工程领域民商事法律我们称之为工程民商法。工程民商法是指建设工程在勘察、设计、施工、监理中有关的民商事法律。

我国现行的法律法规中与建设工程有关的民商事法律法规众多，形式也多种多样。既有法律，例如《建筑法》第二节从业资格，对建筑施工企业、勘察单位、设计单位和工程监理单位及人员资格要求的规定；《民法典》合同编第十八章建设工程合同，对工程勘察、设计、施工合同的规定；《民法典》《建筑法》等对工程担保的规定；《招标投标法》对工程发包、投标、评标的规定。也有大量行政法规、部门规章，例如《招标投标法实施条例》《政府投资条例》《必须招标的工程项目规定》对不同资金来源的项目招投标、管理的规定；《建筑工程施工发包与承包计价管理办法》《财政部关于取消、调整部分政府性基金有关政策的通知》等对发承包计价的规定；《保障农民工工资支付条例》对农民工工资支付的规定等。在建设工程合同案件审理中，最高人民法院出台的一系列司法解释、答复也起到十分重要的作用。

建设工程行业在我国国民经济中地位重要，而且建设工程存在规模大、投入大、周期长、对民生影响大等特点，导致行政力量往往会主动干预、调整建设工程领域的民商事法律关系。行民交叉，这也是建设工程民商法中的一大特点。

第二节　工程合同法

一、工程合同关系（如图3－2）

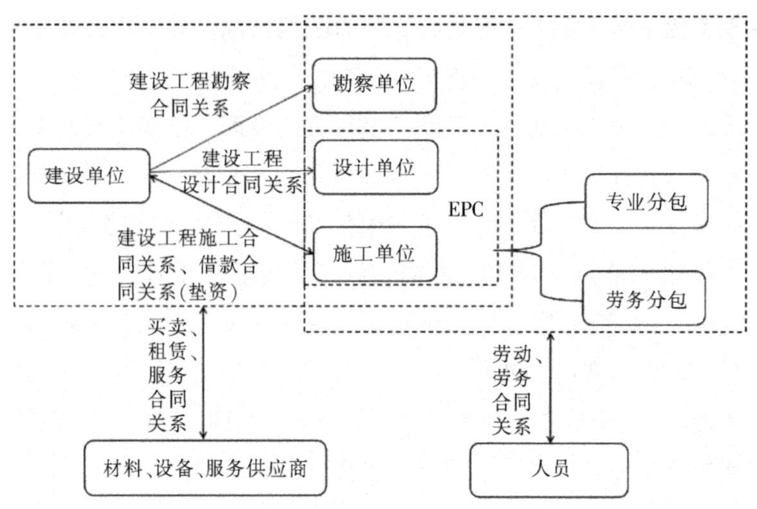

图 3–2　工程合同关系示意图

（一）建设工程勘察、设计、施工合同关系（如图3－3）

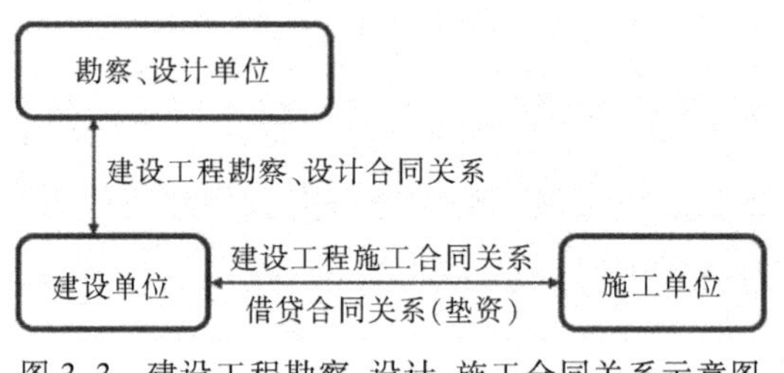

图 3–3　建设工程勘察、设计、施工合同关系示意图

建设工程合同，也称建设工程承发包合同，是承包人进行工程建设，发包人支付价款的合同。包括建设工程勘察、设计、施工合同。在建设工程施工合同履行中，施工单位垫资施工，并且在自身资金不足时仍向第三方融资，这已经成为建筑市场的普遍现象。垫资的外部表现形式与企业间借贷具

有相似之处，尤其是在承发包双方就投入资金约定了利息的情况下。

（二）买卖、租赁合同关系（如图3-4）

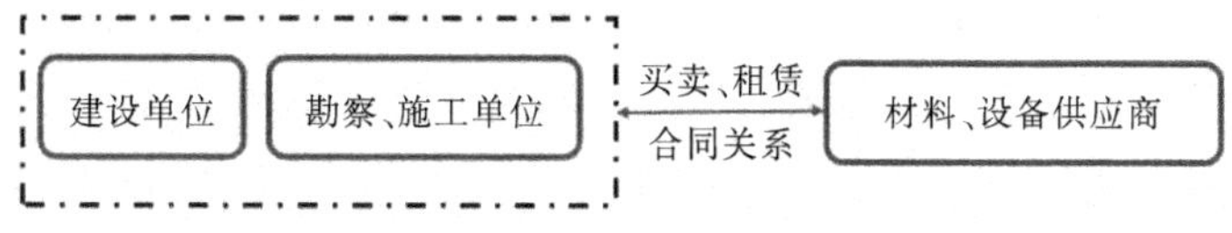

图3-4　买卖、租赁合同关系示意图

在工程建设过程中，需要购买建筑材料以及租赁部分机械。通常情况下，发包人和承包人都会购买建筑材料及设备，与材料、设备供应商签订买卖合同。通常承包人会租赁工程机械用于施工，与机械租赁方签订租赁合同。

（三）劳务分包、工程分包合同关系（如图3-5）

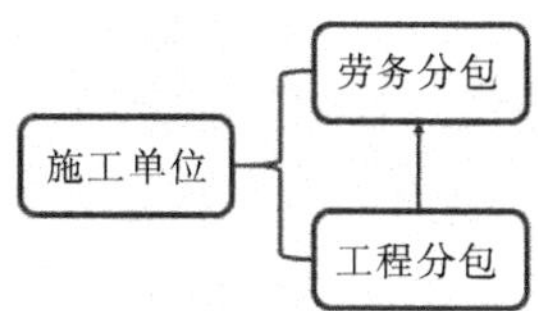

图3-5　劳务分包、工程分包合同关系示意图

劳务作业分包是指施工总承包企业、专业承包企业将其承包工程中的劳务作业发包给劳务分包企业完成的活动。在建筑行业内，施工责任单位和负责招募工人施工的施工单位双方依法签订关于劳务分包合同。在建筑行业内，甲施工单位承揽工程并购买材料，再请乙劳务施工单位负责招募工人施工，即为劳务分包，双方会签订劳务分包合同。

工程分包合同是指承包商为将工程承包合同中某些专业工程施工交由另一承包商（分包商）完成而与其签订的合同。《建筑法》第29条规定："建筑工程总承包单位可以将承包工程中的部分工程发包给具有相应资质条件的分包单位。"《建筑工程施工质量验收统一标准》中规定主体结构不得分包、转包。

（四）劳动、劳务合同关系（如图3-6）

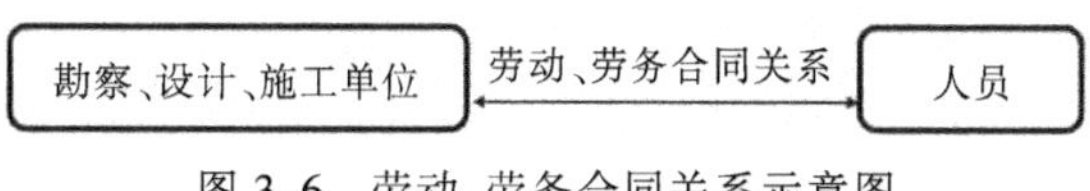

图3-6　劳动、劳务合同关系示意图

勘察、设计、施工单位和本企业的员工之间会有劳动合同关系，也可能与一些临聘人员之间存在劳务合同关系。

劳务合同是以劳动形式提供社会服务的民事合同，是当事人各方在平等协商的情况下达成的，就某一项劳务以及劳务成果所达成的协议。一般是在独立经济实体的单位之间、公民之间以及它们相互之间产生的。

劳务合同不属于劳动合同，从法律适用看，劳务合同受《民法典》第三编合同以及第一编总则和其他民事法律所调整，而劳动合同受《劳动法》《劳动合同法》以及相关行政法规调整。

二、建设工程合同的概念及其种类

（一）建设工程合同的概念

建设工程合同，也称建设工程承发包合同，根据《民法典》第 788 条的规定，建设工程合同是承包人进行工程建设、发包人支付价款的合同。《民法典》合同编第十八章“建设工程合同”专门对建设工程合同作了规定。建设工程合同包括勘察、设计、施工合同。《民法典》对建设工程合同的相关规定与原《合同法》中的规定基本相同，并吸收了部分原《最高人民法院关于审理建设工程施工合同纠纷案件适用法律若干问题的解释》的规定。

此外，《民法典》第 808 条还规定，建设工程合同在合同编第十八章没有规定的，适用承揽合同的有关规定。

（二）建设工程合同与承揽合同的异同

承揽合同是承揽人按照定作人的要求完成工作，交付工作成果，定作人给付报酬的合同。《民法典》第 808 条的上述这一规定说明了建设工程合同与承揽合同之间具有相通性。由此可以说建设工程合同是一种特殊的承揽合同，要想对建设工程合同的性质作出准确的判断，就必须弄清这两种合同之间的区别。根据我国《民法典》的规定和司法实践，建设工程合同与承揽合同的主要区别如下：

1. 主体不同

法律对建设工程合同的发包人和承包人的主体资格均有要求。发包人一般为建设工程的建设单位，承包人为具有从事勘察、设计、施工业务资质的法人。自然人既不能成为建设工程合同的发包人，也不能成为承包人。而承揽合同则不然，承揽人既可以是具有相应资质的法人，也可以是其他单位或者个人，定作人可以是自然人、法人和其他组织。

2. 合同标的的限定性不同

建设工程合同的标的一般是比较大型的项目，而且在许多情况下要通过招投标的方式来签订合同。而承揽合同的标的一般较小。因此，为一般工程建设项目而订立的合同不属于建设工程合同，如自然人为修建或者装修房屋而与其他自然人或者单位订立的合同就属于承揽合同。

3. 合同的要式性不同

根据我国《民法典》的规定，建设工程合同应当采用书面形式；而承揽合同既可以是书面形式，亦可以是口头形式，而且在定作人为自然人时多采用口头形式。

4. 主要工作可否交由第三人完成不同

在建设工程合同中，总承包人或者勘察、设计、施工承包人经发包人同意，可以将自己承包的部分工作交由第三人完成，但主体工程必须自己完成；而在承揽合同中，除当事人另有约定外，承揽人应当以自己的设备、技术和劳力，完成主要工作。

5. 工作交由第三方完成时责任承担者不同

在建设工程合同中，第三人就其完成的工作成果与总承包人或者勘察、设计、施工承包人向发包人承担连带责任；而在承揽合同中，无论是承揽人经定作人同意将全部工作交由第三人完成，还是将辅助工作交由第三人完成，都是由承揽人向定作人承担责任，第三人不向定作人承担责任。

6. 合同计价条款的变动性不同

一般来说，建设工程合同因工程量较大，工期较长，材料和费用在订立合同时难以准确计算，所以在结算时通常可以突破合同的计价条款。而承揽合同中的价款条款较为固定，除经双方协商变更外，一般应当按照合同中约定的价款计算。

7. 合同解除的条件不同

根据法律规定，承揽合同的定作人享有解除权，可以随时解除合同；而在建设工程合同中，除具备双方约定或者法定的解除条件外，是不允许随意解除合同的。

8. 一方违约时的救济方式不同

在承揽合同中，定作人解除合同后，承揽人只能要求定作人赔偿损失，而不能要求继续履行；而在建设工程合同中，除特定情形外，一方违约时，对方当事人都可以要求其继续履行。

（三）建设工程合同的种类

1. 按照承发包内容划分

按照《民法典》的规定，建设工程合同包括三种：建设工程勘察合同、建设工程设计合同、建设工程施工合同。

（1）建设工程勘察合同。建设工程勘察合同是承包方进行工程勘察，发包方支付价款的合同。建设工程勘察单位称为承包方，建设单位或者有关单位称为发包方（也称为委托方）。

建设工程勘察合同的标的是为建设工程需要而作的勘察成果。工程勘察是工程建设的第一个环节，也是保证建设工程质量的基础环节。为了确保工程勘察的质量，勘察合同的承包方必须是经国家或省级主管机关批准，具备《住房和城乡建设部关于印发建设工程企业资质管理制度改革方案的通知》（建市〔2020〕94号）规定的资质，具有法人资格的勘察单位。

建设工程勘察合同必须符合国家规定的基本建设程序，勘察合同由建设单位或有关单位提出委托，经与勘察部门协商，双方取得一致意见，即可签订，任何违反国家规定的建设程序的勘察合同均是无效的。

（2）建设工程设计合同。建设工程设计合同是承包方进行工程设计，委托方支付价款的合同。建设单位或有关单位为委托方，建设工程设计单位为承包方。

建设工程设计合同的标的为建设工程需要而作的设计成果。工程设计是工程建设的第二个环节，是保证建设工程质量的重要环节。工程设计合同的承包方必须是经国家或省级主管机关批准，具备《住房和城乡建设部关于印发建设工程企业资质管理制度改革方案的通知》（建市〔2020〕94号）规定的资质，具有法人资格的设计单位。

（3）建设工程施工合同。建设工程施工合同是工程建设单位与施工单位即发包方与承包方以完成商定的建设工程为目的，明确双方相互权利义务的协议。建设工程施工合同的发包方可以是法人，也可以是依法成立的其他组织或公民，而承包方必须是法人。

2. 按承发包方式的不同划分

（1）工程总承包（EPC）（如图3－7）。工程总承包是指承包单位按照与建设单位签订的合同，对工程设计、采购、施工或者设计、施工等阶段实行总承包，并对工程的质量、安全、工期和造价等全面负责的工程建设组织实施方式。通常在总价合同条件下，对其所承包工程的质量、安全、费用和进度进行负责。

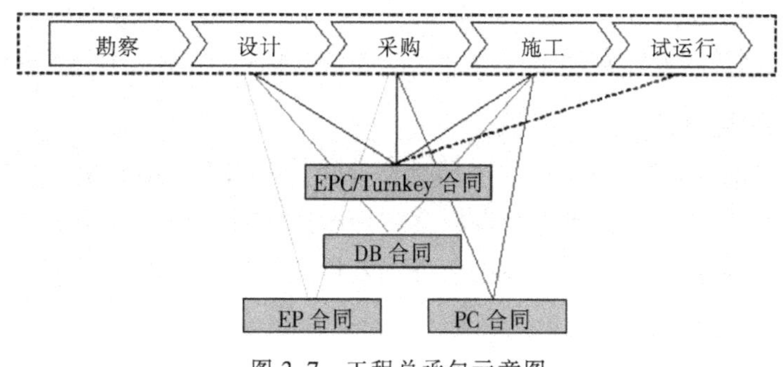

图3-7 工程总承包示意图

（2）施工总承包。施工总承包即承包商承担一个工程的全部施工任务，包括土建、水电安装、设备安装等。

（3）管理总承包。管理总承包即CM承包方式（Constriction Management），CM承包方式是由业主委托CM单位，该单位以一个承包商的身份，采取有条件的“边设计、边施工”的生产组织方式来进行施工管理，直接指挥施工活动，在一定程度上影响设计活动，而它与业主的合同通常采用“成本加利润”方式的这样一种承发包模式。

（4）单位工程施工承包。单位工程施工承包是最常见的工程承包合同，包括土木工程施工承包合同、电气与机械工程施工承包合同等。在工程建设中，业主可以将专业性的单位工程分别委托给不同的承包商。这些承包商之间为平等关系。

（5）分包合同。分包合同是承包合同的分合同。承包商将承包合同范围内的一些工程或工作委托给另外的承包商来完成。它们之间签订分包合同。

3. 按承包工程计价方式划分

（1）总价合同。总价合同是指在合同中确定一个完成建设工程的总价，承包单位据此完成项目全部内容的合同。采用这种合同类型要求建设单位必须准备详细而全面的设计图纸和各项说明，使承包单位能准确计算工程量。总价合同又分为固定总价合同和可调总价合同。

（2）单价合同。单价合同是承包单位在投标时按招标文件就分项工程所列出的工程量表计算来确定各分部工程费用的合同类型。这类合同能够成立的关键在于双方对单价和工程量计算方法的确认，在合同履行中需要注意的问题是双方对实际工程量计量的确认。单价合同又分为固定单价合同和可调单价合同。

（3）成本加酬金合同。成本加酬金合同是由业主向承包单位支付建设工程的实际成本，并按事先约定的某一种方式支付酬金的合同类型。这类合同的主要缺点是业主对工程总造价不易控制，承包商也往往不注意降低项目成本。

三、建设工程合同的内容及权责

（一）建设工程勘察、设计合同的内容及权责

1. 建设工程勘察、设计合同的内容

根据《民法典》《建设工程勘察设计管理条例》《住房和城乡建设部工商总局关于印发建设工程设计合同示范文本的通知》等规定，建设工程勘察设计合同应包括以下内容：

（1）工程概况，工程名称、地点、规模；

（2）发包方提供资料的内容、技术要求和期限；

（3）承包方勘察的范围、进度和质量，设计的阶段、进度、质量和设计文件的份数和交付日期；

（4）勘察设计收费的依据、收费标准及拨付办法；

（5）双方当事人的权利和义务；

（6）违约责任；

（7）争议的解决方式。

2. 建设工程勘察、设计合同当事人的义务

（1）建设工程勘察、设计合同发包方的主要义务

① 发包方应向工程勘察项目承包方提供勘察范围和建筑平面布置图，提交勘察技术要求及附图；向工程设计项目承包方提供设计任务书、选址报告、满足初步设计要求的勘察资料及经过批准的资源、燃料、水电、运输等方面的协议文件；

② 向勘察设计项目的承包方提供必要的生活和工作条件；

③ 负责勘察现场的水通、电通、道路通、电信通和场地平整；

④ 及时向有关部门申请领取各设计阶段的批准文件，明确设计的范围和深度；

⑤ 尊重勘察设计方的勘察设计成果，不得私自修改，不得转借他人，如双方约定了保密义务，则委托方不得泄露文件内容。

（2）建设工程勘察、设计合同承包方的主要义务

① 按照勘察设计合同的要求向委托方按时提交勘察成果和设计文件。

② 初步设计经上级主管部门审查后，在原定任务书范围内的必要修改由承包方负责，承包方对于勘察工作中的遗漏项目应及时进行补充勘察并自行承担补充勘察的有关费用。

③ 对勘察设计成果负瑕疵担保责任。勘察人、设计人应对其提交给委托人的勘察、设计成果的质量进行担保。工程即使进入施工安装阶段，如发现因勘察人、设计人的勘察设计成果有质量瑕疵从而引起工程返工、窝工、建设费用增加的，应由勘察设计人员负担造成的损失。

④ 承包方对所承担设计任务的建设项目应配合施工，进行施工前设计技术交底，解决施工过程中的有关设计问题，负责设计变更和修改预算，

参加隐蔽工程验收及工程竣工验收，必要时应派人员进行现场设计。

3. 建设工程勘察、设计合同当事人的违约责任

（1）发包方的违约责任

① 发包方未按期提供勘察设计所需的原材料、设备、场地、资金、技术资料，致使工程未能按期进行的，承包方可以顺延工期，承包方由此受到的损失，应由发包方承担；

② 发包方提供的资料不准确，或中途改变建设计划造成勘察设计工作的返工、窝工、停工或修改计划的，发包方应按承包方的实际消耗工作量增付费用；

③ 发包方未能按期接受承包方的工作成果的，应偿付逾期违约金；

④ 发包方如不履行合同，无权请求返还定金。

（2）承包方的违约责任

① 因勘察、设计质量低劣而引起工程返工，勘察、设计单位应当承担返工所支出的各种费用；

② 勘察设计单位未能按期提交勘察设计文件，致使拖延工期造成损失的，由勘察、设计单位继续完善勘察、设计，并承担相应部分的勘察、设计费，且赔偿拖延工期造成的损失；

③ 由于勘察、设计错误而造成工程重大质量事故的，承包方除免收损失部分的勘察设计费用外，还应承担一定数额的赔偿金；

④ 承包方如不能履行合同，应双倍返还定金。

（二）建设工程施工合同的具体内容及权责

通常来说，订立建设工程施工合同需要具备以下条件：项目初步设计已经得到有关部门批准，已经取得建设工程规划许可证；有能够满足施工需求的设计文件和有关技术资料；招投标工程，中标通知书已经下达。

根据《招标投标法》和《必须招标的工程项目规定》，建设工程施工合同按规定须进行招投标的、按照规定不需要招投标但进行了招投标的，都必须严格依照相关法定程序进行招投标、评标、定标工作，否则不能签订建设工程施工合同，即使签订了建设工程施工合同，合同也无效。

1.《建设工程施工合同（示范文本）》

为了指导建设工程施工合同当事人的签约行为，维护合同当事人的合法权益，依据原《合同法》《建筑法》《招标投标法》以及相关法律法规，住房和城乡建设部、国家工商行政管理总局（现为国家市场监督管理总局）制定了《建设工程施工合同（示范文本）》（GF—2017—0201）（以下简称《示范文本》）。

《示范文本》为非强制性使用文本。《示范文本》适用于房屋建筑工程、土木工程、线路管道和设备安装工程、装修工程等建设工程的施工承发包活动，合同当事人可结合建设工程具体情况，根据《示范文本》订立合同，并按照法律法规规定和合同约定履行合同并承担相应的法律责任。《示范文本》虽无法律强制性，但在实际情况中，发、承包双方往往会采用、参照《示范文本》。《示范文本》由协议书、通用条款、专业条款、附件四个部分构成。

（1）协议书，总纲性文件，约定了合同双方最主要的权利、义务。（如图3－8）

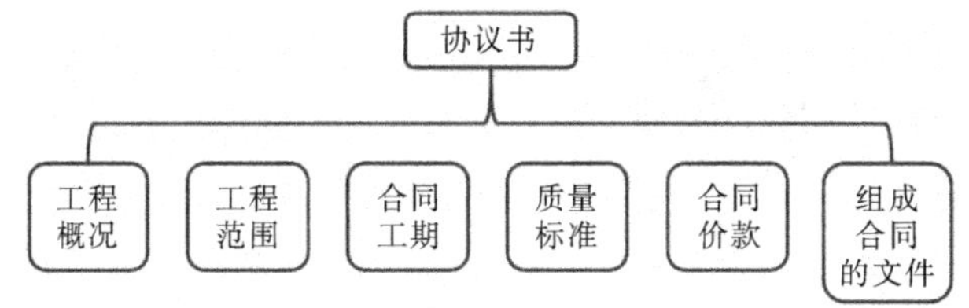

图3-8　《建设工程施工合同(示范文本)》中协议书内容示意图

（2）通用条款，通用性很强，根据有关法律约定了合同双方的权利、义务。（如图3－9）

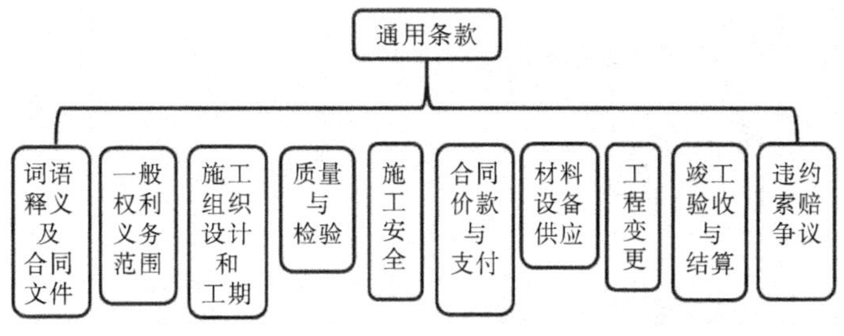

图3-9　《建设工程施工合同(示范文本)》中通用条款内容示意图

(3) 专用条款，对通用条款进行修改和补充。由当事双方根据工程的具体情况进行约定。专用条款的法律效力优于通用条款。

(4) 合同附件。

2. 建设工程施工合同应具备的主要条款：

(1) 工程名称和地点；

(2) 建设工期，工程的开、竣工时间；

(3) 工程质量；

(4) 工程造价；

(5) 承包工程的预付款、工程进度款及工程决算的支付时间与支付方式；

(6) 材料和设备的供应责任；

(7) 当一方提出迟延开工日期或中止工程的全部或一部分时，有关工期变更、承包金额变更或损失的承担及估算方法；

(8) 由于价格变动而变更承包金额或工程内容的规定和估算方法；

(9) 竣工验收；

(10) 违约责任；

(11) 合同争议的解决方式等。

3. 建设工程施工合同文件的组成及解释顺序

依据《示范文本》第1.5条，组成合同的各项文件应互相解释，互为说明。除专用合同条款另有约定外，解释合同文件的优先顺序如下：

(1) 合同协议书；

(2) 中标通知书（如果有）；

(3) 投标函及其附录（如果有）；

(4) 专用合同条款及其附件；

(5) 通用合同条款；

(6) 技术标准和要求；

(7) 图纸；

(8) 已标价工程量清单或预算书；

(9) 其他合同文件。

上述各项合同文件包括合同当事人就该项合同文件所作出的补充和修改，属于同一类内容的文件，应以最新签署的为准。

四、建设工程合同的索赔

（一）索赔的概念

广义地说，在合同履行过程中，合同当事人一方因非己方的原因而遭受损失，按合同约定或法律法规规定应由对方承担责任，从而向对方提出补偿的要求，这种活动就叫索赔。

索赔是企业经营管理的一个重要组成部分，同时也是双向的。提出索赔的主体既可以是承包方，也可以是发包方。发包方对承包方的索赔主要集中在承包的工程质量和工期未达到合同要求上；而承包方向发包方的索赔的范围则广得多，这主要是因为在合同实施过程中，发包方一直处于较主动的地位，合同风险主要落在承包方身上。因此在实际工程建设过程中，发包方向承包方提出的索赔较少，工程合同索赔主要是由承包方提出的。久而久之，工程界逐步将“索赔”变成了承包方向发包方提出索赔的专用名词，而将发包方向承包方提出的索赔称为“反索赔”。常见的反索赔包括：工程拖期索赔，如果工程拖期的责任在承包方，则发包方有权向承包方提出索赔，如承包方由于施工组织不善而导致工程拖期。施工缺陷索赔，指由于承包方在施工中的缺陷而提出的索赔，如工程质量不符合施工技术规程的规定，导致发包方蒙受经济损失。

工程合同索赔又有其特殊性。工程合同索赔的原因与一般的商务索赔不完全相同。在商务合同中，只有在对方违约时才有索赔的问题，而工程建设过程中影响因素多，合同风险大，所以，除了对方违约这种情况外，因工程实施的条件、环境等因素的变化而造成当事人损失的，也可以向对方索赔。施工方承包过程中，发生索赔的原因很多，归纳起来主要有：施工条件变化、工程量变化太大、施工进度拖延、业主违反合同。

（二）施工索赔的种类

1．按索赔发起方分类

（1）发包人索赔。发包人要求赔偿时，可以要求承包人延长质量缺陷修复期限、支付实际发生的额外费用、按合同的约定支付违约金、赔偿拖延工期的损失等。

（2）承包人索赔。承包人要求赔偿时，可以选择要求发包人延长工期、支付实际发生的额外费用、支付合理的预期利润、按合同的约定支付违约金等。

2. 按索赔的目的分类

（1）延长工期索赔。即要求监理工程师和业主延长施工时间，拖后竣工日期。承包人由于施工客观条件改变而增加了自己的费用时，有权向业主和监理工程师要求弥补自己的额外开支。

（2）经济索赔。在具体实践中，大多数情况是承包人既提出工期索赔，又提出经济索赔。经济索赔的种类包括：① 合同规定索赔，即以合同条款为依据，在合同中有明文规定的索赔；② 非合同规定的索赔，此种索赔在合同文件中无明确的叙述，但可以根据合同文件的某些内容合理推断出可以进行此类索赔。

3. 按索赔的处理时间和方式分类

（1）单项索赔。它是指在工程实施过程中出现了干扰原合同规定的事件，承包商为此事件提出的索赔。单项索赔涉及的合同事件比较简单，责任分析和索赔值计算比较简单，双方容易达成协议。

（2）总索赔。又称一揽子索赔，它是指承包商在工程竣工后，将施工过程中已提出但未解决的索赔汇总在一起，向业主提出一份总的索赔报告的索赔。在处理一揽子索赔时，因许多干扰事件交织在一起，影响因素比较复杂，有些证据，事过境迁，使责任分析和索赔值的计算发生困难，加之一揽子索赔的金额较大，往往需要承包商作出较大的努力和让步才能解决。

（三）索赔发生的原因分析

1. 工期延期索赔

即由于施工进度落后于计划而引起的有关事项的索赔。造成进度落后的原因是业主的责任，或是按合同规定应该由业主承担的风险，在此条件下承包商可以提出索赔。

2．工程变更索赔

即由于业主或监理工程师指令增加或减少工程量，或是进行合同范围以外的工作，或是改变工程顺序而引起的索赔。几乎所有的建筑工程都会发生变更，工程变更也往往会影响其他相关工作，产生连锁反应。因此工程变更索赔很少能独立于其他类型的索赔。

3．加速施工索赔

加速施工索赔即赶工费索赔，经常是工程拖期索赔或工程变更索赔的相关索赔。索赔的费用一般包括：加班工资、雇用额外劳动力、采用额外设备、改变施工方法、提供额外监督管理人员等所引起的费用的增加。

4．施工条件变化索赔

此类索赔包括水文地质变化、人为障碍、不利天气条件、合同文件模糊或错误、不可抗力、业主方造成的风险等事件。进行此类索赔，承包商必须在索赔报告中作充分说明。

（四）施工索赔的依据

索赔的成功很大限度上取决于承包商在合同约定的索赔意向、报告提出时间内对索赔作出的解释和所提供的强有力的证明材料。因此，承包商在正式提出索赔报告前的资料准备工作极为重要。

施工索赔的依据主要有三种：一是工程合同；二是工程项目资料；三是有关法律、法规。

这些资料主要有：施工日志、来往函电、施工备忘录、会议记录、工程进度计划、工程照片和工程声像资料、工程核算资料、工程报告、工程图纸，以及招标投标阶段有关现场考察和编标的资料、各种原始单据、施工证明等。

第三节　工程物权法

一、物权法概述

物权法是调整人对有形财产支配关系的法律，是对财产进行占有、使用、收益和处分的最基本准则。我国《物权法》于 2007 年 3 月 16 日经第十届全国人民代表大会第五次会议通过，自 2007 年 10 月 1 日起施行，于 2021 年 1 月 1 日起废止。它是民法的重要组成部分。现行《民法典》专设第二编物权编，该编沿用了原《物权法》的大部分内容，并在其基础上以现实问题为导向，修改、添加了部分条文。

（一）物权的基本原则

1. 物权法定原则

物权的种类、内容、变动方式、效力、保护方法都由法律规定，不能创设和任意改变。物权法定原则的含义是：

（1）法律有规定的，从其规定；

（2）法律没有规定的，一律无效；

（3）若根据法律部分有效的，有效部分有效，无效部分无效。

2. 公示公信原则

公示即以公众能够获知的方式让别人知晓。公信即公示后的物权变动获得公信力，应该遵守。法定的公示方法是：

（1）不动产——登记；

（2）动产——交付；

（3）特殊动产——登记对抗第三人。

3. 一物一权原则

一物一权原则又称“物权的排他效力”，是指一物之上不得设立两个和两个以上在内容和效力完全相同、互相冲突的物权。

（1）一物即客体仅为一个独立之物；

（2）一物之上只能存在一个所有权，而不能存在两个或两个以上的所有权；

（3）一物之上不得存在两个以上性质互相排斥、内容上互不相容的他物权。

（二）与工程相关的热点问题——房屋的拆迁问题

《民法典》第243条规定，为了公共利益的需要，依照法律规定的权限和程序可以征收集体所有的土地和组织、个人的房屋以及其他不动产。征收集体所有的土地，应当依法及时足额支付土地补偿费、安置补助费以及农村村民住宅、其他地上附着物和青苗等的补偿费用，并安排被征地农民的社会保障费用，保障被征地农民的生活，维护被征地农民的合法权益。但是如何判断是否符合《民法典》中"公共利益需要"，是司法实务中的难点问题。

公共利益具有极大的抽象性和不确定性。一方面，征收可以推进经济发展或其他公共价值；另一方面，征收又使现有不动产所有者感到不安而产生抱怨。

判断公共利益应当考虑国家发展目标、事业的公益性、受益对象的数量、效益与损害的比较、正当法律程序等因素。正因为如此，我国立法机关当初为了实现物权法高票通过的目标，在《物权法》中回避了公共利益的具体规定。

但是，为了贯彻物权法的精神，实际操作中又无法回避对公共利益的判断，司法审查亦无法回避对公共利益的界定。这既是重大的立法、司法难题，也是重大的理论课题。

二、《民法典》物权编中的物权体系（如图3－10）

原《物权法》第2条第3款规定，法所称物权，是指权利人依法对特定的物享有直接支配和排他的权利，包括所有权、用益物权和担保物权。《民法典》物权编第二、三、四分编分别规定了所有权、用益物权和担保物权的内容。

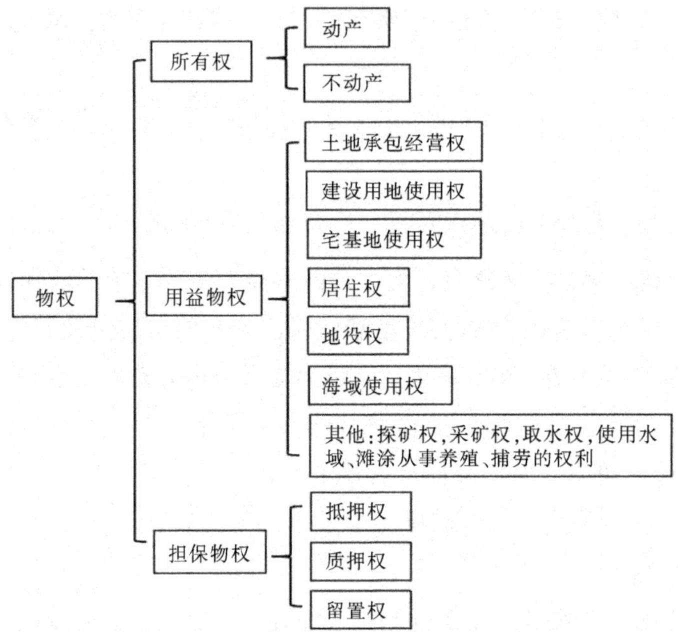

图 3-10 《民法典》物权编物权体系示意图

(一) 所有权

所有权是对物的交换价值与使用价值的全面支配权，是一切他物权的基础。

《民法典》第 240 条规定：所有权人对自己的不动产或者动产，依法享有占有、使用、收益和处分的权利。

1. 占有权（如图 3－11）

占有权是所有人对财产的实际掌握和控制的权利，这是所有人利用财产满足自己各种需要的前提。

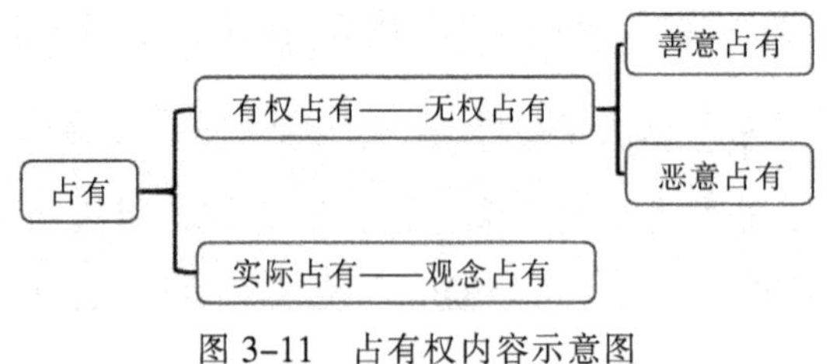

图 3-11 占有权内容示意图

2. 使用权

使用权是指民事主体依财产的性质和用途，在不损害所有物本体或变更其性质的前提下对物加以利用的权利。

3. 收益权

收益权是指收取所有物产生的经济利益或者物质利益的权利。经济利益包括物的天然孳息和法定孳息，还包括在生产经营活动中的劳动收益和利润。

在现代市场经济条件下，收益权能常常与所有权分立，形式多样：

（1）所有人和经营人订立合同，让与财产的占有、使用和处分权的同时，让与部分收益权，保留和经营者按一定比例分享资产的利益；

（2）所有权人让与占有、使用和部分收益，保留处分权和部分收益权（土地承包经营权）；

（3）在一定期限内让与占有、使用和全部收益，仅仅保留处分权。

4. 处分权

处分权是指所有权人依法对物进行处置，从而决定物的命运的权能。处分权能是所有权内容的核心；相对于其他权能，处分权一般由所有人直接行使。

灵活使用所有权的四大权能可以使物的价值最大化。例如，保管人可以占有交付保管的财产，承租人可以占有、使用租赁物，而行纪人可以占有、处分委托出售的财产。

所有权是对财产的统一的和总括的支配权，而不是占有、使用、收益、处分权能的简单总和；并且，财产所有权具有弹力性，与所有权分离的权能一般地说来最终要复归于所有权；所以权能与所有权的分离并不意味着所有人丧失了所有权，恰恰相反，这种分离本身正是所有人行使所有权的表现。

（二）限制物权

对物实用价值的支配权是用益物权，对物交换价值的支配权是担保物权。

所谓限制物权，一是指这种权利是有限的；二是指这种权利是对他人所有权的限制。所以限制物权又称他物权。

1. 用益物权

《民法典》第 323 条规定，用益物权人对他人所有的不动产或者动产，依法享有占有、使用和收益的权利。《民法典》物权编中规定的用益物权包括：居住权、土地承包经营权、建设用地使用权、宅基地使用权和地役权、海域使用权、探矿权、采矿权、取水权和使用水域、滩涂从事养殖、捕捞的权利。

（1）居住权。《民法典》物权编中将居住权解释为对他人的住宅享有占有、使用的用益物权，以满足生活居住的需要。居住权增设的目的，就是要凸显房屋的居住属性，保障居住人尤其是老年人等弱势群体有房可住，并且以物权法律条文保护公租房的居住权益。

对于居住权的设立，在原《物权法》颁布实施后，随着社会环境的变化，居住权应成为物权的呼声愈来愈高，为了回应这种社会需求，我国《民法典》物权中增设了居住权，将之作为用益物权的一种。[①]

（2）土地承包经营权。土地承包经营权是公民或集体对集体所有或国家所有、由全民所有制或集体所有制单位使用的国有土地承包使用、收益的权利，权利内容由合同约定。该项权利的权利主体为公民或集体；权利客体为集体所有土地或国家所有由全民所有制单位或集体所有制单位使用的国有土地。

土地承包经营权作为一种用益物权，既有物权消灭的一般事由，如承包地被征用、使用价值丧失等，也有土地承包经营权的特定消灭事由，如承包方的提前交回、发包方的提前收回、承包期限届满等。

农民集体所有的土地由本集体经济组织的成员承包经营的，由发包人与承包人订立承包合同，约定双方的权利和义务。而农民集体所有的土地由本集体经济组织以外的单位或个人承包经营的，根据《农村土地承包法》第 52 条第 1 款的规定，必须经村民会议 2/3 以上成员或者 2/3 以上村

① 鲁晓明．论我国居住权立法之必要性及以物权性为主的立法模式——兼及完善我国民法典物权编草案居住权制度规范的建议［J］．政治与法律，2019（3）：13－22.

民代表的同意，并报乡（镇）人民政府批准。

土地承包经营权是有一定期限的权利。根据《农村土地承包法》第21条，耕地的承包期为三十年，草地的承包期为三十至五十年，林地的承包期为三十至七十年；耕地承包期届满后再延长三十年，草地、林地承包期届满后依法相应延长。

根据《农村土地承包法》第28条第2款，在土地承包经营期限内，因自然灾害严重毁损承包地等特殊情形对个别农户之间承包的耕地和草地需要适当调整的，必须经本集体经济组织成员的村民会议2/3以上成员或者2/3以上村民代表的同意，并报乡（镇）人民政府和县级人民政府农业农村、林业和草原等主管部门批准。承包合同中约定不得调整的，按照其约定。

（3）建设用地使用权。建设用地使用权是指利用土地营造建筑物、构筑物和其他设施的权利。建设用地使用权同农用地使用权相区别，是对土地进行非种植业、林业、畜牧业和渔业而从事建设的权利。

《民法典》第344条规定："建设用地使用权人依法对国家所有的土地享有占有、使用和收益的权利，有权利用该土地建造建筑物、构筑物及其附属设施。"

《民法典》第361条规定："集体所有的土地作为建设用地的，应当依照土地管理的法律规定办理。"可见，如果使用集体所有的土地进行建设（如兴办乡镇企业、村民建造住宅、村内建设公共设施），则不属于《民法典》第12章所规定的建设用地使用权。

（4）宅基地使用权。宅基地使用权是指公民个人在集体所有的土地上所享有的建造房屋以使用居住的一种物权。我国《民法典》第362条至第365条规定，宅基地使用权人依法对集体所有的土地享有占有和使用的权利，有权依法利用该土地建造住宅及其附属设施。宅基地使用权的取得、行使和转让，适用土地管理法等法律和国家有关规定。宅基地因自然灾害等原因灭失的，宅基地使用权消灭。对失去宅基地的村民，应当重新分配宅基地。已经登记的宅基地使用权转让或者消灭的，应当及时办理变更登记或者注销登记。

2019 年 9 月，中央农村工作领导小组办公室、农业农村部发布《关于进一步加强农村宅基地管理的通知》，要求严格落实“一户一宅”规定，农村村民一户只能拥有一处宅基地，面积不得超过本省、自治区、直辖市规定的标准，严禁城镇居民购买宅基地。

宅基地使用权范围一般包括居住生活用地、四旁绿化用地、其他生活服务设施用地。即一家一户的农户居住生活的庭院用地。宅基地使用权具有如下特征：

① 宅基地使用权的主体只能是农村集体经济组织的成员。

② 宅基地使用权的用途仅限于村民建造个人住宅。个人住宅包括住房以及与村民居住生活有关的附属设施，如厨房、院墙等。

③ 宅基地使用权实行严格的“一户一宅”制。农村村民出卖、出租住房后，再申请宅基地的，不予批准。

④ 福利性即宅基地的初始取得是无偿的。

（5）地役权。地役权是指按照合同约定，利用他人的不动产，以提高自己的不动产的效益的权利。他人的不动产为供役地，自己的不动产为需役地。我国《民法典》第 372 条至第 385 条规定，设立地役权，当事人应当采取书面形式订立地役权合同。当事人要求登记的，可以向登记机构申请地役权登记；未经登记，不得对抗善意第三人。供役地权利人应当按照合同约定，允许地役权人利用其土地，不得妨害地役权人行使权利。

地役权的期限由当事人约定，但不得超过土地承包经营权、建设用地使用权等用益物权剩余的期限。

土地所有权人享有地役权或者负担地役权的，设立土地承包经营权、宅基地使用权时，该土地承包经营权人、宅基地使用权人继续享有或者负担已设立的地役权。

还有一个与地役权相关的相邻权。相邻权指不动产的所有人或使用人在处理相邻关系时所享有的权利。具体来说，在相互毗邻的不动产的所有人或者使用人之间，任何一方为了合理行使其所有权或使用权，享有要求其他相邻方提供便利或是接受一定限制的权利。相邻权实质上是对所有权的限制和延伸。

相邻不动产的所有人或使用人在行使自己的所有权或使用权时，应当以不损害其他相邻人的合法权益为原则。在处理相邻关系时，相邻各方应该本着有利生产、方便生活、团结互助、公平合理的原则，协商解决。协商不成，可以请求人民法院依法解决。

相邻权与地役权区别有：

① 两者受到损害后的救济请求权不同。相邻关系受到侵害后，不能直接以相邻关系为基础提起损害赔偿诉讼，而应该提起所有权的行使受到妨害之诉。地役权受到损害之后，受害人可以直接提起地役权受损害的请求之诉。

② 两者的内容也有不同。地役权的设立是为了使所有权人的权利得到更好的行使，是一个比较高的标准。相邻关系的规定是为了调和不同所有权人之间的权利。

③ 相邻关系通常都发生在相互毗邻的不动产之上，而地役权则不要求相互毗邻，甚至相隔很远的土地之间都可以通过协议来得到更有效的利用和经营。

④ 相邻关系的产生一般都是无偿的，而地役权的设立一般都是有偿的。

2. 担保物权

担保物权是指以确保债务清偿为目的，在债权人或者第三人所有的物或者权利上所设定，已取得担保作用的一种限定物权。

《民法典》第 386 条规定，担保物权人在债务人不履行到期债务或者发生当事人约定的实现担保物权的情形，依法享有就担保财产优先受偿的权利，但是法律另有规定的除外。在《民法典》物权编担保物权一章中规定了三种担保物权的形式，分别是抵押、质押、留置。具体内容在工程担保法一节中作详细阐述。

三、建设工程领域中的物权

（一）土地相关权利

1. 土地的所有权

土地所有权指土地所有者对土地占有、使用、收益和依照国家法律作出处分并排除他人干涉的权利。在本书第二章第二节工程行政许可关于工程土地使用制度中已经提到，我国的土地所有权包括国家土地所有权和农民集体土地所有权。

国家土地所有权的对象包括：无居民海岛；城市的土地；法律规定属于国家所有的农村和城市郊区的土地；农村和城市郊区已经依法没收、征收、征购为国有的土地；国家依法征收的土地；国家规定属于集体所有之外的森林、山岭、草原、荒地、滩涂等自然资源。国有土地所有权由国务院代表国家行使。

农民集体所有土地的对象包括：法律规定属于集体所有的土地和森林、山岭、草原、荒地、滩涂；农村和城市郊区的土地（法律规定属于国家所有的除外）；宅基地和自留地、自留山。农民集体土地所有权主体是乡镇、村或村内两个以上农民集体。

《土地管理法》和《民法典》明确规定，农民集体所有的土地依法属于村农民集体所有的，由村集体经济组织或者村民委员会经营、管理；属于村内两个以上农村集体经济组织的，由村内各该农村集体经济组织或者村民小组经营、管理；属于乡（镇）农民集体所有的，由乡（镇）农村集体经济组织经营、管理。

2. 在建工程的抵押权

《民法典》第395条、第402条规定，以正在建造的建筑物抵押的，应当办理抵押登记。抵押权自登记时设立。需要注意的是：

（1）除非另有约定，在建工程抵押的抵押物范围包括尚未建造的建筑物。随着工程建设阶段的发展，在建工程抵押权的抵押物范围随着完工部分或可售部分的增加而得到扩张。在建工程抵押权作为一种单独的抵押权类型，除当事人在抵押合同中另有约定外，其抵押物范围不仅包括国有建设用地使用权，还包括规划许可范围内已经建造的和尚未建造的建筑物。

（2）工程在建时办理在建工程抵押权登记，工程竣工后未重新办理抵押登记，在建工程的抵押权仍继续存续。抵押权仅因抵押权的实现、抵押关系的解除和抵押物灭失等法定事由而消灭。工程竣工并完成房地产初始登记后，抵押人和抵押权人未按照《城市房地产抵押管理办法》第 34 条第 2 款规定重新办理房产抵押登记，并不必然导致在建工程抵押权消灭，此种情况下，抵押延续，且具有对抗第三人的效力。

（3）在建工程抵押贷款中，若债权人将项目销售进度与还款计划相关联却没有与保证人就此进行特别约定时，并不能够排除各保证人在签订保证合同时存在以处置案涉抵押房产售房款不能偿还贷款时才需要承担保证责任的可能，因此债权人不能直接要求保证人承担保证责任。

（4）贷款银行以外的主体可以为在建工程的抵押权人。在建工程属于《民法典》担保物权分编规定的可以抵押的财产范围。法律对在建工程抵押权人的范围没有作出限制性规定，《城市房地产抵押管理办法》第 3 条第 5 款有关在建工程抵押的规定，是针对贷款银行作为抵押权人时的特别规定，但并不限制贷款银行以外的主体成为在建工程的抵押权人。

3. 建设工程价款优先受偿权

我国《民法典》第 807 条规定："发包人未按照约定支付价款的，承包人可以催告发包人在合理期限内支付价款。发包人逾期不支付的，除根据建设工程的性质不宜折价、拍卖外，承包人可以与发包人协议将该工程折价，也可以请求人民法院将该工程依法拍卖。建设工程的价款就该工程折价或者拍卖的价款优先受偿。"建设工程优先受偿权是由法律直接规定的，当与其他债权人的抵押权冲突时，应优于意定的抵押权。承包人就工程价款债权对工程享有优先受偿权，是法律基于维护社会公共利益及建筑工人权利之需要，在相关利益冲突时作出的一种价值选择。但实践中，对建设工程优先权的法律性质、适用条件理解不一致，存在一定争议。

（1）优先受偿权的性质。关于优先受偿权的法律性质，理论界主要有三种观点，即留置权说、法定抵押权说和优先权说。我们赞同第三种观点。

① 留置权说。该观点认为，建设工程优先受偿权属于留置权。原《担保法》中规定的留置权标的物仅限于动产，不利于对债权人利益的充分保护，原《合同法》实际上扩大了可留置财产的范围。如果发包人不按约定支付工程价款，承包人即可留置该工程，并以此优先受偿，即建设工程的

承包人对不动产同样可以行使留置权。

但《民法典》明确规定了留置权的标的物为动产，而建设工程优先受偿权的标的物是不动产。因此，《民法典》施行后，留置权说已丧失法理基础。

② 法定抵押权说。该观点认为，建设工程优先受偿权在性质上属于一种法定抵押权。优先受偿权作为一种不转移占有的担保物权，具有从属性、物上代位性和优先受偿性，符合抵押权的一般特点，在效力上应优先于意定的抵押权。有参与原《合同法》（现已失效）立法的学者指出，原《合同法》第286条从设计、起草、讨论、修改、审议直至正式通过，始终是指法定抵押权，只是考虑到法律适用上的便利，才采用了直接规定其内容、效力以及实现方式的条文表述，而未直接使用“抵押权”之名。这种法定抵押权是由法律直接规定的，具有法定性，无需当事人之间事先约定，也无需登记公示。

但依相关法律，抵押权须由当事人以法律行为设立，并无法定抵押权的规定。抵押权自登记时设立，以建筑物和其他地上附着物以及正在建造的建筑物抵押的，应当办理抵押登记。同时，将优先受偿权界定为法定抵押权与《民法典》《最高人民法院关于审理建设工程施工合同纠纷案件适用法律问题的解释（一）》（以下简称《建设工程施工合同司法解释（一）》）相关规定相矛盾。《建设工程施工合同司法解释（一）》第36条“承包人根据民法典第807条规定享有的建设工程价款优先受偿权优于抵押权和其他债权”，可知，建设工程价款优先受偿权不同于抵押权。《民法典》第389条规定，担保物权担保的范围是“主债权及其利息、违约金、损害赔偿金、保管担保财产和实现担保物权的费用”；《建设工程施工合同司法解释（一）》第40条规定，“承包人建设工程价款优先受偿的范围依照国务院有关行政主管部门关于建设工程价款范围的规定确定。承包人就逾期支付建设工程价款的利息、违约金、损害赔偿金等主张优先受偿的，人民法院不予支持”。可知，建设工程价款优先受偿权的优先受偿范围明显不同于担保物权（包括抵押权等）的担保范围。因此，法定抵押权说难以自圆其说。

③ 优先权说。优先权是指特定的债权人依据法律规定而享有的就债务人的总财产或特定财产优先于其他债权人受偿的权利。优先权在性质上属于担保物权，它基于法律的直接规定产生，不允许当事人任意创设，无需登记公示，可以针对动产或不动产，不以占有标的物为成立要件，受偿顺序由法律直接规定。我国立法中类似的规定还有船舶优先权和民用航空器优先权等。例如，《海商法》规定，船上工作人员工资、其他劳动报酬、船员遣返和社会保险费用，船舶营运中发生的人身伤亡赔偿，船舶吨税、引航费、港务费和其他港口规费等具有船舶优先权；《民用航空法》规定，援救民用航空器的报酬和保管维护民用航空器的必需费用具有民用航空器优先权。因此，从立法体例上看，我国现行民事立法尚未将优先权作为一种独立的担保物权，只是在某些法律中赋予了特定债权优先受偿权。

《建设工程施工合同司法解释（一）》对建设工程价款优先受偿权性质为优先权也予以了肯定。《建设工程施工合同司法解释（一）》第36条规定，承包人依法享有的建设工程价款优先受偿权优于抵押权和其他债权；原《最高人民法院关于建设工程价款优先受偿权问题的批复》（现已失效，以下简称《批复》）第4条规定，建设工程承包人行使优先权的期限为六个月，亦直接将建设工程优先受偿权表述为“优先权”。综上，将建设工程优先受偿权定性为优先权较为合理。

（2）优先受偿权的适用条件

① 建设工程承包人必须依照合同约定履行了全部义务。建设工程必须按期完工，并经验收合格。因为建设工程只有在竣工验收合格的情况下，合同债权的数额才能确定，发包人方能按照约定支付工程价款。验收不合格，发包人不仅有权拒绝支付工程价款，而且有权要求承包人承担违约责任。如果建设工程承包人一方存在其他违约行为，发包方因此行使抗辩权，未按约定支付价款的，承包人不得行使优先受偿权。

② 建设工程承包人行使先行催告权。发包人未按照约定支付价款的，承包人不能直接将该工程折价、拍卖，而应当催告发包人在合理期限内支付价款。合理期限双方有约定的，可以从约定；没有约定的，我们认为可参照建设工程施工合同示范本文中有关支付工程价款的约定，15天至60

天均属于合理期限。发包人逾期不支付的，建设工程承包人有权行使优先受偿权。催告发包人支付价款有利于敦促对方按照诚实信用原则主动履行合同义务，最大限度降低交易和维权成本。

③ 符合法律规定的实现程序、方式。原《批复》第 1 条规定，人民法院在审理房地产纠纷案件和办理执行案件中，应当依照合同法第 286 条的规定，认定建筑工程价款优先受偿权优于抵押权和其他债权。可见，实现优先受偿权的原司法程序有两种：一是房地产纠纷案件审判程序，承包人应在诉讼过程中明确提出要求优先受偿的诉讼请求；二是案件执行程序，在申请执行程序中仍可作为明确请求提出。故优先受偿权不应按照民事诉讼法特别程序之实现担保物权案件处理。实现方式有两种，即“承包人可以与发包人协议将该工程折价，也可以申请人民法院将该工程依法拍卖”。现行《民法典》及《建设工程施工合同司法解释（一）》对此并未作出新的规定。

④ 建设工程优先受偿权的行使期限。承包人应当在合理期限内行使建设工程价款优先受偿权，但最长不得超过十八个月，自发包人应当给付建设工程价款之日起算。

⑤ 建设工程优先受偿权的限制。根据《建设工程施工合同司法解释（一）》的规定，建设工程优先受偿权虽赋予了承包人优先于抵押权人和其他债权人受偿的权利，但其行使也应有所限制：一是不属于“按照建设工程的性质不宜折价、拍卖的”建设工程，主要包括公益性质、特殊工程、保密性工程，如公共道路、国家机关办公楼、军事设施、机场、车站建设等工程。这些设施不能被拍卖或折价，否则将影响社会公共利益。二是建设工程价款包括承包人为建设工程应当支付的工作人员报酬、材料款等实际支出的费用，不包括发包人逾期支付建设工程价款的利息、违约金、损害赔偿金等。

4. 建筑物区分所有权

建筑物区分所有权是指业主对建筑物内的住宅、经营性用房等专有部分享有所有权，对专有部分以外的共有部分享有共有和共同管理的权利。

区分所有建筑物的专有部分与共有部分在物理上具有不可分的统一结

构体关系，为获得使用上的方便，区分所有人取得专有部分所有权，必须附带取得共有部分所有权。我国《民法典》第 274 条亦规定业主对建筑物专有部分以外的共有部分，享有权利，承担义务；不得以放弃权利为由不履行义务。同时，因共有部分具有不可分割性，除法律有特别规定外，不得与同一建筑物或同一建筑区划内其他业主按份额进行分割。

从法理上来说，按共有客体不同，共有权可分为共有部位所有权、共有资金所有权；共有部位又分为天然共有部分、法定共有部分与约定共有部分。

（1）天然共有部分。天然共有部分系指法律、行政法规没有明确规定，合同也没有约定，而且一般也不具备登记条件，但从其属性上天然属于共有的部分。法律依据是《最高人民法院关于审理建筑物区分所有权纠纷案件具体应用法律若干问题的解释》（以下简称《建筑物区分所有权司法解释》）第 3 条第 1 款规定，除法律、行政法规规定的共有部分外，建筑区划内的以下部分，也应当认定为原物权法第六章所称的共有部分：（一）建筑物的基础、承重结构、外墙、屋顶等基本结构部分，通道、楼梯、大堂等公共通行部分，消防、公共照明等附属设施、设备，避难层、设备层或者设备间等结构部分。

（2）法定共有部分。法律、行政法规明确规定属于业主共有的部分，为法定共有部分。《民法典》第 274 ~ 276 条规定，建筑区划内的道路，属于业主共有，但属于城镇公共道路的除外。建筑区划内的绿地，属于业主共有，但属于城镇公共绿地或者明示属于个人的除外。建筑区划内的其他公共场所、公用设施和物业服务用房，属于业主共有。占用业主共有的道路或者其他场地用于停放汽车的车位，属于业主共有。

（3）约定共有部分。除上述法定共有部分、天然共有部分外，其他不属于业主专有部分，也不属于市政公用部分或者其他权利人所有的场地和设施等，属于约定共有部分。根据“物权法定”原则，我国法律仅规定了规划用于停放汽车的车位、车库属约定共有部分。《民法典》第 275 条规定，建筑区划内，规划用于停放汽车的车位、车库的归属，由当事人通过出售、附赠或者出租等方式约定。

（4）共有资金

① 物业维修资金。由建设单位或业主缴纳，用于维修和更新、改造共用部位、共用设备的物业维修资金归业主共有。《民法典》第 281 条规定，建筑物及其附属设施的维修资金，属于业主共有。经业主共同决定，可以用于电梯、屋顶、外墙、无障碍设施等共有部分的维修、更新和改造。建筑物及其附属设施的维修资金的筹集、使用情况应当定期公布。

紧急情况下需要维修建筑物及其附属设施的，业主大会或者业主委员会可以依法申请使用建筑物及其附属设施的维修资金。《物业管理条例》第 54 条第 2 款规定，专项维修资金属业主所有，专项用于物业保修期满后物业共用部位、共用设施设备的维修和更新、改造，不得挪作他用。

② 共有收益。利用共用部位、共用设施设备经营所获得的收益归业主共有。《物业管理条例》第 54 条规定，利用物业共用部位、共用设施设备进行经营的，应当在征得相关业主、业主大会、物业服务企业的同意后，按照规定办理有关手续。业主所得收益应当主要用于补充专项维修资金，也可以按照业主大会的决定使用。

（5）共有人的权利

① 对共有部分的共同管理权。《民法典》第 271 条规定，业主对建筑物内的住宅、经营性用房等专有部分享有所有权，对专有部分以外的共有部分享有共有和共同管理的权利。

② 对共有部分的合理使用权。《建筑物区分所有权司法解释》第 4 条规定，业主基于对住宅、经营性用房等专有部分特定使用功能的合理需要，无偿利用屋顶以及与其专有部分相对应的外墙面等共有部分的，不应认定为侵权。但违反法律、法规、管理规约，损害他人合法权益的除外。

③ 对共有部分的收益权。《民法典》第 283 条规定，建筑物及其附属设施的费用分摊、收益分配等事项，有约定的，按照约定；没有约定或者约定不明确的，按照业主专有部分面积所占比例确定。

④ 物权请求权。《建筑物区分所有权司法解释》第 14 条规定，建设单位或者其他行为人擅自占用、处分业主共有部分、改变其使用功能或者进行经营性活动，权利人请求排除妨害、恢复原状、确认处分行为无效或者

赔偿损失的，人民法院应予支持。

属于前款所称擅自进行经营性活动的情形，权利人请求行为人将扣除合理成本之后的收益用于补充专项维修资金或者业主共同决定的其他用途的，人民法院应予支持。行为人对成本的支出及其合理性承担举证责任。

第四节　工程担保法

一、担保概述

担保是指当事人根据法律规定或者双方约定，以债务人或第三人的信用或者特定财产来促使债务人履行债务实现债权人权利的一种法律制度。担保通常由当事人双方订立担保合同。根据《民法典》第二编第四分编、第 586 条、第三编第十三章、第十六章的规定，担保方式有物的担保和人的担保，物的担保方式有抵押、质押、留置和定金，人的担保方式有保证。

（一）抵押

抵押是指为担保债务的履行，债务人或者第三人不转移自己所有的财产的占有，将该财产作为清偿债权人债务的担保，当债务人不履行到期债务或者发生当事人约定的实现抵押权的情形时，债权人有权就该财产优先受偿的一种担保方式。

抵押担保时，债务人或者第三人为抵押人，债权人为抵押权人，提供担保的财产为抵押财产。

（二）质押

质押是指为担保债务的履行，债务人或者第三人将其动产或者其有权处分的权利出质给债权人占有，债务人不履行到期债务或者发生当事人约定的实现质权的情形时，债权人有权就该动产或权利优先受偿的一种担保方式。

质押担保时，债务人或者第三人为出质人，债权人为质权人，交付的动产或者权利为质押财产。

（三）留置

留置是指在保管合同、运输合同、加工承揽合同中，债权人依照合同约定占有债务人的动产，债务人不履行到期债务的，债权人可以将已经合法占有的债务人的动产折价或者以拍卖、变卖该动产的价款优先受偿的一种担保方式。

留置情形下，债权人为留置权人，占有的动产为留置财产。

（四）定金

定金是指合同当事人一方为了担保合同的履行，预先支付另一方一定数额的金钱的一种担保方式。债务人履行债务后，定金应当抵作价款或者收回。给付定金的一方不履行债务或者履行债务不符合合同约定，致使不能实现合同目的的，无权请求返还定金；收受定金的一方不履行债务或者履行债务不符合合同约定，致使不能实现合同目的的，应当双倍返还定金。

（五）保证

保证是指在民法上为了保障债权的实现，保证人和债权人约定，当债务人不履行到期债务或者发生当事人约定的情形时，由保证人履行债务或者承担责任的一种担保方式。

保证的方式包括一般保证和连带责任保证，当事人在保证合同中对保证方式没有约定或者约定不明确的，按照一般保证承担保证责任。它与上述几种担保方式不同之处在于，它是人的信用担保，不是物的担保。

二、建设工程领域担保的种类

工程担保最早出现在美国，它是担保制度与建筑业发展到一定阶段相结合的产物，它对于规范工程承发包交易行为，防范和化解工程风险，遏制拖欠工程款和民工工资，保证工程质量和安全等，具有十分重要的作用。

1894 年，美国为了整顿担保市场，国会通过了《赫德法案》（Heard Act），强制要求所有政府公共项目必须事先得到 100% 的保证担保。为最大限度地免除政府责任和保护公共利益，美国国会于 1935 年通过了《米勒法案》（Miller Act），用以取代《赫德法案》。1942 年前后，美国许多州的议会对《米勒法案》进行适当修改，以适应本州需要，这些州法令被称作《小米勒法案》（Little Miller Acts）。此后，工程保证担保制度在美国各地的公共工程中得以建立并广泛推行。由于公共工程的示范效应，这一制度随后也在私营工程中被广泛实施。

我国自 20 世纪末开始推行工程担保制度。1999 年 2 月原建设部《关于深化建设市场改革的若干意见》提出建立以工程保证担保为主要内容的工程风险管理制度，决定在北京、上海和深圳三个经济发达城市先行试点投标保证担保、业主支付保证担保、承包商履约保证担保和质量保证担保等工程担保制度。

2016 年 6 月，国务院办公厅发布《关于清理规范工程建设领域保证金的通知》（国办发〔2016〕49 号），全面清理各类保证金。对建筑业企业在工程建设中需缴纳的保证金，除依法依规设立的投标保证金、履约保证金、工程质量保证金、农民工工资保证金外，其他保证金一律取消。对保留的投标保证金、履约保证金、工程质量保证金、农民工工资保证金，推行银行保函制度，建筑业企业可以银行保函方式缴纳。

我国在建设工程领域的担保一般主要有以下几种：

（一）投标保证担保

由投标人向招标人提交投标保证金。根据《招标投标法实施条例》第 26 条及《工程建设项目施工招标投标办法》等部门规章的规定，招标人在招标文件中要求投标人提交投标保证金的，投标保证金不得超过招标项目估算价的 2%，最高不超过 80 万元。

投标截止后投标人撤销投标文件，投标保证金不予退还。中标人无正当理由不与招标人订立合同，在签订合同时向招标人提出附加条件，或者不按照招标文件要求提交履约保证金的，取消其中标资格，投标保证金不予退还。

（二）履约保证担保

由中标人向招标人提交履约保证金。《招标投标法实施条例》第 58 条规定，招标文件要求中标人提交履约保证金的，中标人应当提交。履约保证金不得超过中标合同金额的 10%。

排名第一的中标候选人不按招标文件要求提交履约保证金，招标人可以按照评标委员会提出的中标候选人名单排序依次确定其他中标候选人为中标人，也可以重新招标。中标人不按照招标文件要求提交履约保证金的，取消其中标资格，投标保证金不予退还。

（三）业主支付担保

由建设单位向施工单位提交业主支付担保。《保障农民工工资支付条例》第 24 条规定，建设单位应当向施工单位提供工程款支付担保。

（四）工程质量保证金

工程质量保证金是指发包人与承包人在建设工程承包合同中约定，从应付的工程款中预留，用以保证承包人在缺陷责任期内对建设工程出现的缺陷进行维修的资金。

《建设工程质量保证金管理办法》第 7 条规定，发包人应按照合同约定方式预留保证金，保证金总预留比例不得高于工程价款结算总额的 3%。竣工前，已缴纳履约保证金的，不得同时预留工程质量保证金。

（五）农民工工资保证金

《保障农民工工资支付条例》第 32 条规定，施工总承包单位应当按照有关规定存储工资保证金，专项用于支付为所承包工程提供劳动的农民工被拖欠的工资。工资保证金可以用金融机构保函替代。

（六）预付款担保

预付款担保是指承包人与发包人签订合同后，承包人为保证正确、合理使用发包人支付的预付款而向发包人提供的担保。

建设工程合同签订以后，发包人给承包人一定比例的预付款，一般为合同金额的 10%，不高于合同金额的 30%。由于发包人预付的工程款需要在工程进度款中进行抵扣，因此承包人需要向发包人提供预付款担保。在预付款完全扣回之前，承包人应保证预付款担保持续有效。发包人在工程款中逐期扣回预付款后，预付款担保额度应相应减少，但剩余的预付款担保金额不得低于未被扣回的预付款金额。

预付款担保的主要形式为银行保函。如果因承包人原因使发包人不能在规定期限内从应付工程款中扣除全部预付款，则发包人作为保函的受益人有权凭预付款担保向银行索赔该保函的担保金额作为补偿。

三、工程担保的意义

实行工程担保具有以下意义：

（一）建立信用机制

建设工程项目当事各方通过提供上述工程担保，树立重合同、守信用、守信受益、失信受罚的意识，利用信用保证和利益制约手段建立一种守信用、讲信誉、重信义的内在动力机制，增强建设市场主体自我约束和自我监督的能力，建立优胜劣汰的市场机制。

（二）完善管理监督

通过提供上述工程担保，有利于完善政府和业主管理监督工程建设进程，提高工程质量。这是用市场经济的办法规范建设工程各方主体的行为，形成有效的调控机制和保障体系；用信用保证办法实现建设工程主体之间的联系，形成一种连带责任链；保证参与工程建设各方的正当权益，健全和完善一个开放的、具有竞争力的建设市场，促进招投标体系和质量保证体系健康、平衡地运行。

（三）产生综合效益

通过提供上述工程担保，可以促使当事人精心组织、管理，提高自身素质和管理水平，注重自身信誉，提高工程质量。有利于解决大量存在的工程质量低劣和工程款拖欠的问题，实现经济、社会、环境三个效益的统一。

第五节　工程保险法

一、工程保险概述

（一）工程保险的概念和特点

工程保险是指针对建设工程项目在建设过程中可能出现的因自然灾害和意外事故而造成的物质损失以及依法应对第三者的人身伤亡或财产损失承担经济赔偿责任提供保障的一种综合性保险。

工程保险最早起源于欧洲。第二次世界大战后，欧洲各国为重建国家而大兴土木，客观上形成了一种对工程保险的需求，因而促使工程保险得以迅速发展。另外，工程市场本身的规范化，如公开招标、合同化管理等，也进一步明确了合同双方的风险和义务，为工程保险的发展创造了良好的条件。在中国，工程保险是近二三十年才出现和发展起来的。由于业主单位的企业化和承包单位推行项目经理制，客观上需要对风险进行有效的控制和管理，也为工程保险的发展提供了机会。

工程保险具有以下特点：

1. 承保的风险特殊性

首先，工程保险既承保被保险人财产损失的风险，同时还承保被保险人的责任风险。其次，承保的风险标的大部分裸露于外，抵御风险的能力大大低于普通财产保险的标的。最后，工程施工是一个动态过程，各种风险因素错综复杂。

2. 保障具有综合性

工程保险的责任范围，一般由物质损失部分和第三者责任部分构成。同时，工程保险还可以针对工程项目风险的具体情况提供如运输过程中、工地外储存过程中、保证期过程中等各类风险的专门保障。

3. 被保险人具有广泛性

工程保险涉及的当事人和关系方较多，包括业主、主承包商、分包商、设备供应商、设计商、技术顾问、工程监理等，他们均可能对工程项目拥有保险利益，成为被保险人。

4. 保险期限具有不确定性

工程保险的保险期限一般是根据工期确定的，往往是几年，甚至十几年。工程保险期限的起止点也不是确定的具体日期，而是根据保险单的规定和工程的具体情况确定的。

5. 保险金额具有变动性

工程保险的保险金额，在保险期限内是随着工程建设的进度不断增长的。所以，在保险期限内的任何一个时点，保险金额都是不同的。

（二）工程保险的分类

工程保险按保险形式，可以分为商业保险与社会保险。商业保险由当事人与商业保险公司自愿缔结保险合同关系，投保人根据合同约定，向保险公司支付保险费，保险公司根据合同约定承担赔偿保险金责任，或承担给付保险金责任。在建设工程领域，社会保险是对因工程伤残而导致本人丧失劳动能力或失去工作机会的成员提供基本生活保障的一种社会保障制度。社会保险与商业保险相比，具有普遍性和强制性的特点。

工程保险按保险标的，可以分为人身保险与财产保险。人身保险以人的寿命和身体为保险标的，财产保险以财产及其有关利益为保险标的。

二、工程保险主要种类

在商业保险领域，与建设工程相关的保险主要有：建筑工程一切险、安装工程一切险以及其他特殊工程一切险，如地铁、铁路、地下工程等，还有意外伤害险、安全生产责任险、勘察设计责任险、工程监理责任险等。其中建筑工程一切险和安装工程一切险是最常见的商业保险。

（一）建筑工程一切险

建筑工程一切险是以建筑工程中的材料、装饰物料、设备，以及被保险人对第三者依法应承担的赔偿责任为保险标的的保险。

保险人承担的主要责任包括：洪水、地震、暴风雨、山崩、冻灾等自然灾害造成的经济损失；爆炸、空中飞行物体的坠落、火灾等意外事故造成的经济损失；盗窃、工人或技术人员缺乏经验、过失、恶意行为、原材料缺陷和工艺不善等人为事故所造成的经济损失；战争、暴乱、政变等大规模突发性事件造成的损失等。

1. 适用对象

建筑工程一切险的适用对象即被保险人，是指其财产或者人身受保险合同保障，享有保险金请求权的人。投保人可以为被保险人。

建筑工程一切险的被保险人可以包括：业主；总承包商；分包商；业主聘用的监理工程师；与工程有密切关系的单位或个人，如贷款银行或投资人等。

2. 适用范围

建筑工程一切险适用于所有房屋工程和公共工程，尤其是：住宅、商业用房、医院、学校、剧院；工业厂房、电站；公路、铁路、飞机场；桥梁、船闸、大坝、隧道、排灌工程、水渠及港埠等。

3. 保险内容

建筑工程一切险的保险内容分为物质损失险和第三者责任险两部分。

(1) 物质损失保险

① 保险责任范围。自然灾害：地震、海啸、雷击、暴雨、洪水、暴风、龙卷风、冰雹、台风、飓风、沙尘暴、暴雪、冰凌、突发性滑坡、崩塌、泥石流、地面突然下陷下沉及其他人力不可抗拒的破坏力强大的自然现象。意外事故：不可预料的以及被保险人无法控制并造成物质损失或人身伤亡的突发性事件，包括火灾和爆炸。

② 保险标的。保险标的为在列明工地范围内的与实施工程合同相关的财产或费用。包括：清除残骸费用，该费用指发生保险事故后，被保险人为修复保险标的而清理施工现场所发生的必要、合理的费用；在保险工程开始以前已经存在或形成的位于工地范围内或其周围的属于被保险人的财产；在保险合同保险期间终止前，已经投入商业运行或业主已经接受、实际占有的财产或其中的任何一部分财产，或已经签发工程竣工证书或工程承包人已经正式提出申请验收并经业主代表验收合格的财产或其中任何一

部分财产；施工用机具、设备、机械装置。以下财产不属于保险标的：文件、账册、图表、技术资料、计算机软件、计算机数据资料等无法鉴定价值的财产；便携式通信装置、便携式计算机设备、便携式照相摄像器材以及其他便携式装置、设备；土地、海床、矿藏、水资源、动物、植物、农作物；领有公共运输行驶执照的，或已由其他保险予以保障的车辆、船舶、航空器；违章建筑、危险建筑、非法占用的财产。

③ 免责责任。下列原因造成的损失、费用，保险人不负责赔偿：设计错误引起的损失和费用；自然磨损、内在或潜在缺陷、物质本身变化、自燃、自热、氧化、锈蚀、渗漏、鼠咬、虫蛀、大气（气候或气温）变化、正常水位变化或其他渐变原因造成的保险财产自身的损失和费用；因原材料缺陷或工艺不善引起的保险财产本身的损失以及为换置、修理或矫正这些缺陷所支付的费用；由于超负荷、超电压、碰线、电弧、漏电、短路、大气放电及其他电气原因造成电气设备或电气用具本身的损失；非外力引起的机械或电气装置的本身损失，或施工用机具、设备、机械装置失灵造成的本身损失。下列损失和费用，保险人也不负责赔偿：维修保养或正常检修的费用；档案、文件、账簿、票据、现金、各种有价证券、图表资料及包装物料的损失；盘点时发现的短缺；领有公共运输行驶执照的，或已由其他保险予以保障的车辆、船舶和飞机的损失；除非另有约定，在保险工程开始以前已经存在或形成的位于工地范围内或其周围的属于被保险人的财产的损失；除非另有约定，在保险合同保险期间终止以前，保险财产中已由工程所有人签发完工验收证书或验收合格或实际占有或使用或接收部分的损失。

（2）第三者责任保险

① 保险责任。经济赔偿责任：由与承保工程直接相关的意外事故引起工地内及邻近区域的第三者人身伤亡、疾病或财产损失，依法应由被保险人承担的经济赔偿责任。法律费用：被保险人因保险事故而被提起仲裁或者诉讼的，对应由被保险人支付的仲裁或诉讼费用以及其他必要的、合理的费用。

② 责任免除。下列原因造成的损失和费用，保险人不负责赔偿：由于

震动、移动或减弱支撑而造成的任何财产、土地、建筑物的损失及由此造成的任何人身伤害和物质损失；领有公共运输行驶执照的车辆、船舶、航空器造成的事故。下列损失和费用，保险人也不负责赔偿：保险合同物质损失项下或本应在该项下予以负责的损失及各种费用；工程所有人、承包人或其他关系方或其所雇用的在工地现场从事与工程有关工作的职员、工人及上述人员的家庭成员的人身伤亡或疾病；工程所有人、承包人或其他关系方或其所雇用的职员、工人所有的或由上述人员所照管、控制的财产发生的损失；被保险人应该承担的合同责任，但无合同存在时仍然应由被保险人承担的法律责任不在此限。

4. 通用责任免除

（1）下列原因造成的损失和费用和责任，保险人不负责赔偿：战争、类似战争行为、敌对行为、武装冲突、恐怖活动；行政行为或司法行为；罢工、暴动、民众骚乱；被保险人及其代表的故意行为或重大过失行为；核裂变、核聚变、核武器、核材料、核辐射、核爆炸、核污染及其他放射性污染；大气污染、土地污染、水污染及其他各种污染。

（2）下列损失和费用，保险人也不负责赔偿：工程部分停工或全部停工引起的任何损失、费用和责任；罚金、延误、丧失合同及其他后果损失；免赔额。

5. 保险期间

（1）起始期间：① 自保险工程在工地动工；② 用于保险工程的材料、设备运抵工地。

（2）终止期间：① 工程所有人对部分或全部工程签发完工验收证书或验收合格；② 工程所有人实际占有或使用或接收该部分或全部工程。建筑工程一切险的起始、终止期间两项中均以先发生者为准，但不超出保险单载明的建筑保险期间范围。

（3）试车和考核期：保险合同明细表中列明的试车和考核期间内对试车和考核所引发的损失、费用和责任负责赔偿；若保险设备本身是在安装前已被使用过的设备或转手设备，则自其试车之时起，保险人对该项设备的保险责任即行终止。

（4）保险期间的展延：事先获得保险人的书面同意，否则，从保险合同明细表中列明的建筑期保险期间终止日之后发生的任何损失、费用和责任，保险人不负责赔偿。

（二）安装工程一切险

安装工程一切险是指以各种大型机器设备的安装工程项目在安装期间因自然灾害和意外事故造成的物质损失，以及被保险人对第三者依法应承担的赔偿责任为保险标的的保险。

1. 适用范围

安装工程一切险的承保项目主要是指安装的机器设备及其安装费，凡属安装工程合同内要安装的机器、设备、装置、物料、基础工程以及为安装工程所需的各种临时设施都属于承保范围；此外，为完成安装工程而使用的机器、设备等，以及为工程服务的土木建筑工程以及工地上的其他财产、保险事故后的场地清理费等，均可作为附加项目承保。安装工程一切险的被保险人可以是安装工程项目的所有人、承包人、分承包人、供货人、制造商等。

2. 保险内容

安装工程一切险的保险内容与建筑工程一切险类似，分为物质损失险和第三者责任险两部分。

安装工程一切险物质部分的保险责任除与建筑工程一切险的部分相同外，一般还有以下内容：安装工程出现的超负荷、超电压、碰线、电弧、走电、短路、大气放电及其他电气引起的事故；安装技术不善引起的事故。

安装工程一切险物质部分的责任免除，多数与建筑工程一切险相同，但建筑工程一切险将设计错误造成的损失一概除外，而安装工程一切险对设计错误本身的损失除外，对由此引起的其他保险财产的损失予以负责。

3. 安装工程一切险与建筑工程一切险的区别

安装工程一切险与建筑工程一切险相比，除了保险标的和责任范围不同外，还具有以下区别：

（1）在险价值不同。建筑工程一切险的保险标的从开工以后逐步增加，在险价值也逐步提高，而安装工程一切险的保险标的一开始就存放于工地，保险公司一开始就承担着全部货价的风险，在险价值比较固定。

（2）施工环境不同。建筑工程一切险的保险标的一般处于露天状态，容易遭受自然灾害侵袭；安装工程一切险的保险标的一般是在建筑物内，受自然灾害损失的可能性较小，受人为事故损失的可能性大，需要督促被保险人加强现场安全操作管理，严格执行安全操作规程。

三、工伤保险

（一）工伤保险的概念及特点

工伤保险属于社会保险的范畴，是指劳动者在工作中或在规定的特殊情况下，遭受意外伤害或患职业病导致暂时或永久丧失劳动能力以及死亡时，劳动者或其遗属从国家和社会获得物质帮助的一种社会保险制度。

与养老、医疗、失业、生育等其他社会保险相比较，工伤保险具有以下特点：

（1）工伤保险对象的范围是在生产劳动过程中的劳动者。由于职业危害无所不在，无时不在，任何人都不能完全避免职业伤害。因此工伤保险作为抗御职业危害的保险制度适用于所有职工，任何职工发生工伤事故或遭受职业疾病，都应毫无例外地获得工伤保险待遇。

（2）工伤保险的责任具有赔偿性。工伤保险是基于对工伤职工的赔偿责任而设立的一种社会保险制度，其他社会保险是基于对职工生活困难的帮助和补偿责任而设立的。

（3）工伤保险实行无过错责任原则。无论工伤事故的责任归于用人单位还是职工个人或第三者，社会保险经办机构和用人单位均应承担保险责任。

（4）劳动者不缴纳工伤保险费。工伤保险费由用人单位缴纳，职工不缴纳工伤保险费。

（二）建设工程领域工伤保险

建设工程领域工伤保险，特别是农民工工伤保险，是伴随着我国解决拖欠农民工工资问题逐步完善的。由于建设工程领域农民工具有周期性、流动性的特点，农民工难以按照传统的社会保险制度参加工伤保险，农民工发生工伤后，对于其工伤待遇经常出现推诿、拖欠现象，合法权益不能得到及时维护。因此，国家推行了农民工按工程项目参加工伤保险的制度。

根据《建筑法》第 48 条规定，建筑施工企业应当依法为职工参加工伤保险缴纳工伤保险费。在此基础上，人力资源和社会保障部、住房和城乡建设部、国家安全生产监督管理总局、全国总工会《关于进一步做好建筑业工伤保险工作的意见》规定，针对建筑行业的特点，建筑施工企业对相对固定的职工，应按用人单位参加工伤保险；对不能按用人单位参保、建筑项目使用的建筑业职工特别是农民工，按项目参加工伤保险。

（三）工伤认定

根据《社会保险法》和《工伤保险条例》的规定，职工有以下情形的，认定为工伤：

（1）在工作时间和工作场所内，因工作原因受到事故伤害的；

（2）工作时间前后在工作场所内，从事与工作有关的预备性或者收尾性工作受到事故伤害的；

（3）在工作时间和工作场所内，因履行工作职责受到暴力等意外伤害的；

（4）患职业病的；

（5）因工外出期间，由于工作原因受到伤害或者发生事故下落不明的；

（6）在上下班途中，受到非本人主要责任的交通事故或者城市轨道交通、客运轮渡、火车事故伤害的；

（7）法律、行政法规规定应当认定为工伤的其他情形。

职工有以下情形的，视同工伤：

（1）在工作时间和工作岗位，突发疾病死亡或者在 48 小时之内经抢救无效死亡的；

（2）在抢险救灾等维护国家利益、公共利益活动中受到伤害的；

(3) 职工原在军队服役，因战、因公负伤致残，已取得革命伤残军人证，到用人单位后旧伤复发的。

职工有下列情形之一的，不得认定为工伤或者视同工伤：

(1) 故意犯罪的；

(2) 醉酒或者吸毒的；

(3) 自残或者自杀；

(4) 法律、行政法规规定的其他情形。

(四) 工伤待遇

职工发生工伤，按《工伤保险条例》的规定享受工伤待遇。

因工伤发生的下列费用，按照国家规定从工伤保险基金中支付：

(1) 治疗工伤的医疗费用和康复费用；

(2) 住院伙食补助费；

(3) 到统筹地区以外就医的交通食宿费；

(4) 安装配置伤残辅助器具所需费用；

(5) 生活不能自理的，经劳动能力鉴定委员会确认的生活护理费；

(6) 一次性伤残补助金和一至四级伤残职工按月领取的伤残津贴；

(7) 终止或者解除劳动合同时，应当享受的一次性医疗补助金；

(8) 因工死亡的，其遗属领取的丧葬补助金、供养亲属抚恤金和因工死亡补助金；

(9) 劳动能力鉴定费。

因工伤发生的下列费用，按照国家规定由用人单位支付：

(1) 治疗工伤期间的工资福利；

(2) 五级、六级伤残职工按月领取的伤残津贴；

(3) 终止或者解除劳动合同时，应当享受的一次性伤残就业补助金。

工伤职工有下列情形之一的，停止享受工伤保险待遇：

(1) 丧失享受待遇条件的；

(2) 拒不接受劳动能力鉴定的；

(3) 拒绝治疗的；

(4) 被判刑正在收监执行的。

四、未投保商业险和未参加工伤保险的责任承担

（一）未投保商业险的责任承担

如当事人未投保建筑工程一切险、安装工程一切险、意外伤害保险等商业保险，则由当事人根据合同约定承担因此造成的损失，如当事人未约定损失承担方式，则根据《建设工程工程量清单计价规范》（GB50500—2013）的规定，因不可抗力事件导致的人员伤亡、财产损失及其费用增加，按以下原则分别承担：

（1）合同工程本身的损害，因工程损害导致第三人人员伤亡和财产损失以及运至施工场地用于施工的材料和待安装的设备的损害，由发包人承担；

（2）发包人、承包人人员伤亡应由其所在单位负责，并承担相应费用；

（3）承包人的施工机械设备损坏及停工损失，由承包人承担；

（4）停工期间，承包人应发包人要求留在施工场地的必要的管理人员及保卫人员的费用，由发包人承担；

（5）工程所需清理、修复费用，由发包人承担。

（二）未参加工伤保险的责任承担

用人单位应当参加工伤保险而未参加的，未参加工伤保险期间用人单位职工发生工伤的，由该用人单位按照工伤保险待遇项目和标准支付费用。用人单位不支付的，从工伤保险基金中先行支付。从工伤保险基金中先行支付的工伤保险待遇应当由用人单位偿还。用人单位不偿还的，社会保险经办机构可以追偿。

第六节　工程知识产权法

一、知识产权概述

（一）知识产权的概念及特征

知识产权属于民事权利，是基于创造性智力成果和工商业标记依法产

生的权利的统称。它是一种无形财产权，通常是国家赋予创造者对其智力成果在一定时期内享有的专有权或独占权。我国的知识产权一般包括著作权（版权）、工业产权（包括专利权、商标权）。

知识产权具有以下法律特征：

1. 财产权和人身权的双重属性

知识产权是一种具有财产权和人身权双重属性的民事权利。

2. 专有性

即独占性或垄断性。除权利人同意或法律规定外，权利人以外的任何人不得享有或使用该项权利。这表明权利人独占或垄断的专有权利受严格保护，不受他人侵犯。只有通过"强制许可""征用"等法律程序，才能变更权利人的专有权。

3. 地域性

即只在所确认和保护的地域内有效。即除签有国际公约或双边互惠协定外，经一国法律所保护的某项权利只在该国范围内发生法律效力。所以知识产权既具有地域性，在一定条件下又具有国际性。

4. 期限性

知识产权仅在法律规定的期限内受到法律的保护，一旦超过法定期限，这一权利就自行消灭。该智力成果就成为整个社会的共同财富，为全人类共同所有。各国法律对保护期限的长短可能一致，也可能不完全相同，只有参加国际协定或进行国际申请时，才对某项权利有统一的保护期限。

（二）知识产权的客体

知识产权的客体是指人们在科学、技术、文化等知识形态领域中所创造的智力成果或精神产品，即知识产品。知识产品是与物质产品（即民法意义上的物）相并存的一种民事权利客体。主要有：作品；发明、实用新型、外观设计；商标；地理标志；商业秘密；集成电路布图设计；法律规定的其他客体。

根据我国《专利法》第 25 条规定，下列各项，不授予专利权：科学发现；智力活动的规则和方法；疾病的诊断和治疗方法；动物和植物品种；原子核变换方法以及用原子核变换方法获得的物质；对平面印刷品的图案、色彩或者二者的结合作出的主要起标识作用的设计。对动物和植物品种的生产方法，可以依照规定授予专利权。

二、建设工程领域知识产权

（一）专利权

专利权是发明创造人或其权利受让人对特定的发明创造在一定期限内依法享有的独占实施权，是知识产权的一种。我国《专利法》保护的是发明创造专利权，并规定发明创造是指发明、实用新型和外观设计。未经专利权人许可，不得实施其专利。

所谓发明是指产品、方法或者其改进所提出的新的技术方案。这是专利权保护的最主要对象。实用新型是指对产品的形状、构造或者其结合所提出的适于实用的新的技术方案。它与发明相似，都是一种新的技术方案，但发明专利的创造性水平要高于实用新型。外观设计是指对产品的形状、图案或者其结合以及色彩与形状、图案的结合所作出的富有美感并适于工业应用的新设计。

在建设工程领域，专利权主要表现为新材料、新技术和新工艺。如碧桂园集团开发的 SSGF 房屋建造体系，其中包括了自愈合防水、爬架、铝模、全现浇外墙、高精度墙面、预制墙板、楼层节水系统、全穿插施工、高压水枪拉毛、PVC 墙纸、整体卫浴、PC 预制墙板等 12 项核心工艺，这些核心工艺已申请 600 余项专利。

此外，相关部门发布的工程建设国家标准、行业标准和地方标准中，也会涉及专利权。《工程建设标准涉及专利管理办法》第 13 条规定，工程建设标准在制修订过程中涉及专利的，标准第一起草单位应当请专利权人或者专利申请人签署书面专利实施许可的声明。

（二）商标权

商标权是指商标所有人对其商标所享有的独占的、排他的权利。根据使用对象的不同，商标可以划分为商品商标和服务商标。根据知名度的高低和保护范围的大小可以分为普通商标和驰名商标。根据是否注册，商标可以分为注册商标和未注册商标。法律、行政法规规定必须使用注册商标的商品，必须申请商标注册，未经核准注册的，不得在市场销售。在我国由于商标权的取得实行注册原则，因此，商标权实际上是因商标所有人申请、经国家商标局确认的专有权利，即因商标注册而产生的专有权。

根据《商标法》的规定，有下列行为之一的，均属侵犯注册商标专用权：未经商标注册人的许可，在同一种商品上使用与其注册商标相同的商标的；未经商标注册人的许可，在同一种商品上使用与其注册商标近似的商标，或者在类似商品上使用与其注册商标相同或者近似的商标，容易导致混淆的；销售侵犯注册商标专用权的商品的；伪造、擅自制造他人注册商标标识或者销售伪造、擅自制造的注册商标标识的；未经商标注册人同意，更换其注册商标并将该更换商标的商品又投入市场的；故意为侵犯他人商标专用权行为提供便利条件，帮助他人实施侵犯商标专用权行为的；给他人的注册商标专用权造成其他损害的。

对于驰名商标，《商标法》还特别规定，就相同或者类似商品申请注册的商标是复制、摹仿或者翻译他人未在中国注册的驰名商标，容易导致混淆的，不予注册并禁止使用。就不相同或者不相类似商品申请注册的商标是复制、摹仿或者翻译他人已经在中国注册的驰名商标，误导公众，致使该驰名商标注册人的利益可能受到损害的，不予注册并禁止使用。

在建设工程领域，涉及商标权的对象一般有企业名号、质量标志、认证标志以及具有注册商标的工程材料、设施设备等。

（三）著作权

著作权指自然人、法人或其他组织对其作品享有的权利。根据《著作权法》的规定，作品包括以下列形式创作的文学、艺术和自然科学、社会科学、工程技术等作品：文字作品；口述作品；音乐、戏剧、曲艺、舞蹈、杂技艺术作品；美术、建筑作品；摄影作品；电影作品和以类似摄制电影的方法创作的作品；工程设计图、产品设计图、地图、示意图等图形作品和模型作品；计算机软件；法律、行政法规规定的其他作品。

以下作品不受《著作权法》的保护：法律、法规，国家机关的决议、决定、命令和其他具有立法、行政、司法性质的文件，及其官方正式译文；时事新闻；历法、通用数表、通用表格和公式。

在建设工程领域，享有著作权的作品一般有以下类型：文字作品：如招标文件、投标文件、施工组织设计、专项施工方案等；建筑作品；图形作品：如工程设计图、示意图、模型等；计算机软件：如设计软件、造价软件、财税软件等。

三、知识产权保护期限

根据我国法律规定，不同种类的知识产权（著作权、专利权、商标权）保护期限是不同的。

（一）专利权保护期限

根据《专利法》规定，发明专利权的期限为二十年，实用新型专利权的期限为十年，外观设计专利权的期限为十五年，均自申请日起计算。

没有按照规定缴纳年费和专利权人以书面声明放弃其专利权的，专利权在期限届满前终止。

（二）商标权保护期限

根据《商标法》规定，注册商标的有效期为十年，自核准注册之日起计算。

注册商标有效期满，需要继续使用的，应当在期满前十二个月内申请续展注册；在此期间未能提出申请的，可以给予六个月的宽展期。宽展期满仍未提出申请的，注销其注册商标。每次续展注册的有效期为十年。续展注册经核准后，予以公告。

（三）著作权保护期限

根据《著作权法》规定，作者的署名权、修改权、保护作品完整权的保护期不受限制。自然人的作品，其发表权、复制权、发行权、出租权、展览权、表演权、放映权、广播权、信息网络传播权、摄制权、改编权、翻译权、汇编权等权利的保护期为作者终生及其死亡后五十年，截止于作者死亡后第五十年的12月31日；如果是合作作品，截止于最后死亡的作者死亡后第五十年的12月31日。

法人或者非法人组织的作品、著作权（署名权除外）由法人或者其他组织享有的职务作品，其发表权的保护期为五十年，截止于作品创作完成后第五十年的12月31日；复制权、发行权、出租权、展览权、表演权、放映权、广播权、信息网络传播权、摄制权、改编权、翻译权、汇编权等权利的保护期为五十年，截止于作品首次发表后第五十年的12月31日，但作品自创作完成后五十年内未发表的，不再保护。

四、知识产权保护及侵权责任

（一）专利权保护及侵权责任

未经专利权人许可，实施其专利，即侵犯其专利权，引起纠纷的，由当事人协商解决；不愿协商或者协商不成的，专利权人或者利害关系人可以向人民法院起诉，也可以请求管理专利工作的部门处理。管理专利工作的部门处理时，认定侵权行为成立的，可以责令侵权人立即停止侵权行为，当事人不服的，可以自收到处理通知之日起十五日内依照《中华人民共和国行政诉讼法》向人民法院起诉；侵权人期满不起诉又不停止侵权行为的，管理专利工作的部门可以申请人民法院强制执行。

假冒专利的，除依法承担民事责任外，由管理专利工作的部门责令改正并予公告，没收违法所得，可以并处违法所得四倍以下的罚款；没有违法所得的，可以处二十万元以下的罚款；构成犯罪的，依法追究刑事责任。

专利权人或者利害关系人有证据证明他人正在实施或者即将实施侵犯专利权的行为，如不及时制止将会使其合法权益受到难以弥补的损害的，可以在起诉前向人民法院申请采取责令停止有关行为的措施。

为了制止专利侵权行为，在证据可能灭失或者以后难以取得的情况下，专利权人或者利害关系人可以在起诉前向人民法院申请保全证据。

（二）商标权保护及侵权责任

侵犯注册商标专用权行为引起纠纷的，由当事人协商解决；不愿协商或者协商不成的，商标注册人或者利害关系人可以向人民法院起诉，也可以请求工商行政管理部门处理。

工商行政管理部门处理时，认定侵权行为成立的，责令立即停止侵权行为，没收、销毁侵权商品和主要用于制造侵权商品、伪造注册商标标识的工具，违法经营额五万元以上的，可以处违法经营额五倍以下的罚款，没有违法经营额或者违法经营额不足五万元的，可以处二十五万元以下的罚款。对五年内实施两次以上商标侵权行为或者有其他严重情节的，应当从重处罚。销售不知道是侵犯注册商标专用权的商品，能证明该商品是自己合法取得并说明提供者的，由工商行政管理部门责令停止销售。

对侵犯注册商标专用权的行为，工商行政管理部门有权依法查处；涉嫌犯罪的，应当及时移送司法机关依法处理。

商标注册人或者利害关系人有证据证明他人正在实施或者即将实施侵犯其注册商标专用权的行为，如不及时制止将会使其合法权益受到难以弥补的损害的，可以依法在起诉前向人民法院申请采取责令停止有关行为和财产保全的措施。

为制止侵权行为，在证据可能灭失或者以后难以取得的情况下，商标注册人或者利害关系人可以依法在起诉前向人民法院申请保全证据。

（三）著作权保护及侵权责任

侵权人侵犯著作权的，应当承担停止侵害、消除影响、赔礼道歉、赔偿损失等民事责任。

著作权侵权行为同时损害公共利益的，可以由著作权行政管理部门责令停止侵权行为，没收违法所得，没收、销毁侵权复制品，并可处以罚款；情节严重的，著作权行政管理部门还可以没收主要用于制作侵权复制品的材料、工具、设备等。著作权侵权行为构成犯罪的，依法追究刑事责任。

著作权人或者与著作权有关的权利人有证据证明他人正在实施或者即将实施侵犯其权利的行为，如不及时制止将会使其合法权益受到难以弥补的损害的，可以在起诉前向人民法院申请采取责令停止有关行为和财产保全的措施。

为制止侵权行为，在证据可能灭失或者以后难以取得的情况下，著作权人或者与著作权有关的权利人可以在起诉前向人民法院申请保全证据。

（四）侵权赔偿数额的确定

根据《专利法》第71条规定，侵犯专利权的赔偿数额按照权利人因被侵权所受到的实际损失确定；实际损失难以确定的，可以按照侵权人因侵权所获得的利益确定。权利人的损失或者侵权人获得的利益难以确定的，参照该专利许可使用费的倍数合理确定。对故意侵犯专利权，情节严重的，可以在按照上述方法确定数额的一倍以上五倍以下确定赔偿数额。赔偿数额还应当包括权利人为制止侵权行为所支付的合理开支。权利人的损失、侵权人获得的利益和专利许可使用费均难以确定的，人民法院可以根据专利权的类型、侵权行为的性质和情节等因素，确定给予三万元以上五百万元以下的赔偿。

根据《商标法》第63条规定，侵犯商标专用权的赔偿数额，按照权利人因被侵权所受到的实际损失确定；实际损失难以确定的，可以按照侵权人因侵权所获得的利益确定；权利人的损失或者侵权人获得的利益难以确定的，参照该商标许可使用费的倍数合理确定。对恶意侵犯商标专用权，情节严重的，可以在按照上述方法确定数额的一倍以上五倍以下确定赔偿数额。赔偿数额应当包括权利人为制止侵权行为所支付的合理开支。人民法院为确定赔偿数额，在权利人已经尽力举证，而与侵权行为相关的账簿、资料主要由侵权人掌握的情况下，可以责令侵权人提供与侵权行为相关的账簿、资料；侵权人不提供或者提供虚假的账簿、资料的，人民法院可以参考权利人的主张和提供的证据判定赔偿数额。权利人因被侵权所受到的实际损失、侵权人因侵权所获得的利益、注册商标许可使用费难以确定的，由人民法院根据侵权行为的情节判决给予五百万元以下的赔偿。

根据《著作权法》第54条规定，侵犯著作权或者与著作权有关的权利的，侵权人应当按照权利人的实际损失给予赔偿；实际损失难以计算的，可以按照侵权人的违法所得给予赔偿。赔偿数额还应当包括权利人为制止侵权行为所支付的合理开支。对故意侵犯著作权或者与著作权有关的权利，情节严重的，可以在按照上述方法确定数额的一倍以上五倍以下给予赔偿。权利人的实际损失或者侵权人的违法所得不能确定的，由人民法院根据侵权行为的情节，判决给予五百元以上五百万元以下的赔偿。

第七节　工程侵权责任法

一、侵权行为概述

（一）侵权行为的概念及法律特征

侵权行为是指行为人由于过错侵害他人的财产权利或人身权利，依法应当承担民事责任的不法行为，以及依法律特别规定应当承担民事责任的其他侵害行为。

侵权行为具有以下法律特征：

（1）侵权行为是侵害他人合法权益的行为；

（2）侵权行为是行为人基于过错而实施的非法行为，在特定情况下，行为人没有过错和行为也可以构成侵权行为；

（3）侵权行为是应当承担民事责任的行为。

（二）侵权行为的分类

1. 一般侵权行为与特殊侵权行为

这是根据侵权行为构成要件、归责原则等综合因素对侵权行为所作的基本分类。

一般侵权行为是指行为人基于过错而造成他人的财产或人身损失，并应由行为人自己承担责任的民事违法行为。

特殊侵权行为，是指由法律直接规定的，无需具备一般侵权行为的全部成立要件而必须就他人人身、财产损害负民事责任的民事违法行为。特殊侵权行为相对于一般侵权行为而言，在侵权责任的主体、主观构成要件、举证责任的分配等方面不同。

2. 单独侵权行为与共同侵权行为

这是根据侵权行为人的人数对侵权行为所作的分类。

单独侵权行为是指一人独自实施的并由行为人独自承担责任的侵权

行为。

共同侵权行为是指二人或者二人以上的行为人，基于共同的故意或者过失，侵害他人的合法权益，应当连带承担民事责任的侵权行为。

3. 作为的侵权行为与不作为的侵权行为

这是根据侵权行为的形态对侵权行为所作的分类。

作为的侵权行为又称“积极侵权行为”，是指行为人以积极的方式违反了不作为的义务而致他人损害的侵权行为。

不作为的侵权行为又称“消极侵权行为”，是指违反了法律规定的某种作为的义务，没有实施或没有正确实施该义务所要求的行为而致他人损害，应当承担民事责任的行为。

（三）侵权行为归责原则

侵权行为归责原则是在损害事实已经发生的情况下，据以确定行为人是否需要承担民事责任的根据和标准，也是贯穿于侵权行为法之中，并对具体的侵权法律规范起着统帅作用的立法指导方针。主要分为：过错责任原则、过错推定责任原则、无过错责任原则、公平责任原则四项。

1. 过错责任原则

过错责任原则，又称过失责任原则，它以行为人（加害人）主观上的过错作为归责的根据和最终要件。对此，《民法典》第 1165 条已建立起完整的过错责任成立要件，即违法侵害行为、损害事实、因果关系、主观过错四个要件。加害行为人主观上须具有故意或过失才能承担侵权责任，并以加害行为人的过错程度作为确定责任范围、责任形式的依据。

过错责任原则贯彻“谁主张谁举证”的原则，即被侵权人（受害人）在主张侵权人（加害人）承担民事责任时，须举证证明加害人对损害的发生具有主观过错，如不能举证时，则其主张不成立。

2. 过错推定责任原则

过错推定是指为了保护相对人或被侵权人（受害人）的合法权益，法律规定行为人只有在证明自己没有过错的情况下，行为人才可以不承担责任。换言之，过错推定原则，是指法律有特别规定的场合，从损害事实的本身推定侵权人（加害人）有过错，并据此确定造成他人损害的行为人赔偿责任的归责原则。

过错推定责任是过错责任的一种特殊形态。在责任的构成要件上，过错推定责任与过错责任基本相同。但二者仍然有以下四个不同之处：

（1）调整范围上的不同。过错责任原则调整的侵权行为范围是一般侵权行为，而过错推定责任原则调整的侵权行为范围不是一般侵权行为，而是一部分特殊侵权行为。

（2）举证责任分配上的不同。过错责任原则采取“谁主张、谁举证”的原则，即由作为原告的被侵权人承担举证责任。过错推定责任原则在证明主观过错要件上实行举证责任倒置，即被侵权人（受害人）无需就行为人的过错负举证责任，而由作为被告的侵权行为人承担举证责任，只有侵权行为人证明自己没有过错或者存在法律规定的抗辩事由才可以免责。

（3）过错的轻重对责任的影响不同。过错责任原则将过错区分为不同的程度，据此确定行为人责任的大小与轻重。在过错推定责任的情况下，过错程度对责任的大小及轻重没有影响。

（4）过错责任的划分上有所不同。过错责任原则严格区分受害人的过错与加害行为人的过错，在混合过错中根据当事人双方的过错程度确定双方各自应承担的责任。在过错推定责任中，即使能够证明受害人对于损害的发生也有过错，也不能因此而免除加害行为人的责任，除非损害完全是由受害人的故意引起的。

3. 无过错责任原则

无过错责任原则是指在法律有特别规定的情况下，不论行为人主观上是否有过错，只要其行为与损害后果间存在因果关系，就应承担民事责任的归责原则。无过错责任有四个特点：

（1）它不以行为人主观上有过错为侵权行为的构成要件，无论行为人主观上有无过错，都要承担侵权责任。

（2）在无过错责任中，因果关系是决定行为人责任的基本要件，只要行为人的行为与损害结果之间具有因果关系，行为人就要承担侵权责任。

（3）受害人不必举证证明行为人主观上有过错来支持自己的主张，行为人也不能以自己主观上没有过错来抗辩。

（4）无过错责任原则的适用范围由法律作出特别规定。

4．公平责任原则

公平责任原则又称衡平责任原则，是指在当事人双方对损害的发生均无过错，法律又无特别规定适用无过错责任原则时，由人民法院根据公平观念，责令加害人或者受益人对受害人的财产损失给予适当的补偿，由双方当事人公平合理地分担损失的一种归责原则。它具有以下特征：

（1）公平责任原则适用于加害人和受害人双方对损害的发生都没有过错的情况。

（2）公平责任原则适用于侵害财产权的案件，侵犯人身权而造成的财产损失也可适用公平责任原则，但两种情况都限于对直接财产损失的赔偿。换言之，公平责任旨在分担损失，故其只适用于赔偿损失的侵权责任承担方式的侵权行为，对适用赔礼道歉、恢复名誉等侵权责任承担方式的侵权行为并不适用。

（3）公平责任原则是基于公平观念来确定责任归属的。

（4）公平责任原则是在法律没有特别规定适用无过错责任原则，而适用过错责任原则又会导致显失公平的情况下予以适用的，是对两种归责原则的补充。

（5）必须是法律规定的适用公平责任的情形。对此，《民法典》第1186条规定“受害人和行为人对损害的发生都没有过错的，依照法律的规定由双方分担损失”，明确了适用公平责任原则应当在法律、法规或者司法解释的特别规定范围内进行。反之，没有法律、法规或者司法解释特别规定的情况，则不能适用。如，《民法典》第1190条第1款规定：“完全民事行为能力人对自己的行为暂时没有意识或者失去控制造成他人损害有过错的，应当承担侵权责任；没有过错的，根据行为人的经济状况对受害人适当补偿”；《民法典》第1254条第1款规定：“禁止从建筑物中抛掷物品。从建筑物中抛掷物品或者从建筑物上坠落的物品造成他人损害的，由侵权人依法承担侵权责任；经调查难以确定具体侵权人的，除能够证明自己不是侵权人的外，由可能加害的建筑物使用人给予补偿。可能加害的建筑物使用人补偿后，有权向侵权人追偿”；《民法典》第 182 条第 2 款、第 3 款规定：“危险由自然原因引起的，紧急避险人不承担民事责任，可以给予适当补偿。紧急避险采取措施不当或者超过必要的限度，造成不应有的损害的，紧急避险人应当承担适当的民事责任”；《民法典》第 183 条规定：“因保护他人民事权益使自己受到损害的，由侵权人承担民事责任，受益人可以给予适当补偿。没有侵权人、侵权人逃逸或者无力承担民事责任，受害人请求补偿的，受益人应当给予适当补偿”。

二、建设工程领域侵权行为

建设工程领域侵权行为大多数是特殊侵权行为。特殊侵权行为的构成与一般侵权行为不同。构成特殊侵权行为须依法律特别规定的具体要件，通常不需要行为人主观上有过错，适用无过错责任原则。其行为是某种间接侵权行为，往往与责任人的其他行为或事件构成有关，在责任承担上须依法律规定。

特殊侵权行为主要包括职务侵权行为（用人者责任）、无民事行为能力人和限制民事行为能力人致人损害责任与遭受人身损害时教育机构责任、饲养动物致人损害责任、产品缺陷致人损害责任、高度危险作业致人损害责任、建筑物和物件损害责任、环境污染和生态破坏责任、雇主责任、网络侵权责任、医疗损害责任等。

（一）地面施工致人损害的侵权行为

这里所说的“地面施工致人损害的侵权行为”，是指《民法典》第 1258 条规定的“在公共场所或者道路上挖掘、修缮安装地下设施等造成他人损害，施工人不能证明已经设置明显标志和采取安全措施的，应当承担侵权责任。窨井等地下设施造成他人损害，管理人不能证明尽到管理职责的，应当承担侵权责任”的行为。该种侵权行为的归责方式实行过错推定原则。

地面施工致人损害的侵权行为的构成要件是：

（1）施工的地点是在公共场所、道路或者通道等很可能危及他人安全的场所；

（2）须是进行坑井等地下施工；

（3）加害行为属于不作为的侵权行为。即没有为保证行人安全设置明显标志和采取其他必要安全措施或没有尽到管理职责；

（4）造成“施工人员以外”的他人人身、财产损害后果；

（5）安全措施的欠缺或没有尽到管理职责与损害后果间有因果关系。

（二）建筑物、构筑物或者其他设施致人损害的侵权行为

建筑物、构筑物或者其他设施致人损害的侵权行为是指在土地上以人工建造的房屋，道路、桥梁、隧道等人工建造的构筑物和其他设施，因设置、维护、管理瑕疵，以致发生倒塌、脱落而造成他人损害，由其所有人、管理人或使用人承担赔偿责任的行为。该种侵权行为的归责方式实行过错推定原则。

对此，《民法典》第 1252 条规定，建筑物、构筑物或者其他设施倒塌、塌陷造成他人损害的，由建设单位与施工单位承担连带责任，但是建设单位与施工单位能够证明不存在质量缺陷的除外。建设单位、施工单位赔偿后，有其他责任人的，有权向其他责任人追偿。因所有人、管理人、使用人或者第三人的原因，建筑物、构筑物或者其他设施倒塌、塌陷造成他人损害的，由所有人、管理人、使用人或者第三人承担侵权责任。

此外，《民法典》第 1253 条明确规定，建筑物、构筑物或者其他设施及其搁置物、悬挂物发生脱落、坠落造成他人损害，所有人、管理人或者使用人不能证明自己没有过错的，应当承担侵权责任。所有人、管理人或者使用人赔偿后，有其他责任人的，有权向其他责任人追偿。

建筑物、构筑物或者其他设施致人损害的侵权行为的构成要件是：

（1）须为土地上的由人工营造之物。

（2）须有设置或维护、管理的欠缺，即有过错。设置欠缺是指材料、设计、施工的不当；维护、管理的欠缺，则指维护、修缮的懈怠。

（3）须因建筑物、构筑物或其他设施的欠缺而使他人受到损害。“欠缺”是致使他人损害发生的原因。这一原因，可以是直接的，也可以是间接的。

（4）须没有免责的事由，建筑物、构筑物或其他设施发生倒塌、脱落

造成他人损害的，它的所有人、管理人或者使用人应当承担民事责任，但能够证明自己没有过错的除外。这一方面说明建筑物或其他设施造成损害的民事责任，不适用无过错责任原则，而是适用过错推定原则。

（三）建筑物上的搁置物、悬置物造成损害的侵权行为

建筑物上的搁置物造成损害的侵权行为是指因建筑物上的搁置物、悬挂物发生脱落、坠落造成他人损害，其所有人、管理人或使用人所应承担的赔偿责任的行为。建筑物上的悬置物，是指离开地面的附着建筑物或悬挂在建筑物上的物品，如花盆、清洁用具等。此种侵权行为，在构成要件上，与建筑物或其他设施的倒塌、脱落造成他人损害的侵权行为基本相同。该种侵权行为的归责方式亦实行过错推定原则。对此，《民法典》第1253条有明确规定。

（四）环境污染造成损害的侵权行为

在建设项目施工过程中，违反国家保护环境、防止污染的规定，污染环境造成他人损害的，应当依法承担民事责任。该种侵权行为的归责方式实行无过错责任原则。例如，施工单位在城市市区施工，向周边环境排放的建筑施工噪声超出国家规定的建筑施工场界环境噪声排放标准的，受到环境噪声污染危害的单位和个人，有权要求加害人排除危害；造成损失的，应依法赔偿损失。

对此，《民法典》第1229条规定，因污染环境、破坏生态造成他人损害的，侵权人应当承担侵权责任。第1232条规定，侵权人违反法律规定故意污染环境、破坏生态造成严重后果的，被侵权人有权请求相应的惩罚性赔偿。

（五）侵害公民身体造成损害的侵权行为

在建设项目施工过程中，侵害公民身体造成损害的，应当赔偿医疗费、因误工减少的收入、残废者生活补助费等费用；造成死亡的，应当支付丧葬费、死者生前扶养的人必要的生活费等费用。例如，施工单位将工程违法分包给不具有相应资质和用人单位资格的“包工头”，后者雇佣的雇员在从事施工活动中因安全生产事故遭受人身损害的，施工单位与该

“包工头”构成共同侵权，应当承担连带赔偿责任。《民法典》第 1179 条规定，侵害他人造成人身损害的，应当赔偿医疗费、护理费、交通费、营养费、住院伙食补助费等为治疗和康复支出的合理费用，以及因误工减少的收入。造成残疾的，还应当赔偿辅助器具费和残疾赔偿金；造成死亡的，还应当赔偿丧葬费和死亡赔偿金。

（六）高度危险作业造成损害的侵权行为

高度危险作业造成损害的侵权行为是指从事高度危险作业造成他人损害后果的行为。《民法典》第 1236 条规定，从事高度危险作业造成他人损害的，应当承担侵权责任。该项责任是一种典型的无过错责任，它不以作业人主观上存在过错为条件。其构成要件只包括：

（1）存在高度危险作业的行为。按照《民法典》的规定，包括从事高空、高压、地下挖掘活动或者使用高速轨道运输工具。

（2）存在损害事实。高度危险作业造成了受害人的人身与财产损失。

（3）危险作业行为与损害事实间存在因果关系。即应当证明损害事实是由该危险作业引起。高度危险作业造成他人人身损害的，只要存在损害事实，行为与损害结果之间有因果关系，行为人就应当承担民事责任。即使损害是由受害人的过失或重大过失造成的，也不能免除行为人的民事责任，而只有可能减轻责任。如果行为人能够证明损害是受害人故意或者不可抗力造成的，则不承担民事责任。从事高度危险作业必须获得国家有关部门的特别许可。对此，《民法典》第 1240 条规定，从事高空、高压、地下挖掘活动或者使用高速轨道运输工具造成他人损害的，经营者应当承担侵权责任；但是，能够证明损害是因受害人故意或者不可抗力造成的，不承担责任。被侵权人对损害的发生有重大过失的，可以减轻经营者的责任。

三、侵权责任的承担

侵权责任是指行为人违反法律规定的义务侵害他人权益而应当承担的法律后果，具有强制性。侵权责任主要是一种财产责任，但不限于财产责任。侵权责任的主要承担方式是赔偿损失。赔偿损失的范围既包括财产损害赔偿，也包括精神损害赔偿。而精神损害赔偿是因侵犯自然人人身权益致使受到精神上的痛苦所应承担的民事责任，因此，在建设工程领域侵权责任中一般只涉及财产损害赔偿问题。

（一）侵权损害的赔偿原则

1. 全部赔偿原则

全部赔偿原则是指不论侵权人（加害人）在主观上是出于故意或是过失，也不管加害人是否受到刑事、行政制裁，由被侵权人（受害人）自行选择根据所受财产损失的多少（包括直接损失和间接损失）、精神损害的大小或者侵权人因此获得的利益等，确定赔偿的范围。

2. 限定赔偿原则

在特殊侵权行为的场合，如果实现全部赔偿，可能因赔偿数额巨大而使加害人不堪重负，从而影响加害人为了社会公众利益而进行的经济活动。基于此，在有些特殊情况下，比如环境污染致人损害、高度危险作业致人损害等，依据法律规定实行限定赔偿原则。

3. 惩罚性赔偿原则

惩罚性赔偿原则旨在抑制加害人侵权行为的目的，鲜明地体现了侵权责任法律制度的制裁功能。《民法典》侵权责任编在知识产权侵权、产品责任、环境污染和生态破坏责任中都明确规定了惩罚性赔偿制度。

4. 考虑当事人经济状况的原则

在实行全部赔偿原则时，实际上是以加害人的赔偿能力为实现条件的，如果加害人虽然应当全部赔偿，但又无力全部赔偿时，则不得不在其赔偿能力限度内进行赔偿。

5. 衡平原则

衡平原则是指加害人对侵权事实的发生没有过错或者双方当事人对侵权事实的发生均无过错的情况下，应当由双方当事人公平、合理地分担损失。

（二）损害事实及其赔偿

1. 对财产权利的损害事实及赔偿

侵害财产权的主要形态有：侵占财产和损坏财产。对财产权利的损害事实包括直接损失和间接损失。

直接损失是受害人现有财产的减少，也就是加害人不法侵害受害人的财产权利，致使受害人的现有财产直接受到损失。

间接损失是受害人可得利益的丧失。一般说来，对间接损失的认定需注意如下事项：间接损失是未来的可得利益，而不是既得利益；丧失的这种未来利益是具有实际意义的，是必得的利益不是假设的利益；这种可得利益必须是在一定的范围内的，不可在逻辑关系上无限制扩展。

2. 对人身权利及利益的损害事实及赔偿

侵害人身权的损害事实最终表现为人格利益损害和身份利益损害。

人格利益损害是加害人侵害他人的人格权所造成的损害事实。人格利益损害分为人格利益的有形损害和人格利益的无形损害。

身份利益损害是侵害身份权所造成的损害事实。具体讲，身份利益损害包括：亲情关系的损害、财产利益的损失、精神创伤和痛苦。

对人身权利损害的赔偿理论上有财产损害赔偿和精神损害赔偿两类。对人身权利损害进行财产赔偿的法律依据是《民法典》第1179条的规定："侵害他人造成人身损害的，应当赔偿医疗费、护理费、交通费、营养费、住院伙食补助费等为治疗和康复支出的合理费用，以及因误工减少的收入。造成残疾的，还应当赔偿辅助器具费和残疾赔偿金；造成死亡的，还应当赔偿丧葬费和死亡赔偿金。"对人身权利损害进行精神损害赔偿的法律依据是《民法典》第1183条的规定："侵害自然人人身权益造成严重精神损害的，被侵权人有权请求精神损害赔偿。因故意或者重大过失侵害自然人具有人身意义的特定物造成严重精神损害的，被侵权人有权请求精神损害赔偿。"

（三）过失相抵规则和损益相抵规则

在确定损害赔偿的数额时，必须考虑过失相抵规则和损益相抵规则。

1. 过失相抵规则

过失相抵规则是指被侵权人（受害人）对同一损害的发生或扩大有过错的，可以减轻侵权人（加害人）的赔偿责任的法律规则。该规则实质上增加了被侵权人防止损害扩大的义务，体现了责任承担上的利益平衡。如

《民法典》第1173条规定："被侵权人对同一损害的发生或者扩大有过错的，可以减轻侵权人的责任。"第1240条规定："从事高空、高压、地下挖掘活动或者使用高速轨道运输工具造成他人损害的……被侵权人对损害的发生有重大过失的，可以减轻经营者的责任。"

一般说来，过失相抵规则的适用应具备如下条件：

（1）被侵权人主观上有过错。也就是说，对损害的发生或扩大，受害人主观上存在过错；

（2）被侵权人的过错行为是损害发生或扩大的原因之一；

（3）被侵权人有过失相抵能力，这是说被侵权人对损害的发生或扩大有识别能力；

（4）被侵权人过错造成的扩大损害与侵权人造成损害应当是同一损害。

"同一损害"主要是针对分别侵权行为而言，分别侵权如果造成同一伤害，被侵权人的过错可减轻侵权人各自的责任；如果造成不同损害，则根据损害部位和程度可减轻相应侵权人的责任。

2. 损益相抵规则

损益相抵规则是指受害人基于同一原因受到损害并受有利益，在决定损害赔偿额时，将所受利益从全部损害额中抵销的法律规则。该规则是赔偿责任的范围如何确定问题，并不是两个债权的相互抵销，因此不适用债的抵销规则。它是确定受害人因对方违约而遭受的"净损失"或"真实损失"的规则，而不是减轻违约方本应承担的责任的规则。其法理在于，建立赔偿责任制度的目的，在于补偿受害人因违约而遭受的损失，受害人不得因损害而较损害事故发生前更为优越。

学术界一般认为，损益相抵规则的适用应具备以下三个条件：

（1）损害赔偿之债已经成立。这里的损害赔偿之债既包括侵权损害赔偿之债，也包括违约损害赔偿之债，不构成损害赔偿之债而产生的利益，不能适用损益相抵。

（2）赔偿权利人因同一损害事实而受有利益。赔偿权利人即受害人所受损害和所受利益须出于同一原因，即同一致害原因给受害人造成损害赔偿。并且所受的损害须大于受有的利益。这一要件的关键在于什么利益才应从损失中扣除。一般来讲，应当予以扣减的利益包括毁损残存物之利益、因损害免于支付而节省的费用、原无法获得因损害发生而获得的利益等。

（3）损害事实与所受利益之间有因果关系。对此学术界主要有损益同源说、相当因果关系说和法规目的说三种理论。我们认为，损益同源说不能实现损益相抵的制度目的，且现实中也已经被取代。损益应否相抵，应当以相当因果关系说为原则，以法规目的说为补充。即首先看该损益之间是否存在相当因果关系，然后再分别考量适用或不适用损益相抵是否符合法规目的。

第四章　工程经济法

第一节　工程经济法律关系

一、经济法律关系及其构成要素

经济法律关系是指在各项经济活动过程中，通过法律手段调整的因国家调节社会经济过程中而发生的权利义务关系。①

根据法律手段调整国家经济的不同，可以将经济法律关系分为市场规制法律关系、国家投资经营法律关系、国家宏观调控法律关系（宏观经济运行调节法律关系、宏观经济结构调节法律关系）。②

法律关系的构成要素包括主体、客体、内容三个部分，经济法律关系的构成要素也不例外。

1. 经济法律关系的主体

经济法律关系的主体是通过经济法调整的参与国家经济活动关系的权利义务主体即当事人。换句话说，经济法律关系的主体包括国家经济调节主体与被调节主体两个方面。一切国家机关、企业、事业单位和社会团体、公民个人，都可以成为经济法律关系的主体。

其中经常性与专门性的经济管理主体可以更进一步分为：

---

① 孙从容. 经济法律关系的构成要素探讨［J］. 现代商业，2017（30）：190－191.

② 漆多俊. 经济法基础理论［M］. 武汉大学出版社，2000：105.

（1）市场规制主管机关。如美国的联邦贸易委员会，英国的公平贸易局、垄断与兼并委员会，德国的联邦卡特尔局，中国的国务院反垄断委员会、商务部的反垄断局等。

（2）国有资产投资经营管理机关。如英国的国有化工业特别委员会，意大利的国家参与部，中国的各级国有资产管理委员会。

（3）国家宏观调控职能机关。如中国的国家发改委、财政部、中国人民银行、国家税务总局等。

2．经济法律关系的客体

经济法律关系的客体是指经济法主体双方在国家经济调节管理中的权利、义务所共同指向的对象。主要包括物、经济行为和智力成果。漆多俊教授指出，国家经济调节法律关系客体是一种特定行为，如特定的经营行为，或特定的计划行为、财政行为、金融行为、价格行为等一种特定的经济性行为。[①]

3．经济法律关系的内容

经济法律关系的内容是指在经济活动过程中法律关系主体所享有的经济权利和在经济活动中承担的经济义务。任何法律关系的主体都离不开权利和义务，在有关经济活动中更是如此，权利和义务是为了主体而服务的。具体而言，在经济法律关系中经济权利以经济义务为保障，而经济义务是经济权利的表现。

二、工程经济法律关系

工程经济法律关系是指经济法在建设工程领域进行国家调节时所形成的社会关系，通过经济法律手段对特定的工程关系进行管控和调整，就形成工程经济法律关系。

（一）工程经济法律关系的体系

1．工程市场规制法

（1）工程反不正当竞争法。如工程招投标项目中的挂靠、串标围标行

---

① 漆多俊．经济法基础理论［M］．武汉：武汉大学出版社，2000：121．

为就是不正当竞争行为。

（2）工程反垄断法。通过运用法律将工程领域中用不合理的手段如故意扩大或缩小企业规模、竞争者数量、对竞争者实行控制等方式恶意排除竞争的行为进行规制。如在 PPP（公私合作模式）项目中，政府一方强制要求建设经营方购买本地建筑材料，甚至指定本地建筑商分包施工任务，从而不恰当地排除外地材料商、分包商进入本地市场。2019 年国家市场监督管理总局反垄断局发布了《关于召开建材领域垄断行为告诫会的通知》，通知包括中国建材、海螺水泥、冀东水泥、华润水泥、华新水泥、山水水泥公司等建设领域涉及垄断行为的公司被要求到会说明情况。

2. 工程国家投资法

国家为了改善基础设施建设，往往会出台一些基本建设国家投资规范。如《国务院关于投资体制改革的决定》中规定：改进投资宏观调控方式，综合运用经济的法律的和必要的行政手段，对全社会投资进行以间接调控方式为主的有效调控。2008 年金融危机期间，国家投资四万亿刺激经济，建设工程领域中的国有企业如中国铁建股份有限公司、中国建筑工程总公司、中国化学工程集团公司等企业，各级国资委下的政府平台公司如城建投、交建投、水建投、教建投公司等政府公司都参与了投资。其中廉租房、棚户区改造等保障性住房建设，投资农村水电路气房等民生工程和基础设施建设，铁路、公路、机场、水利等重大基础设施建设和城市电网改造、灾后重建等项目都与建设工程直接相关，总计达到 32700 亿，占四万亿投资计划总额的 82%。

随着我国经济的不断发展，各级政府开始重视城市建设过程中的旧城区改造，把旧城区的改造工作纳入了发展规划。旧城改造的过程不能简单地理解为城市的翻新。[①] 建设过程是一个政府、消费者和开发商等多方利益平衡的过程，建设过程中需要加强基础设施的投入，同时调整城市的功能区划，保证城市功能更加完善、更加美观，因此国家针对旧城区工程改造发布了一些规范性文件，例如 2014 年 7 月 21 日国务院办公厅《关于进

① 石宇. 中国城市化过程中旧城改造的问题与对策研究［J］. 中国市场，2018（27）：36－38.

一步加强棚户区改造工作的通知》提出，中央企业在内的国有企业棚户区纳入改造规划，重点安排资源枯竭型城市、独立工矿区和三线企业集中地区棚户区改造，优先改造连片规模较大、住房条件困难、安全隐患严重、群众要求迫切的棚户区；财政部、住房和城乡建设部2016年12月出台的《中央财政农村危房改造补助资金管理办法》提出，加强老少边穷地区基础设施投资规范，灾区基础设施重建国家投资规范，农村危旧房改造国家投资规范。

3. 工程宏观调控法

(1) 工程税法。与工程建设有关的税可统称工程税。近些年由于我国房地产企业发展迅猛，国民购房的需求大大增加，更是促进了我国财政税收的提高。[①] 房地产开发企业主要涉及的税种有：5%营业税、7%的城市维护建设、5%的教育费附加、土地增值税、房产税、印花税、企业所得税、个人所得税以及契税等各种税种。

建筑施工企业应交税款主要有：增值税，一般纳税人适用11%的税率，小规模纳税人则适用3%的征收率；城市维护建设税，按实际缴纳的增值税税额计算缴纳，适用税率分别为7%（城区）、5%（郊区）、1%（农村）；印花税，根据合同缴纳，参照印花税税目对应不同税率；企业所得税，适用税率25%。

为吸引更多的社会资金投入保障性住房，如廉租住房、经济适用住房和公共租赁住房等政府为中低收入住房困难家庭所提供的限定标准、限定价格或租金的住房，财政部、国家税务总局出台的《关于廉租住房经济适用住房和住房租赁有关税收政策的通知》（财税〔2008〕24号）中指出：对廉租住房、经济适用住房建设用地免征土地使用税；廉租住房经营管理单位按照政府规定价格、向规定保障对象出租的廉租住房用地，免征城镇土地使用税；开发商在经济适用住房、商品住房项目中配套建造廉租住房和经济适用住房，如能提供政府部门出具的相关材料，可按廉租住房、经济适用住房建筑面积占总建筑面积的比例免征城镇土地使用税等。

---

① 吴夫娟. 浅谈房地产开发企业土地增值税税收筹划［J］. 财会学习，2020（03）：171－172.

《财政部国家税务总局关于棚户区改造有关税收政策的通知》（财税〔2013〕101 号），对城市棚户区改造项目涉及的城镇土地使用税、印花税、土地增值税、契税、个人所得税等进行减免。

对改造安置住房建设用地免征城镇土地使用税。对改造安置住房经营管理单位、开发商与改造安置住房相关的印花税以及购买安置住房的个人涉及的印花税予以免征。在商品住房等开发项目中配套建造安置住房的，依据政府部门出具的相关材料、房屋征收（拆迁）补偿协议或棚户区改造合同（协议），按改造安置住房建筑面积占总建筑面积的比例免征城镇土地使用税、印花税。

企事业单位、社会团体以及其他组织转让旧房作为改造安置住房房源且增值额未超过扣除项目金额 20% 的，免征土地增值税。

对经营管理单位回购已分配的改造安置住房继续作为改造安置房源的，免征契税。

个人首次购买 90 平方米以下改造安置住房，按 1% 的税率计征契税；购买超过 90 平方米，但符合普通住房标准的改造安置住房，按法定税率减半计征契税。

个人因房屋被征收而取得货币补偿并用于购买改造安置住房，或因房屋被征收而进行房屋产权调换并取得改造安置住房，按有关规定减免契税。个人取得的拆迁补偿款按有关规定免征个人所得税。

（2）工程财政补贴法。国家、地方政府向当地企业提供财政补贴的目的在于提高企业效率或社会效益。企业效率包括鼓励企业提高科研、生产技术的动力、企业绩效等，而社会效益包括提高就业和税收补贴等。① 在建设工程领域的财政补贴法主要包括国家与地方财政对从事棚户区改造、农村危旧房改造、老少边穷基础设施建设、保障房建设等的社会投资商进行财政补贴的一些相关的法律法规措施。

（3）工程转移支付法。转移支付（又称转移支出、无偿支出）是中央政府把以税收等形式筹集上来的资金按一定的比例无偿转移给地方政府的

① 余明桂，等. 政治联系、寻租与地方政府财政补贴有效性［J］. 经济研究，2010（3）：65－77.

一种财政支出。转移支付这一概念最早提出是为了缩小地区间因经济发展差异造成的财力和公共支出水平的差距，从而均衡地区间的公共服务水平。①

《预算法》第16条规定，国家实行财政转移支付制度。财政转移支付应当规范、公平、公开，以推进地区间基本公共服务均等化为主要目标。财政转移支付包括中央对地方的转移支付和地方上级政府对下级政府的转移支付，以为均衡地区间基本财力、由下级政府统筹安排使用的一般性转移支付为主体。按照法律、行政法规和国务院的规定可以设立专项转移支付，用于办理特定事项。建立健全专项转移支付定期评估和退出机制。市场竞争机制能够有效调节的事项不得设立专项转移支付。上级政府在安排专项转移支付时，不得要求下级政府承担配套资金。但是，按照国务院的规定应当由上下级政府共同承担的事项除外。《预算法》第31条规定，中央预算和有关地方政府预算中安排必要的资金，用于扶助经济不发达的民族自治地方、革命老根据地、边远、贫困地区发展经济文化建设事业。据统计，2001年至2013年，中央财政累计安排革命老区转移支付276亿元。2000年至2013年，中央财政累计下达民族地区转移支付总额为2853亿元。

（4）工程货币政策法。经济学理论指出，货币政策对经济系统产生的影响主要有两方面：其一是利率，其二是信贷，二者共同影响公司的投资环境。为了实现货币政策目标，我们需要有效的货币政策工具，主要包括：存款准备金率、贴现率、公开市场业务等。其中，公开市场业务是指中央银行通过买进或卖出有价证券，吞吐基础货币，调节货币供应量的活动。与一般金融机构所从事的证券买卖不同，中央银行买卖证券不是为了盈利，而是为了调节金融机构流动性水平。具体而言，当中央银行认为经济过热需要紧缩货币时，便将证券卖出以回笼基础货币，减少金融机构可用资金的数量；而在经济不景气需要放松银根时，便买入证券，扩大基础货币供应，扩大货币流通量从而达到刺激投资需求的目的。② 对于建设工

① 黄蓉．中国财政转移支付制度改革研究［J］．金融经济，2019（20）：6－10.

② 靳庆鲁，等．货币政策、民营企业投资效率与公司期权价值［J］．经济研究，2012（5）：96－106.

程领域，中央银行运用同样的货币政策工具引导社会资本方投资住宅工程建设项目。就通常情况来讲，当央行下调存款准备金利率，市场流动性充裕时，较多的社会投资方都会选择在住宅工程领域进行投资。如在2008年至2016年这段时期，我国经历了三次货币政策宽松期。三次货币宽松期间释放了大量资金，刺激了社会投资方将目光转向了房地产市场，使得住宅房地产市场迅速发展。

《国务院办公厅关于进一步加强棚户区改造工作的通知》（国办发〔2014〕36号）规定，加大金融支持力度，进一步发挥开发性金融作用。国家开发银行成立住宅金融事业部，重点支持棚户区改造及城市基础设施等相关工程建设。鼓励商业银行等金融机构按照风险可控、商业可持续的原则，积极支持符合信贷条件的棚户区改造项目。纳入国家计划的棚户区改造项目，国家开发银行的贷款与项目资本金可在年度内同比例到位。对经过清理整顿符合条件的省级政府及地级以上城市政府融资平台公司，其实施的棚户区改造项目，银行业金融机构可比照公共租赁住房融资的有关规定给予信贷支持。各地要建立健全信贷偿还保障机制，确保还款保障得到有效落实。推进债券创新，支持承担棚户区改造项目的企业发行债券，优化棚户区改造债券品种方案设计，研究推出棚户区改造项目收益债券；与开发性金融政策相衔接，扩大“债贷组合”用于棚户区改造范围；适当放宽企业债券发行条件，支持国有大中型企业发债用于棚户区改造。通过投资补助、贷款贴息等多种方式，吸引社会资金，参与投资和运营棚户区改造项目，在市场准入和扶持政策方面对各类投资主体同等对待。支持金融机构创新金融产品和服务，研究建立完善多层次、多元化的棚户区改造融资体系。

（二）工程经济法律关系的构成要素

1. 工程经济法律关系的主体

所谓工程经济法律关系的主体是指在建设工程领域内通过经济法调整的参与国家经济活动关系的权利义务主体。[①] 在建设工程领域中，政府、

---

① 隋洪明．经济法学主体的梳理、规范与拓展［J］．经济法研究，2014（2）：90－96．

企业、社会组织及公众都应当受到工程经济法的调整；其中相关的政府主要包括：国务院反垄断委员会、国家市场监督管理总局反垄断局、国家市场监督管理总局、国家发改委、财政部、国家税务总局等。

2. 工程经济法律关系的客体

工程经济法律关系的客体是指建设工程项目中相关的法律关系主体履行权利义务所指向的对象，即调控建设工程领域内相关主体之间的特定经济行为。构成工程经济法律关系的客体行为应该符合以下两个方面的要求：一是必须是在建设工程领域内由国家干预经济的相关行为；二是必须是与建设工程有关的符合经济法律、法规内容的行为。具体而言包括调控主体在建设工程项目投资过程中所做的决策行为、项目执行与监督行为等行为；被调节主体依法缴纳工程税费、依法投资等特定行为。

3. 工程经济法律关系的内容

工程经济法律关系的核心要素是其内容。工程经济法律关系的内容是建设工程项目的相关参与主体具体享有的权利和需要承担的义务，间接体现了主体的要求和利益。

第二节　工程项目政府投融资法

一、工程项目政府投融资的基本模式

工程项目融资随着工程领域的迅速发展而成为一种新兴的投融资模式在全国范围内兴起并日益得到政府和社会投资方的重视。工程项目投资是否具有可行性以及是否成功，取决于项目投融资。但因工程项目的特点较为明显，尤其是大型建设工程项目和重要基础设施项目由于其建设周期长、风险高、资金需求量大，对项目投融资能力要求也相对较高。在进行项目施工时会面临多种风险，如果不能保证对融资模式的正确选择就极易产生项目风险问题。因此，国家对工程项目的投融资往往采取以下四种模式：通过国有企业直接投资工程项目、政府财政直接拨款、政府借债、政

府与社会资本合作。

（一）通过国有企业直接投资工程项目

这类模式是各级国资委直接通过所属国有企业如城市建设投资管理有限公司、交通建设投资管理公司、教育建设投资管理有限公司、水利建设投资管理有限公司等向建设项目和基础设施进行投融资。

（二）政府财政直接拨款

财政部门将财政资金或者专项收入拨给企业用于购建固定资产或进行技术改造等作为财政专项直接拨款。如鼓励企业安置职工就业而给予的奖励款项，拨付企业的粮食定额补贴，拨付企业开展研发活动的研发经费等，均属于财政拨款。又如《城市房地产管理法》第 19 条规定："土地使用权出让金应当全部上缴财政，列入预算，用于城市基础设施建设和土地开发。土地使用权出让金上缴和使用的具体办法由国务院规定。"

（三）政府借债

随着地方政府发展经济的需求越来越大，地方政府还可以通过借债来弥补财政收支缺口。通过借债的方式不仅能够促进地方建设项目、基础设施建设的发展，改善民生环境，还可以起到经济调控作用，改善地方经济结构。

《预算法》第 34 条规定：中央预算中必需的建设投资的部分资金，可以通过举借国内和国外债务等方式筹措，但是借债应当有合理的规模和结构。《预算法》第 35 条规定：经国务院批准的省、自治区、直辖市的预算中必需的建设投资的部分资金，可以在国务院确定的限额内，通过发行地方政府债券举借债务的方式筹措。除前款规定外，地方政府及其所属部门不得以任何方式举借债务。

为完善地方政府专项债券管理，规范政府收费公路融资行为，建立收费公路专项债券与项目资产、收益对应的制度，促进政府收费公路事业持续健康发展，财政部和交通运输部制定并发布了《地方政府收费公路专项债券管理办法（试行）》（财预〔2017〕97 号）。政府收费公路是指根据相关法律法规，采取政府收取车辆通行费等方式偿还债务而建设的收费公路，主要包括国家高速公路、地方高速公路及收费一级公路等。地方政府收费公路专项债券（以下简称收费公路专项债券）是地方政府专项债券的一个品种，是指地方政府为发展政府收费公路，以项目对应并纳入政府性基金预算管理的车辆通行费收入、专项收入偿还的地方政府专项债券。前款所称专项收入包括政府收费公路项目对应的广告收入、服务设施收入、收费公路权益转让收入等。

（四）政府与社会资本合作

1. PPP 模式

《政府和社会资本合作项目财政管理暂行办法》（财金〔2016〕92 号）第 3 条规定，各级财政部门应当会同相关部门，统筹安排财政资金、国有资产等各类公共资产和资源与社会资本开展平等互惠的 PPP 项目合作，切实履行项目识别论证、政府采购、预算收支与绩效管理、资产负债管理、信息披露与监督检查等职责，保证项目全生命周期规范实施、高效运营。通过该暂行办法可以看到，政府以 PPP 模式将公共服务以及基础设施建设运用到市场中。在这个过程中政府具有双重属性，既是提供公共服务的管理者又是合同的相对方。在这个过程中，一方面政府以公权力机关的身份存在，在工程项目中充当设计者、合同授予者与监管者的身份，起到保护公共利益、监督政府部门的作用；另一方面政府部门在 PPP 模式中作为项目合同的参与者参与到合同中。PPP 模式的优势在于能够通过政府与社会资本方的合作引入市场机制，推动经济的发展提供公共服务产品，PPP 项目合同是双方平等磋商达成双赢的产物。①

《财政部关于推进政府和社会资本合作规范发展的实施意见》（财金〔2019〕10 号）中明确指出，规范的 PPP 项目属于公共服务领域的公益性项目，合作期限原则上在 10 年以上，按规定履行物有所值评价、财政承受能力论证程序；社会资本方负责项目投资、建设、运营并承担相应风险，而政府承担政策、法律等风险；建立完全与项目产出绩效相挂钩的付费机

① 刘梦祺. 政府与社会资本合作中政府角色冲突之协调［J］. 法商研究，2019（2）：89－100.

制，不得通过降低考核标准等方式，提前锁定、固化政府支出责任；当项目资本金额符合国家规定比例时，项目公司股东以自有资金按时足额缴纳资本金；政府方签约主体应为县级及县级以上人民政府或其授权的机关或事业单位；按规定纳入全国 PPP 综合信息平台项目库，及时充分披露项目信息，主动接受社会监督。

该实施意见中还对 PPP 项目中的负面清单进行了相应的规制。如存在政府方或政府方出资代表向社会资本方回购投资本金、承诺固定回报或保障最低收益的情形；通过签订阴阳合同，政府方或政府方出资代表为项目融资提供各种形式的担保、还款承诺等方式，由政府实际兜底项目投资建设运营风险的；本级政府所属的各类融资平台公司、融资平台公司参股并能对其经营活动构成实质性影响的国有企业作为社会资本参与本级 PPP 项目的；社会资本方实际只承担项目建设、不承担项目运营的责任，或存在政府支出事项与项目产出绩效脱钩的情况；未经法定程序选择社会资本方的；未按规定通过物有所值评价、财政承受能力论证或规避财政承受能力 10% 红线，自行以 PPP 名义实施的；以债务性资金充当项目资本金，虚假出资或出资不实的；未按规定及时充分披露项目信息或披露虚假项目信息，严重影响公众行使知情权和社会监督权的情况。

2. 其他引导社会资本投资的方式

政府为了更加有效地吸引社会资本方的投资，相继出台了一些管理条例和通知。如为了吸引社会资本方对房地产开发项目的投资而出台了《城市房地产开发经营管理条例》，明确指出房地产开发项目应当建立资本金制度，资本金占项目总投资的比例不得低于 20%。在 2004 年 4 月，国务院下发了《关于调整部分行业固定资产投资项目资本金比例的通知》（国发〔2004〕13 号），将房地产开发项目（不含经济适用住房项目）资本金最低比例由 20% 提高到 35%。这一通知的目的在于加强宏观调控经济，调整和优化经济结构，促进社会资本方的积极投资。

2009 年 5 月 25 日，国务院常务会议决定调整固定资产投资项目资本金比例，将保障性住房和普通商品住房项目的最低资本金比例调整为 20%，其他房地产开发项目的最低资本金比例为 30%。这一调整的目的在于能够更迅速地解决当前在工程项目中融资难、融资贵的问题，扩大有效投资需求，调整投资结构，使我国经济平稳发展。①

二、政府投融资项目管理

（一）政府投融资项目的预算管理

虽然国家投融资项目的发展对经济的发展有一定的促进作用，但投融资活动也在一定程度上打破了预算底线，破坏了国家财政的稳定性。因此国家通过建立投融资项目的预算管理，以规范政府投融资的行为，降低投融资过程中的财政风险。关于投融资项目的预算管理的相关法条主要有：

《预算法》第35条明确指出，地方各级预算按照量入为出、收支平衡的原则编制，除本法另有规定外，不列赤字。经国务院批准的省、自治区、直辖市的预算中必需的建设投资的部分资金，可以在国务院确定的限额内，通过发行地方政府债券举借债务的方式筹措。举借债务的规模，由国务院报全国人民代表大会或者全国人民代表大会常务委员会批准。省、自治区、直辖市依照国务院下达的限额举借的债务，列入本级预算调整方案，报本级人民代表大会常务委员会批准。举借的债务应当有偿还计划和稳定的偿还资金来源，只能用于公益性资本支出，不得用于经常性支出。除前款规定外，地方政府及其所属部门不得以任何方式举借债务。除法律另有规定外，地方政府及其所属部门不得为任何单位和个人的债务以任何方式提供担保。国务院建立地方政府债务风险评估和预警机制、应急处置机制以及责任追究制度。国务院财政部门对地方政府债务实施监督。

《预算法》第36条规定，各级预算收入的编制，应当与经济社会发展水平相适应，与财政政策相衔接。

《预算法》第39条规定，中央预算和有关地方预算中应当安排必要的资金，用于扶助革命老区、民族地区、边疆地区、贫困地区发展经济社会

① 胡祖铨．固定资产投资项目资本金制度研究［J］．宏观经济管理，2015（11）：76－78．

建设事业。

《政府采购法》第 2 条规定，本法所称政府采购是指各级国家机关、事业单位和团体组织，使用财政性资金采购依法制定的集中采购目录以内的或者采购限额标准以上的货物、工程和服务的行为。本法所称工程是指建设工程，包括建筑物和构筑物的新建、改建、扩建、装修、拆除、修缮等。

（二）政府投融资项目的招标管理

在工程招投标项目中，招标管理环节是项目进行招投标的必要环节之一。因此，应当对招标管理环节进行管制，提高招标管理工作的水平和质量，使项目招投标工作顺利进行。对此，《招标投标法》第 3 条规定："在中华人民共和国境内进行下列工程建设项目包括项目的勘察、设计、施工、监理以及与工程建设有关的重要设备、材料等的采购，必须进行招标：大型基础设施、公用事业等关系社会公共利益、公众安全的项目；全部或者部分使用国有资金投资或者国家融资的项目；使用国际组织或者外国政府贷款、援助资金的项目。前款所列项目的具体范围和规模标准，由国务院发展计划部门会同国务院有关部门制订，报国务院批准。法律或者国务院对必须进行招标的其他项目的范围有规定的，依照其规定。"

（三）政府投融资项目的担保管理

2019 年 6 月 20 日，住房和城乡建设部、国家发展和改革委员会等 6 个部门印发《关于加快推进房屋建筑和市政基础设施工程实行工程担保制度的指导意见》，该指导意见提出要通过加快推进实施工程担保制度，加快推行投标担保、履约担保、工程质量保证担保和农民工工资支付担保等多种担保。在建设工程项目中，建立担保制度是十分必要的。一方面通过担保制约项目双方参与者的利益，提高自觉履行约定的意识；另一方面建立担保制度可以降低建设项目的资金风险，从而使得合同顺利履行。《民法典》第 395 条明确规定，债务人或者第三人有权处分的下列财产可以抵押：建筑物和其他土地附着物；建设用地使用权；海域使用权；生产设备、原材料、半成品、产品；正在建造的建筑物、船舶、航空器；交通运输工具；法律、行政法规未禁止抵押的其他财产。抵押人可以将前款所列财产一并抵押。

但在设定工程担保时，必须遵守以下法律的禁止性规定：

《民法典》第683条规定，机关法人不得为保证人，但是经国务院批准为使用外国政府或者国际经济组织贷款进行转贷的除外。以公益为目的的非营利法人、非法人组织不得为保证人。

《民法典》第399条规定，下列财产不得抵押：土地所有权；宅基地、自留地、自留山等集体所有土地的使用权，但是法律规定可以抵押的除外；学校、幼儿园、医疗机构等为公益目的成立的非营利法人的教育设施、医疗卫生设施和其他公益设施；所有权、使用权不明或者有争议的财产；依法被查封、扣押、监管的财产；法律、行政法规规定不得抵押的其他财产。

《住房公积金管理条例》第28条第2款规定，住房公积金管理中心不得向他人提供担保。

第三节　工程财税法

一、工程税法主要制度

2016年财政部、国家税务总局发布了《关于全面推开营业税改征增值税试点的通知》（财税〔2016〕36号），该通知指出要全面推开营改增试点，并且将税收的范围进一步扩大了，纳入建筑业、房地产业、金融业、生活服务业等全部原营业税。

随着税收范围的扩大，我国关于税收的相关立法也在逐步完善之中，如十三届全国人大常委会立法规划中，将房地产税法、增值税法、消费税法、资源税法、关税法、城市维护建设税法、耕地占用税法、车辆购置税法、契税法、印花税法、个人所得税法在内的11部税法，提请人大常委会审议。除人人所得税法属于修法之外，其余都是在保持现行税制框架和税负水平总体不变的前提下，将暂行条例上升为法律。其实早在2009年的《城市房地产管理法》第29条中就对房地产等企业出台了税收优惠政策："国家采取税收等方面的优惠措施鼓励和扶持房地产开发企业开发建设居民住宅。"随着税收法定进程的加快，与建设工程领域有关的房地产税法、城市维护建设税法、增值税法等将会尽快完成立法进程。

我国税法的基本制度主要有税收法定制度、税收公平制度、税收效率制度和实质课税制度。这些制度同样适用于建设工程领域。从建设工程法律关系主体的角度，主要涉及以下两项基本制度。

（一）税收法定制度

所谓税收法定制度是指税收主体必须依法且仅依法律的规定征税，纳税主体必须依法且仅依法律的规定纳税。第一，税种法定。如果某一税种没有相应的法律规定，政府则不能征税，公民也没有纳税的义务。目前，对建设工程领域而言，法律所规定的税种主要有：增值税；城市维护建设税；教育费附加、地方教育附加；印花税；企业所得税；房产税；个人所得税；土地使用税等。同时，纳税人享有法律规定的权利也必须严格依照法律规定履行依法纳税等义务。第二，税收要素法定。税收要素包括征税主体、纳税主体、征税对象、税率、纳税环节、纳税期限和地点、减免税、税务争议以及税收法律责任等内容。税收要素是税收关系得以具体化的客观标准，是其得以全面展开的法律依据。因此它是税收法定制度的核心内容。第三，税收程序法定。税收关系中的实体权利义务得以实现所依据的程序要素必须经法律规定，并且征纳主体各方均须依法定程序行事。

（二）税收公平制度

税收公平制度是指国家征税应使各个纳税人的税负与其负担能力相适应，并使纳税人之间的负担水平保持平衡。包括横向公平和纵向公平两个方面。前者是指经济能力或纳税能力相同的人应当缴纳数额相同的税收，亦即应该以同等的课税标准对待经济条件相同的人；后者是指经济能力或者纳税能力不同的人应当缴纳数额不同的税收，亦即应以不同的课税标准对待经济条件不同的人。对建设工程领域而言，税收公平制度要求对招标方、工程施工方、房屋买卖双方等主体给予合理且无差别的对待，使其权利与义务相对应。

二、工程会计基本制度

在建设工程领域，因涉及工程的设计、发包、施工、监管等多个复杂的环节，加上建设工程项目具有投资金额巨大、周期寿命长、项目涉及利益相关方繁多等特点，因此需要控制工程项目的成本，进行精细化管理。而建设工程项目诸如成本预算、成本控制、成本监督与成本核算等都需要工程会计法等相关法律法规进行规制。在建设工程项目的会计监督与管理中，既要有政府和社会的监督，也要加强对会计人员的有效管理，只有这样才能使建设工程项目能够有效运行。

根据《会计法》的规定，建设工程领域有关的会计基本制度主要包括以下四项：

（一）工程财务审批制度

建设工程企业为了规范财务管理，建立健全内部管理制度，应根据《会计法》和《工程施工企业会计制度》制定财务审批制度。因为建设工程项目需要经历工程设计、对工程进行预算、财务部进行询价并审批等流程，并且当项目发包后根据进度还需按合同约定，按时收取工程款。随后，工程材料的采购、人员的工资等都需要经费支出。因此，建立财务审批制度就非常必要。该制度的目的在于提高经济效益，将成本管理加以控制，确保公司资产安全、真实、完整，最终实现建设工程企业利润的最大化。

（二）工程采购管理制度

建立工程采购管理制度的目的在于加强建设工程项目应付账款的管理，规范付款行为，防范对应付账款管理过程中的差错和舞弊。在采购环节，需要根据所需的建材等建立采购价格表，在同等质量的前提下按低价采购。对于一些工程需要分包的情况下进行招投标并签订合同的，应当交企业财务部进行备案。

（三）工程项目成本管理制度

建设工程项目施工需要对每一个项目的成本进行管理，包括项目成本预测、项目成本实施、项目成本分析和项目成本考核。建设工程项目的资金往往额度大，需要对每一个环节加以计划使其以较少的资金投入获得最大的利润，充分利用科学的管理手段，合理进行资源配置，提高经济效益。

（四）工程项目会计人员责任制度

建设工程项目施工过程中资金的流动大，需要会计人员编制资产负债表、利润表、现金流量表等会计报表。在日常工作中，须按照建设工程企业所规定的管理制度记账、结账、报销，做到手续完备，内容真实，数字准确、账目清楚、日清月结、按月编制会计报表及时上报。

三、工程审计基本制度

工程审计是指审计机构依据国家《审计法》等法律法规和财务制度、企业的经营方针、管理标准和规章制度，对建设工程项目概、预算在执行中是否超支，有无隐匿资金、截留基建收入和投资包干结余，以及有无以投资包干结余的名义私分基建投资的违纪行为等，用科学的方法和程序进行审核检查，判断其是否合法、合理和有效，以及发现错误、纠正弊端、防止舞弊、改善管理，保证建设工程项目目标顺利实现的活动。工程审计独立于项目组织之外，审计人员与项目组织无任何直接的行政或经济关系。

工程审计是以建设工程项目为标的，以会计师、审计师为主要从业人员。

工程审计包括工程造价审计和竣工财务决算审计两大类型。

造价审计一般是对单项、单位工程的造价进行审核，其审计过程与乙方的决算编制过程基本相同，由造价工程师完成。

对于建设单位来说，由于造价审计只是对合同造价进行单项审核，而一个建设工程项目是由很多单项组成的，许多单项支出如前期开发费用、工程管理杂费等是不需要造价审计的，所以还需要有一个竣工财务决算审计。这要由注册会计师来完成。

所有行政、事业单位的政府性投资建设项目都要经过造价审计和财务决算审计。房地产开发企业等非政府性投资的建设项目，规模较大而且涉及的利害关系人较多的，必须进行工程造价审计。

根据《审计法》的规定，建设工程领域有关的审计基本制度主要包括以下三项：

（一）依法审计制度

依法审计制度是指审计机关和审计工作人员应当严格依照法律规定行使审计监督权，开展各项审计活动。《审计法》第 3 条规定：审计机关依据有关财政收支、财务收支的法律、法规和国家其他有关规定进行审计评价，在法定职权范围内作出审计决定。审计机关开展审计活动所依据的法律主要有三类：一是《审计法》及其实施条例和其他有关审计监督的法律、法规、规章，主要规定审计机关职责、权限和审计程序等；二是有关财政、财务收支和经济管理方面的法律、法规、规章，主要规定审计评价财政、财务收支的依据，对违反国家规定的财政、财务收支行为处理、处罚适用的条件，以及处理、处罚种类和幅度等；三是解决审计争议，确定审计机关违法行使职权应承担相应责任的法律、法规，如行政诉讼法、国家赔偿法、行政复议法等。依法审计原则要求审计机关必须依照这些法律的规定实施审计监督。

依法审计原则的内容主要有以下四个方面：

（1）审计机关的职权只能由法定的审计机关行使；

（2）审计机关必须依法作出审计结果；

（3）审计结果必须有事实依据和法律依据；

（4）对审计争议事项必须通过法定的方式和途径解决。对审计争议事项，法律规定了三种解决途径和方式：一是向上一级审计机关或本级人民政府申请复议，通过行政复议解决审计争议；二是向人民法院起诉，通过行政诉讼解决争议；三是向有关机关提出申诉，通过办理申诉事项解决审计争议。在解决审计争议过程中，审计机关必须维护被审计单位和有关人员的申请复议、起诉和申诉权利以及其他合法权益。

（二）独立审计制度

《审计法》第 5 条规定，审计机关依照法律规定独立行使审计监督权，不受其他行政机关、社会团体和个人的干涉。第 11 条规定，审计机关履行职责所必需的经费，应当列入财政预算，由本级人民政府予以保证。第 15 条规定，审计人员依法执行职务，受法律保护。任何组织和个人不得拒绝、阻碍审计人员依法执行职务，不得打击报复审计人员。审计机关负责人依照法定程序任免。审计机关负责人没有违法失职或者其他不符合任职条件的情况的，不得随意撤换。地方各级审计机关负责人的任免，应当事先征求上一级审计机关的意见。可见，《审计法》从审计机关组织、职能独立，审计机关经费独立，审计人员独立方面，保障审计监督权的独立行使。

（三）客观公平制度

《审计法》第 6 条规定，审计机关和审计人员办理审计事项，应当客观公正，实事求是，廉洁奉公，保守秘密。客观公正就是要求审计机关在行使审计监督权时必须公平、正当、实事求是，它是审计人员职业道德的重要内容。客观公正原则主要体现在以下三个方面：一是审计机关和审计人员在执行审计公务时，应对被审计单位保持客观的地位，特别是审计人员收集证明材料，应当客观公正，实事求是，防止主观臆断，保证证明材料的客观性。审计报告和审计决定以及审计意见书都应坚持公正和客观的态度。二是审计人员对其在执行公务中知悉的国家秘密和被审计单位的商业秘密，负有保密的义务。三是审计人员在办理审计事项时，与被审计单位或者审计事项有利害关系的，应当主动回避。实行审计回避制度，目的是为了防止审计人员利用职权徇私舞弊，也可避免嫌疑，确保审计执法的公正性。

第四节　工程安全生产法

一、工程安全生产法概述

（一）工程安全生产法的范围

工程安全生产法是与工程安全生产有关的法律规范的总称，它既包括法律、行政法规，也包括地方性法规和部门规章。从专业的角度讲，具有专业性质的安全管理规范、技术规范也属于安全生产法的范围。

工程安全生产法的范围依赖于工程概念的界定。对于工程的概念在本书第一章工程法学概述中已作详细阐述，大体上可以从工程类别和工程建设过程两个方面来界定。从工程类别的角度来看，土木工程属于“工程”的范畴自不必问，但是其他如机械工程、化学工程、计算机工程等都属于“工程”；即便从狭义的角度将工程定义为土木工程，其范围也非常广泛，常见的如房屋建筑工程、水利工程、铁路工程、公路工程等。从工程建设过程来看，工程建设的过程包括立项决策、勘察设计、建设准备、工程施工、竣工验收、运行评价几个阶段。根据对工程概念的狭义理解，本节将讨论的范围限定在土木工程领域，并且仅限于工程施工阶段，由于工程施工阶段的安全生产与勘察设计、工程招投标有一定的联系，因此也会涉及少量相关内容。

基于上述认识，我们认为工程安全生产法除了《中华人民共和国安全生产法》《建设工程安全生产管理条例》《安全事故报告和调查处理条例》等法律、行政法规以外，还包括如《建筑施工企业安全生产许可证管理规定》《特种作业人员安全技术培训考核管理规定》等部门规章以及《施工现场安全防护用具及机械设备使用监督管理规定》《危险性较大的分部分项工程安全管理办法》等指导性文件。另外，一些与工程安全有关的专业规范、标准也属于工程安全生产法的范围，例如《钢丝绳电动葫芦安全规程》《起重机械安全规程》等。

由于工程安全问题与工程质量问题有一定的关联性，因此一些关于工程质量的勘察、设计、施工的法律、法规、部门规章、质量规范、质量标准等的相关内容也可以纳入工程安全生产法的范围，但将在工程质量法一节中进行阐述。

（二）工程安全生产的价值定位

任何学科都是以基本问题为核心形成的知识体系，对工程安全生产的价值定位进行分析有助于人们认识工程安全生产法在工程法学知识体系中的地位。工程安全生产的价值定位基于人身权优于自由权和财产权的逻辑。从工程安全生产在工程建设要素系统中的地位、工程质量管理与工程安全生产的关系、工程安全生产的保障强度的角度看，工程安全生产的价值在工程法学的价值体系里占有核心地位。

1. 工程安全生产在工程建设要素系统中占有核心地位

工程建设活动是一个系统性活动，一般包括质量控制、成本（投资）控制、进度控制、安全管理、合同管理、信息管理、组织协调等方面的内容，业内通常称为“三控制”“三管理”“一协调”。这些内容可以分为实质性内容和程序性内容，合同管理、信息管理、组织协调属于程序性内容，而质量控制、成本（投资）控制、进度控制、安全管理属于实质性内容，程序性内容是为实质性内容服务的。在这些实质性内容方面，对于工程建设各方来说，质量控制、进度控制、成本（投资）控制都必须以确保从业人员的生命健康权利为前提。

工程建设活动实质上是对各种资源要素的利用，工程建设活动中的资源包括人力资源、土地资源、工程材料资源、机械设备资源、电力资源、水资源等，工程建设的过程就是上述资源要素的结合过程。在这些资源要素中，人的要素是最核心的要素，人具有能动性，人通过对其他资源要素的管理来完成工程建设活动，其他要素则属于“工具”的范畴，只有确保人的安全，其他资源才能被充分利用。

2. 从工程质量管理与工程安全生产的关系的角度看，工程安全的价值优于工程质量的价值

首先，从二者发生的先后顺序的角度看，工程安全生产的价值优于工

程质量管理的价值。工程安全生产的价值定位与工程建设活动密切相关。工程建设活动实质上是产品生产过程，而对于产品生产而言，产品质量获得社会认可是其首要标准，在工程建设领域则有“工程质量是工程建设的灵魂和生命”的说法。然而，从逻辑的角度看，工程安全生产事故是工程建设活动中伴随的风险，而工程质量则是工程建设活动的结果，工程安全生产的风险先于工程质量管理的风险而存在。

其次，从二者所承载的价值属性的角度看，工程安全生产的价值也优于工程质量管理的价值。工程质量是对工程建设活动的成果进行评价的标准，工程建设成果为人们实现安全、自由、财产和追求幸福的权利创造条件，也可以说是为实现人们的基本权利创造条件。例如，房屋工程为实现人们的居住权创造条件，道路工程为实现人们的自由权利创造条件，医疗设施为实现人们的健康权利创造条件，教育设施为实现人们的受教育权利创造条件等。当然，工程本身也是一种财产，与人们的财产权利有关。显然，上述权利大多属于自由权利和财产权利的范畴。而工程安全生产事故则直接与工程从业人员的生命健康权利有关。工程安全生产事故虽然也会对施工企业的财产权利造成严重损害，但其主要后果还在于威胁到施工现场人员的生命健康权利。工程安全事故对财产权利的损害局限于工程企业内部，属于可控范围，而且造成工程企业财产损失的后果会促使工程企业采取措施；但是工程安全事故造成对生命健康权利的损害则会影响到家庭、社会等，对社会产生长期的影响。基于生命健康权利优于其他权利的逻辑，工程安全生产的价值自然优于工程质量的价值。

最后，从二者发生事故风险的角度看，工程安全生产更应该受到重视。对于工程质量事故来说，由于工程技术已经非常成熟，对工程结构安全造成严重影响的因素大多在勘察设计阶段和施工阶段已经解决，即便有些安全隐患也会在工程施工阶段得以暴露，因此工程质量事故发生的风险相对较小。而对于工程安全生产事故来说，由于影响工程安全生产事故的偶然因素多、施工现场人员多，其发生的概率和造成的后果都远超工程质量事故。

3. 工程安全生产法律关系较多地依靠行政权，具有特殊的保障强度

首先，从权力的性质来看，行政权力作为一种国家权力，它具有保障公民基本权利的性质。财产权虽然也属于基本权利的范畴，但是国家对财产权利的保护事实上是一种间接保护，它主要通过民事法律规范来实现；而对于生命权利的保护更多地依靠行政法律规范和刑事法律规范来实现。工程安全生产与生命权利有关，因此它较多地依靠行政手段来保护，对生命健康权利具有特殊的保障强度。

其次，工程建设企业对工程安全生产与工程合同的其他内容的重视程度不同。工程合同属于财产关系的合同，当事人订立合同是为了获得商业利益。工程合同里关于质量、进度、价款等方面的内容属于合同标的的组成部分，与合同当事人追求的商业利益有密切关系，当事人通过自身的努力即可得到保证。而对于工程安全生产来说，它只是合同当事人追求商业利益过程中迫不得已需要重视的内容，对安全生产的投资往往被当事人视为一种负担，因此即便存在较多的安全生产法律规定，当事人对其的重视程度也不够。

最后，由于建设企业对安全问题的重视程度不够，所以工程安全生产主要靠行政权来保障。工程质量、工程造价方面也存在着国家标准、国家规范，但关于工程造价方面的规范和标准大多属于推荐性标准而不属于强制性标准，仅有与工程质量和安全有关的部分属于强制性标准；而关于工程质量方面的规范和标准虽然有较多的强制性内容，但这些内容更多地成为合同内容的组成部分，行政权力仅仅作为潜在的保障，多数情况下依靠市场的力量来实现。而对于工程安全生产来说，不仅法律对政府部门从监督检查、行政处罚、安全救援、事故调查等方面作出了强制性规定，而且政府部门对建设工程安全生产的行政执法监督检查也比较频繁，从而极大地防范和减少了工程安全生产事故的发生。

（三）工程安全生产法的调整因素

法律是对社会关系进行调整的规范，它应当反映社会生活的基本规律。工程安全生产法应当反映工程安全生产事故防范的基本规律，而对工程安全生产事故防范基本规律的认识需要从影响安全生产的因素入手。影

响工程安全生产的因素从总体上可以分为人和物两类，而关于物的因素又可以进一步细分。一般认为，影响工程安全生产的主要因素包括人的因素、机械的因素、安全防护设备的因素、方法的因素、环境的因素、经济的因素等方面。

1. 人的因素

人是工程建设的主体，因此影响工程安全生产的最主要因素是人的因素。工程建设活动是在遵循法律和合同的前提下以管理学理论为基础，运用技术、经济等手段进行的社会活动。它遵循了管理学的确定目标、建立组织、制订实现目标的计划和实施计划、纠正偏差等过程控制原理，是人类有计划的社会活动。它虽然主要表现为工程资源的应用过程，但这一切都是在人的思想的支配下进行的。

工程建设领域对于工程安全的管理包括一般管理、安全风险管理、职业健康管理几个方面。一般管理包括组织管理、安全教育、安全检查、安全生产责任制落实等方面的内容；安全风险管理包括安全风险识别、安全风险评价、安全风险应对、安全调查处理等方面的内容；职业健康管理包括职业病的预防、职业健康监护、工伤和意外伤害保险等方面的内容。

对工程安全生产中人的因素的分析是安全生产责任制的基础。

2. 机械的因素

现代工程建设是大规模的人类活动，人们必须借助工程机械的力量才能完成工程建设任务。机械的应用是工业化时代进行工程建设最重要的物质基础，它极大地提高了人类从事工程建设的能力。

工程机械主要包括起重吊装机械、打桩机械、混凝土机械、钢筋加工机械、焊接设备等，这些机械设备具有体积大、对操作环境要求高、容易发生事故、发生事故后危害大的特点。起重吊装机械需要多人配合进行操作，吊起的货物一旦坠落对人的伤害极大；打桩机械需要将夯机设备提升一定高度，一旦坠落同样会严重危及现场人员安全；混凝土机械则由于使用电力做动力，因此存在触电、被高速旋转机械伤害等风险；混凝土泵送设备则存在着类似于吊装设备的风险；钢筋机械同样由于使用电力存在触电、被高速旋转机械伤害的风险，也存在着被加工的钢筋突然断裂伤人的风险；焊接设备则由于使用电力以及易燃易爆气体等而产生触电、爆炸等风险。[①]

3. 安全防护设备的因素

安全防护设备是降低安全生产事故的重要因素，佩戴安全防护设备是工程安全生产的权利主体所采取的防护措施之一。从安全管理的理论上讲，安全防护设备对安全生产事故的防范能够起到一定的作用。但安全防护设备的失效属于第二类危险源，它的防护具有被动性，它只能在安全生产的危险因素出现后发挥有限的作用，对于一般的安全事故可以防范，如果安全事故极为严重则难以发挥作用。通常情况下工程安全防护设备有安全帽、安全网、安全带、防护服、防护手套、电焊工护目镜等。安全防护设备的使用包括两个方面，一方面是施工企业提供相应的防护设备，另一方面则是劳动者个人必须严格遵守规定加以使用。

安全防护用品质量直接关系到安全防护的效果，因此安全防护用品的选择、采购、发放、维护、更换及报废等都必须按照规范进行。[②]

4. 方法的因素

方法的因素指的是为确保工程安全施工而采取的措施和方法，它包括安全生产主体和安全生产对象两个方面，即关于人的方面和物的方面，其中工程管理的方法主要是关于人的方面的方法，而施工安全技术则主要是关于物的方面的方法。

工程管理方法是管理学理论应用于工程建设实践形成的经验的总结，它表现为工程项目组织计划控制方面，在安全生产领域也有比较多的体现。从工程安全生产管理的思路来看，它主要包括确定安全生产目标，建立安全生产组织，制订安全生产计划、实施计划、检查计划几个方面，而每一个方面都包含多层次的计划，每个计划都包含有安全管理方法。例如关于危险源的识别方法就包括专家调查法、检查表调查法等方法；危险因

① 参见《施工现场机械设备检查规程》《汽车起重机安全操作规程》《水利水电起重机械安全规程》《市政架桥机安全使用技术规程》等。

② 参见《用人单位劳动防护用品管理规范》《坠落防护装备安全使用规范》《头部防护安全帽选用规范》。

素评价的方法包括定性评价方法、定量评价方法、综合评价方法；安全生产检查则有常规检查法、安全检查表法、仪器检查法等。《建设工程项目管理规范》明确规定安全生产管理宜由主管部门或其授权部门进行检查与评价。评价的程序、方法、标准和评价人员应执行相关规定。

施工安全技术是落实管理方法的关键环节，它针对工程建设的对象的不同性质采取不同的方法。不同专业的安全技术既有普遍性又有特殊性，例如建筑工程施工安全技术包括土方工程、模板工程、建筑构件及设备吊装工程、拆除工程、建筑施工机械、垂直运输机械、脚手架工程、高处作业工程、施工现场临时用电工程、焊接工程、施工防火等方面的内容。①

5. 环境的因素

环境因素既是影响工程质量管理的重要因素，也是影响工程安全生产的重要因素。对于不同的项目，环境因素的影响差别很大。一般来说，铁路、公路、水利、地铁等大型基础设施工程项目面临的环境因素主要是复杂的地质情况，如隧道施工过程中的塌方、公路施工过程中山体滑坡等因素；而对于建筑工程，则由于施工现场较小，主要环境因素在工程实践中表现为施工现场的文明施工管理、环境保护、防火与临时用电管理、季节性施工措施等方面的内容。②

6. 经济的因素

工程建设过程本身就是工程合同的履行过程，它从根本上与经济因素有关。而关于工程安全生产方面，工程安全事故发生后，无论造成财产损失还是人员伤亡，都会产生民事赔偿责任。在安全生产的费用方面，主要是安全文明施工费，它包括环境保护费、文明施工费、安全施工费、临时设施费等；在安全生产事故的费用方面包括工伤保险、意外伤害保险、工程安全事故民事赔偿等。

---

① 参见《建筑施工土石方工程安全技术规范》《建筑施工脚手架安全技术标准》。

② 参见《铁路工程安全施工技术规程》《公路工程安全施工技术规程》《水利水电工程土建安全施工技术规程》。

二、工程安全生产法的立法原则

工程安全生产法的立法原则与工程安全生产法的价值定位、法律性质、影响因素有密切关系。其原则包括以政府监督为基本保障，以安全生产责任制为基础，以企业责任为主、企业责任与个人责任相结合，融入技术、经济、管理、社会因素等方面。

（一）以政府监督为基本保障

工程安全生产法以政府监督为基本保障，主要体现在四个方面。

第一，政府部门发布大量的与工程安全生产有关的规范、标准、规定，使得各工程建设企业有遵循的依据。这些规范、标准、规定都是经验丰富的专家在科学理论的指导下对大量的工程安全生产事故经验教训的总结，虽然并未直接规定在专门性的法律、行政法规里，但它属于工程安全生产法的范畴。对于确保工程安全生产具有重要意义。

第二，政府部门通过工程项目建设过程的审批检查制度对工程安全生产进行监督和控制，如工程资质许可、工程安全生产许可证发放、工程开工环节对安全措施的审查、拆除工程备案、特种作业人员安全培训、企业负责人和专职安全人员培训、施工现场安全监督检查、不安全设备材料淘汰、安全事故应急救援和事故调查等，表明工程安全生产立法非常重视政府在工程安全生产中的监督作用。

第三，政府监督还表现为对工程安全生产的主动监督以及行政处罚。政府通过审批许可形式进行的监督检查属于被动监督的形式，除了被动监督以外，政府部门还通过主动监督的形式来控制工程安全生产。在安全生产监督管理方面，各级人民政府的专门的安全生产监督管理部门、建设行政主管部门都是工程安全生产监督管理的主体，他们有权对相关的工程建设企业进行安全隐患检查并采取措施；相关法律法规①、部门规章都强调了政府部门对于违反安全生产制度的企业进行行政处罚的内容，这是通过行政处罚强化工程安全生产责任制进而实现工程安全生产的监督。

① 相关规定很多，例如《中华人民共和国安全生产法》《建设工程安全生产管理条例》等。

第四，政府的监督还表现在对工程安全生产事故的调查处理。相关行政法规①根据死亡人数、重伤人数、经济损失等情况将安全事故划分为不同的等级，安全事故发生后，有关单位应逐级上报不同的政府部门，由相关政府部门组成调查组对事故进行调查处理。

（二）以安全生产责任制为基础

虽然工程安全生产法的价值核心在于保障工程从业人员的人身权利，但是由于工程安全生产的权利主体对于防止安全事故的发生不起主要作用，因此工程安全生产法是以义务和责任为主要内容的法律规范。关于法律责任，它与权利能力和行为能力有关，工程安全生产法遵循了这样的原理。工程安全生产责任制也是安全事故调查的基础。

首先，相关法律确定了工程建设主体具有不同的权利能力和行为能力。工程建设活动作为一项复杂的技术活动，要求工程建设企业具有一定的经济条件、技术能力、机械设备等，要求工程建设从业人员具有一定的技术水平和经验，相关行政法规②、部门规章对企业资质和个人资质进行了规定。工程建设企业包括建设单位、勘察单位、设计单位、施工单位、监理单位等，除了建设单位以外，其他单位都有自己的专业范围和资质等级；工程从业人员则分为注册结构工程师、注册岩土工程师、注册建造师、注册造价工程师、注册监理工程师、注册安全工程师等，都通过国家考试划分为不同等级。

其次，在确定工程建设主体具有不同的权利能力的基础上分配各自的责任。相关法律要求工程建设企业必须在业务范围内承揽工程，并规定了工程从业人员的权利义务③。《建设工程安全生产管理条例》在上述规定的基础上对工程建设企业和工程从业人员的义务和责任进行了高度概括。

最后，工程安全事故调查虽然有多个目的，但其基础仍然是安全生产

---

① 相关规定如《生产安全事故报告和调查处理条例》等。

② 相关规定很多，例如《建筑业企业资质管理规定》《建设工程勘察设计资质管理规定》《中华人民共和国注册建筑师条例》《勘察设计注册工程师管理规定》等。

③ 相关规定很多，例如《建筑业企业资质管理规定》《建设工程勘察设计资质管理规定》《中华人民共和国注册建筑师条例》《勘察设计注册工程师管理规定》等。

责任制。工程安全事故调查要查明事故发生的经过、原因、人员伤亡情况及直接经济损失；认定事故的性质和事故责任；提出对事故责任者的处理建议；总结事故教训，提出防范和整改措施。这被概括为“四不放过”原则，即事故原因未查清不放过、事故责任人未受到处理不放过、事故责任人和广大群众没有受到教育不放过、事故没有制订切实可行的整改措施不放过。显然，在这几项工作中，对事故责任者进行处理是基础。只有切实落实了工程安全生产责任制，其他各项措施才能发挥作用。

（三）以企业责任为主、企业责任与个人责任相结合

工程建设是一项复杂的社会活动，其资源调动的规模和复杂程度都与其他行业不同，它非常强调组织领导的作用。一方面，工程建设企业作为工程建设的实施者，它调动资源的能力远超具体的工程建设人员，应该对工程安全生产及事故承担主要责任；另一方面工程建设过程非常依赖工程建设人员的技术水平，工程安全事故的发生也与具体的工程建设人员有关，他们应该承担直接责任。从二者的工程安全责任的特点来看，大部分安全责任的规定都同时包括了企业责任和具体的直接责任人员的责任。

从企业责任和个人责任比较的角度看，企业责任主要是管理责任，在法律责任的性质方面主要表现为民事责任和行政责任，违法行为主要表现在资金投入、管理制度设置等方面不履行法定职责，而且即便未造成严重后果也可能要承担相应的法律责任。而个人责任主要是执行责任，在法律责任的性质方面主要表现为刑事责任，也有少量的行政责任，其刑事责任主要是我国刑法规定的工程重大安全事故罪。工程重大安全事故罪要求以发生重大安全事故为前提，这说明工程安全事故中的个人责任主要是“底线责任”。

（四）遵循工程安全生产规律，融入技术、经济、管理、社会因素

工程安全生产立法遵循工程建设和工程安全生产的基本规律，将技术因素、经济因素、管理因素、社会因素都纳入工程安全立法的范围。

首先，工程安全生产法的体系包含大量的技术管理规范和标准，而立法机关的规定又以法律责任的形式对这些规定进行了确认①。工程安全生产法体系融入技术管理规范和标准是由影响工程安全生产的因素包含技术管理的因素决定的，但是由于工程类型很多，技术管理规范很多，不可能有一部专门的工程安全生产法能够将所有的技术管理规范全部融入，从立法技术的角度看，那些技术管理规范只能以工程安全生产法的体系的一部分的形式存在。这些技术管理因素被法律、行政法规认可，如《安全生产许可证条例》规定取得安全生产许可证需要为从业人员配备符合国家标准或者行业标准的劳动防护用品等。

其次，工程安全生产法在经济因素方面考虑了工程安全生产的资金保障、安全保险、行政处罚等方面的内容。在设计阶段，建设单位在编制工程概算时应当确定建设安全作业环境及安全施工措施费用；在招投标阶段，招投标双方所依据的《工程量清单计价规范》规定安全文明施工费必须按照国家或省级、行业主管部门的规定计算，不得作为竞争性费用；在工程施工阶段强调施工单位对列入建设工程概算的安全作业环境及安全措施所需费用应当专款专用，不得挪作他用；对于建设单位未提供相关费用的由建设行政主管部门责令改正，对于施工单位挪用相关费用的则由建设行政主管部门责令改正并进行罚款。

最后，工程安全生产法也融入了社会因素。工程安全生产的重要特点是影响因素多、影响因素中的偶然因素多、安全隐患难以发现。所以在工程安全生产事故的防范手段方面，工程安全生产法强调了“群防群治”的制度，充分发挥每个员工的积极性。在“群防群治”的基础上形成了教育培训制度、安全生产检查制度、群众监督制度。

三、《建设工程安全生产管理条例》规定的工程建设各方的安全责任

工程安全生产法是个非常宽泛的概念，虽然其他相关的法律、法规、

① 相关情况很多，如《中华人民共和国安全生产法》《建设工程安全生产管理条例》《安全生产许可证条例》等都确认了技术规范的效力。

规章很多，但是从性质上讲，《建设工程安全生产管理条例》以极高的概括性和相对权威的法律责任条款成为专门性的行政法规。《建设工程安全生产管理条例》包括总则、工程建设各方安全责任、监督管理、生产安全事故的应急救援和调查处理、法律责任几个部分。但核心部分是工程建设各方的安全责任。

（一）建设单位的安全责任

建设单位的安全责任类似于承揽合同（工程勘察、设计、施工合同本身就属于承揽合同）里发包人的责任，它主要是为工程建设提供基本条件，包括办理行政许可、备案手续，提供周边和地下的工程资料。同时不得在工程质量、工期、工程安全设备等方面对勘察、设计、施工、监理等单位提出不符合建设工程安全生产法律、法规和强制性标准的要求。

（二）勘察、设计单位的安全责任

勘察、设计单位的安全责任主要是按照法律、法规和工程强制性标准进行勘察设计。其中勘察单位提供的勘察文件应当真实、准确，满足工程安全生产的需要，勘察单位在勘察作业时应严格按照规程操作确保建筑物安全；设计单位进行设计应当考虑施工安全操作和防护需要进行设计，对于采用新结构、新工艺、新材料和特殊结构的建设工程，设计单位应当在设计中提出保障施工作业安全的措施建议，设计单位和注册建筑师等注册执业人员应当对其设计负责。

（三）工程监理、机械出租、机械检测单位的安全责任

工程监理单位的责任包括按照强制性标准对施工组织设计中的安全技术措施、专项施工方案进行审查，在工程监理过程中发现安全隐患应当要求施工单位整改、暂停施工并及时向建设单位报告，对于施工单位拒不整改或者不停止施工的应当及时向政府主管部门报告，监理单位应当按照法律、行政法规和工程建设强制性标准进行监理并对安全生产承担监理责任。

机械出租单位出租的机械设备应当具有生产许可证、产品合格证，应当对出租的机械设备和机具进行检测并出具检测证明，施工现场安装、拆卸起重机械和整体提升脚手架、模板等应由具有相应资质的单位承担，同时编制拆装方案并由专业技术人员现场监督。

起重机械和整体提升脚手架、模板等自升式架设设施的使用达到国家规定的检验检测期限必须经有专业资质的检测机构检测，检测不合格的不得使用。检测机构对检测合格的起重机械和整体脚手架、模板等自升式架设设施应当出具安全合格证明文件并对检测结果负责。

（四）施工单位的安全责任

施工单位的安全责任主要反映在法律对施工管理的要求方面，包括主体资格管理、组织机构和制度管理、现场管理、机械管理、资金投入等方面。

1. 主体资格管理

施工单位安全管理在主体资格管理方面包括施工单位从事工程建设活动应当具备国家规定的注册资本、专业技术人员、技术装备和安全生产等条件，依法取得相应等级的资质证书并在资质等级许可的范围内承揽工程。

施工单位项目负责人应当由取得相应执业资质的人员担任。根据《建筑施工企业主要负责人、项目负责人和专职安全生产管理人员安全生产管理规定》，建筑施工企业主要负责人、项目负责人和专职安全生产管理人员都必须取得安全生产考核合格证。

对于垂直运输机械作业人员、安装拆卸工、起重信号工、爆破作业人员等特种作业人员都必须取得特种作业操作资格证。

对上述管理人员和作业人员每年至少进行一次安全生产教育培训，作业人员进入新岗位或新的施工现场前必须进行安全生产教育培训。培训考核不合格的不得上岗。

2. 组织机构和制度管理

施工单位安全管理在组织机构上主要包括企业、工程项目部、专门安全机构三个方面，在实施总承包的情况下分包单位也要对安全生产承担责任。其中：

施工单位建立健全安全生产责任制、安全教育培训制度、制定安全生产规章制度和操作规程，确保本单位安全生产条件所需资金投入，对相关项目进行监督检查。

工程项目部落实安全生产责任制、安全生产规章制度和操作规程，确保安全生产费用有效使用并根据工程特点组织制定安全施工措施，及时如实报告安全事故。

专职安全机构及安全人员对安全生产进行监督检查，纠正违章操作。

总承包单位应当自行完成主体结构施工，总承包单位和分包单位对工程安全生产承担连带责任，分包单位不服从总承包单位管理的，由分包单位承担主要责任。

施工单位应当在施工组织设计中编制安全技术措施和施工现场临时用电方案，对于达到一定规模的危险性较大的分部分项工程应编制专项施工方案经施工单位技术负责人、总监理工程师签字后实施并由专职安全人员现场监督，涉及深基坑、地下暗挖工程、高大模板的工程的专项方案应组织专家论证。

3. 现场管理

施工单位应当在施工现场出入口、施工起重机械、临时用电设施等危险部位设置安全警示标志，根据不同施工阶段和周围环境及季节、气候变化采取安全措施。应该将生活区和办公区分开设置，对因建设施工可能造成损害的毗邻建筑物、构筑物和地下管线等应采取专项防护措施。应当建立消防安全责任制度，确定消防安全责任人。制定用火、用电、使用易燃易爆材料等各项消防安全管理制度和操作规程。施工单位应当向作业人员提供安全防护用具和安全防护服，并书面告知危险岗位的操作规程和违章操作的危害，作业人员有权拒绝违章指令。

4. 机械管理

施工单位采购、租赁的安全防护用具、机械设备、施工机具及配件，应当具有生产（制造）许可证、产品合格证，并在进入施工现场前进行查验。施工现场的安全防护用具、机械设备、施工机具及配件必须由专人管理，定期进行检查、维修和保养，建立相应的资料档案，并按照国家有关规定及时报废。施工单位在使用施工起重机械和整体提升脚手架、模板等自升式架设设施前，应当组织有关单位进行验收，也可以委托具有相应资质的检验检测机构进行验收；使用承租的机械设备和施工机具及配件的，由施工总承包单位、分包单位、出租单位和安装单位共同进行验收。验收合格的方可使用。《特种设备安全监察条例》规定的施工起重机械，在验收前应当经有相应资质的检验检测机构监督检验合格。

5. 资金投入

施工单位对列入建设工程概算的安全作业环境及安全施工措施所需费用，应当用于施工安全防护用具及设施的采购和更新、安全施工措施的落实、安全生产条件的改善，不得挪作他用。

第五节　工程质量法

一、工程质量及工程质量法的渊源

工程质量有广义和狭义之分。广义的工程质量是指工程满足业主需要的、符合国家法律、法规、技术规范标准、设计文件及合同规定特性的总称。狭义的工程质量是指工程具有约定的符合业主需要的使用功能。工程质量责任重大，关系到社会公众的利益和公共安全。因此，无论是在发达国家，还是在发展中国家，均强调政府对工程质量进行监督管理。大多数发达国家和地区政府的建设行政主管部门都把制定并执行住宅、城市、交通、环境等建设工程质量管理的法规作为主要任务。同时，把大型项目和政府投资项目作为监督管理的重点。对参与工程建设的专业人士实行注册制度，依据法律、法规实行项目许可制度、市场准入制度、设计文件审核制度、质量体系认证制度、竣工验收许可证制度等。对建设工程质量进行全方位、全过程的管理是这些国家和地区的政府的通常做法。随着我国经济社会的迅速发展，我国已被誉为“基建狂魔”，如何加强建设工程质量监督，制定、完善并执行建设工程质量管理法律法规是当务之急。

工程质量法是指规定建设工程符合业主需要的法律、法规和技术规范标准的总称。我国的工程质量法规主要包括《建筑法》《建设工程质量管理条例》《工程建设标准强制性条文》《建设工程质量监督机构监督工作指南》《GB/T19000—2000》等。具体来讲，我国工程质量法的主要渊源包括：

1．法律

《中华人民共和国建筑法》（以下简称《建筑法》）。1997 年 11 月 1 日第八届全国人大常委会第二十八次会议通过。2011 年 4 月 22 日第十一届全国人大常委会第二十次会议第一次修正。2019 年 4 月 23 日第十三届全国人大常委会第十次会议第二次修正。根据《中华人民共和国产品质量法》（以下简称《产品质量法》）第 2 条第 2 款的规定，“建设工程不适用本法规定；但是，建设工程使用的建筑材料、建筑构配件和设备，属于前款规定的产品范围的，适用本法规定”。也就是说，建设工程本身的质量问题不受《产品质量法》规范和调整，只有“建设工程使用的建筑材料、建筑构配件和设备”是“经过加工、制作，用于销售的产品”，因而受《产品质量法》的规范和调整。所以严格来说，《产品质量法》不是工程质量法的渊源。

2．行政法规

《建设工程质量管理条例》。2000 年 1 月 30 日国务院发布。2017 年 10 月 7 日第一次修订。2019 年 4 月 23 日第二次修订。

3．部门规章

如原建设部 2000 年 6 月 30 日发布的《房屋建筑工程质量保修办法》。原建设部 2001 年 11 月 1 日发布的《建筑装修工程质量验收规范》国家标准。原建设部 2005 年 9 月 28 日发布的《建设工程质量检测管理办法》。住房和城乡建设部、财政部 2017 年 6 月 20 日发布的《建设工程质量保证金管理办法》。

4．地方性法规

如湖南省第十届人大常委会第二十八次会议通过、2007 年 10 月 1 日起实施的《湖南省建设工程质量和安全生产管理条例》。

5. 司法解释

目前主要是最高人民法院 2020 年 12 月 25 日公布、自 2021 年 1 月 1 日起施行的《最高人民法院关于审理建设工程施工合同纠纷案件适用法律问题的解释（一）》。2004 年 10 月 25 日和 2018 年 10 月 29 日先后发布的《最高人民法院关于审理建设工程施工合同纠纷案件适用法律问题的解释》《最高人民法院关于审理建设工程施工合同纠纷案件适用法律问题的解释（二）》同时废止。

二、工程质量法的调整对象和适用范围

（一）工程质量法的调整对象

1. 工程质量监督管理关系。调整国家主管机关与建设单位、勘察单位、设计单位、施工单位、监理单位之间的工程质量监督管理关系。

2. 工程质量责任关系。调整建设工程活动中因工程质量问题引起的建设单位、勘察单位、设计单位、施工单位、监理单位之间的损害赔偿等法律关系。

（二）工程质量监督管理客体的范围

1. 建筑活动

《建筑法》第 2 条第 2 款规定，建筑活动是指各类房屋建筑及其附属设施的建造和与其配套的线路、管道、设备的安装活动。

2. 建设工程

《建设工程质量管理条例》第 2 条第 2 款规定，建设工程是指土木工程、建筑工程、线路管道和设备安装工程及装修工程。

（1）土木工程包括矿山、铁路、公路、隧道、桥梁、堤坝、电站、码头、飞机场、运动场、营造林、海洋平台等工程；

（2）建筑工程是指房屋建筑工程，即有顶盖、梁柱墙壁、基础以及能够形成内部空间，满足人们生产、生活、公共活动的工程实体，包括厂房、剧院、旅馆、商店、学校、医院和住宅等工程；

（3）线路、管道和设备安装工程包括电力、通信线路、石油、燃气、

给水、排水、供热等管道系统和各类机械设备、装置的安装活动；

（4）装修工程包括对建筑物内外进行美化和增加使用功能的建设活动。

（三）工程质量责任主体的范围

1．建设行政主管部门及铁路、交通、水利等有关部门

根据2019年4月23日第二次修订的《建设工程质量管理条例》第43条的规定，国务院建设行政主管部门（即住房和城乡建设部）对全国的建设工程质量实施统一监督管理。国务院铁路、交通、水利等有关部门（即交通运输部、水利部）按照国务院规定的职责分工，负责对全国的有关专业建设工程质量的监督管理。县级以上地方人民政府建设行政主管部门对本行政区域内的建设工程质量实施监督管理。县级以上地方人民政府交通、水利等有关部门在各自的职责范围内，负责对本行政区域内的专业建设工程质量的监督管理。

2．建设单位

建设单位也称业主单位或项目业主，指建设工程项目的投资主体或投资者，它也是建设项目管理的主体。主要履行提出建设规划、提供建设用地和建设资金的责任。

3．勘察、设计单位

勘察、设计单位是两个不同性质的单位。勘察单位是指已通过建设行政主管部门的资质审查，从事工程测量、水文地质和岩土工程等工作的单位。设计单位是指经过建设行政主管部门的资质审查，从事建设工程可行性研究、建设工程设计、工程咨询等工作的单位。

4．施工单位

施工单位是指经过建设行政主管部门的资质审查，从事承包土木工程、建筑工程、线路管道和设备安装工程、装修工程施工的单位。

5．工程监理单位

工程监理单位是指经过建设行政主管部门的资质审查，受建设单位委托，依照国家法律法规要求和建设单位要求，在建设单位委托的范围内对建设工程进行监督管理的单位。

6．设备材料供应商。

（四）工程质量法地域适用范围

我国《建设工程质量管理条例》等工程质量法仅适用于在中华人民共和国境内从事的工程建设质量监督管理活动，不适用于境外从事的工程建设质量监督管理活动。境外从事的工程建设质量监督管理活动适用于2002年10月15日由原对外贸易经济合作部、建设部外经贸发布的《关于对外承包工程质量安全问题处理的有关规定》、2008年5月7日国务院公布自2008年9月1日起施行并于2017年修订的《对外承包工程管理条例》。

三、工程质量监督管理

（一）工程质量监督管理部门

1．建设行政主管部门及有关专业部门

我国实行国务院建设行政主管部门统一监督管理，各专业部门按照国务院确定的职责分别对其管理范围内的专业工程进行监督管理的制度。根据国务院批准的“三定”方案的规定，住房和城乡建设部是负责全国建设行政管理的职能部门，交通运输部、水利部等有关部门分别对铁路、交通、水利等专业建设工程进行监督管理。县级以上人民政府建设行政主管部门在本行政区域内实行建设工程质量监督管理，专业部门按其职责对本专业建设工程质量实行监督管理。

2．工程质量监督机构

工程质量监督机构是指经建设行政主管部门或其他有关部门考核，具有独立法人资格，受建设行政主管部门或有关专业部门的委托，依据有关法律法规和工程建设强制性标准，对建设工程实体质量和工程建设、勘察、设计、施工、监理单位等工程质量责任主体和质量检测等单位的工程质量行为实施监督的单位。如市建设工程质量安全监督站、市建设工程质量检测中心等。它具体实施对工程质量的监督管理，并对委托的政府有关部门负责。工程质量监督机构必须拥有一定数量的质量监督工程师，有满足工程质量监督检查工作需要的工具和设备。

（二）工程质量监督管理职责

1. 建设行政主管部门的基本职责

各级政府建设行政主管部门对工程质量监督管理的基本职责是对有关建设工程质量的法律、法规和强制性标准执行情况的监督检查。根据《建设工程质量管理条例》第48条的规定，县级以上人民政府建设行政主管部门和其他有关部门履行监督检查职责时，有权采取以下措施：

（1）要求被检查的单位提供有关工程质量的文件和资料；

（2）进入被检查单位的施工现场进行检查；

（3）发现有影响工程质量的问题时，责令改正。

2. 工程质量监督机构的基本职责

（1）办理建设单位工程建设项目报监手续，收取监督费；

（2）依照国家有关法律、法规和工程建设强制性标准，对建设工程的地基基础、主体结构及相关的建筑材料、构配件、商品混凝土的质量进行检查；

（3）对于被检查实体质量有关的工程建设参与各方主体的质量行为及工程质量文件进行检查，发现工程质量问题时，有权采取局部暂停施工等强制性措施，直到问题得到改正；

（4）对建设单位组织的竣工验收程序实施监督，察看其验收程序是否合法，资料是否齐全，实体质量是否存有严重缺陷；

（5）工程竣工后，应向委托的政府有关部门报送工程质量监督报告；

（6）对需要实施行政处罚的，报告委托的政府部门进行行政处罚。

（三）工程竣工验收备案制度

《建设工程质量管理条例》第49条规定，建设单位应当在工程竣工验收合格后的15日内报县级以上人民政府建设行政主管部门或其他有关部门备案。建设单位办理工程竣工验收备案应提交以下材料：

1. 工程竣工验收备案表；
2. 工程竣工验收报告；
3. 规划、公安消防、环保等部门出具的认可文件或者准许使用文件；

4. 施工单位签署的工程质量保修书；

5. 法规、规章规定必须提供的其他文件。

商品住宅还应当提交《住宅质量保证书》和《住宅使用说明书》。

（四）工程质量事故报告制度

工程质量事故报告制度是《建设工程质量管理条例》确立的一项重要制度。该条例第52条规定，建设工程发生质量事故后，有关单位应当在24小时内向当地建设行政主管部门和其他有关部门报告。对重大质量事故，事故发生地的建设行政主管部门和其他有关部门应当按照事故类别和等级向当地人民政府和上级建设行政主管部门和其他有关部门报告。否则，根据该条例第70条和第76条的规定，发生重大工程质量事故隐瞒不报、谎报或者拖延报告期限的，对直接负责的主管人员和其他责任人员依法给予行政处分；构成犯罪的，依法追究刑事责任。

（五）工程质量检举、控告、投诉制度

1. 工程质量投诉的范围

凡是新建、改建、扩建的各类建筑安装、市政、公用、装饰装修等建设工程，在保修期内和建设过程中发生的工程质量问题，均属投诉范围。对超过保修期，在使用过程中发生的工程质量问题，由产权单位或有关部门处理。

2. 负责工程质量投诉管理工作的部门及其职责

住房和城乡建设部负责全国建设工程质量投诉管理工作。国务院各有关主管部门的工程质量投诉受理工作，由各部门根据具体情况指定专门机构负责。省、自治区、直辖市建设行政主管部门指定专门机构，负责受理工程质量的投诉。

3. 投诉处理机构的职责和义务

（1）贯彻国家有关建设工程质量方面的方针、政策和法律、法规、规章，制订本地区、本部门的工程质量投诉处理的有关规定和办法；

（2）组织、协调和督促本地区、本部门的工程质量投诉处理工作；

（3）受理本地区、本部门范围内的工程质量投诉；

（4）对涉及由建筑施工、房地产开发、勘察设计、建筑规划、市政公用建设和村镇建设等方面原因引起的工程质量投诉，应在建设行政主管部门的领导和协调下，由分管该业务的职能部门负责调查处理。

四、工程质量责任和义务

（一）建设单位的质量责任和义务

建设单位作为建设工程的投资人，在整个建设活动中居于主导地位。因此，要确保建设工程质量，首先就要对建设单位的行为进行规范，对其质量责任予以明确。建设单位在质量责任和义务上，主要有以下几个方面：

1. 建设单位应当将工程发包给具有相应资质等级的单位，不得将工程肢解发包。

2. 建设单位应当依法对工程建设项目的勘察、设计、施工、监理以及与工程建设有关的重要设备、材料等的采购进行招标。

3. 建设单位必须向有关的勘察、设计、施工、工程监理等单位提供与建设工程有关的原始资料。原始资料必须真实、准确、齐全。

4. 建设单位不得对承包单位的建设活动进行不合理干预：

（1）不得迫使承包方以低于成本的价格竞标，不得任意压缩合理工期。

（2）不得明示或暗示设计单位或施工单位违反工程建设强制性标准，降低建设工程质量。

（3）不得明示或暗示施工单位使用不合格的建筑材料、建筑构配件和设备。

5. 施工图设计文件未经审查批准的，不得使用。建筑工程施工图设计文件审查的主要内容为：

（1）建筑物的稳定性、安全性审查，包括地基基础和主体结构体系是否安全、可靠；

（2）是否符合消防、节能、环保、抗震、卫生、人防等有关强制性标准规范；

（3）施工图是否能达到规定的深度要求；

（4）是否损害公共利益和公众安全。

6. 对必须监理的工程，应当委托具有相应资质等级的工程监理单位进行监理，也可以委托具有工程监理相应资质等级并与被监理工程的施工承包单位没有隶属关系或者其他利害关系的该工程的设计单位进行监理。根据《建设工程质量管理条例》第 12 条的规定，下列建设工程必须实行监理：

（1）国家重点建设工程；

（2）大中型公用事业工程；

（3）成片开发建设的住宅小区工程；

（4）利用外国政府或者国际组织贷款、援助资金的工程；

（5）国家规定必须实行监理的其他工程。

7. 在开工前，应当按照有关规定办理工程质量监督手续。工程质量监督手续可以与施工许可证或者开工报告合并办理。办理工程质量监督手续，应提供以下文件和资料：

（1）工程规划许可证；

（2）设计单位资质等级证书；

（3）监理单位资质等级证书，监理合同及《工程项目监理登记表》；

（4）施工单位资质等级证书及营业执照副本；

（5）工程勘察设计文件；

（6）中标通知书及施工承包合同等。

8. 涉及建筑主体和承重结构变动的装修工程，应当在施工前委托原设计单位或者具有相应资质等级的设计单位提出设计方案；没有设计方案的，不得施工。

9. 收到建设工程竣工报告后，应当组织设计、施工、工程监理等有关单位进行竣工验收。建设工程经验收合格的，方可交付使用。竣工验收应当具备下列条件：

（1）完成建设工程设计和合同约定的各项内容；

（2）有完整的技术档案和施工管理资料；

（3）有工程使用的主要建筑材料、建筑构配件和设备的进场试验报告；

（4）有勘察、设计、施工、工程监理等单位分别签署的质量合格文件；

（5）由施工单位签署的工程保修书。

（二）勘察、设计单位的质量责任和义务

1. 勘察、设计单位应当依法取得相应等级的资质证书，并在其资质等级许可的范围内承揽工程，不得转包或违法分包所承揽的工程。禁止超越资质等级许可的范围或者以其他勘察、设计单位的名义承揽工程。禁止允许其他单位或者个人以本单位的名义承揽工程。

2. 勘察、设计单位必须按照工程建设强制性标准进行勘察、设计，并对其勘察、设计的质量负责。注册建筑师、注册结构工程师等注册执业人员应当在设计文件上签字，对设计文件负责。工程建设强制性标准是保证工程质量，满足对工程安全、卫生、环保等方面要求的最低标准。

3. 勘察单位提供的地质、测量、水文等勘察成果必须真实、准确。

4. 设计单位应当根据勘察成果文件进行建设工程设计。设计文件应当符合国家规定的设计深度要求，注明工程合理使用年限。勘察成果文件是设计的基础资料，是设计的依据。

5. 设计单位在设计文件中选用的建筑材料、建筑构配件和设备，应当注明规格、型号、性能等技术指标，其质量要求必须符合国家规定的标准。除有特殊要求的建筑材料、专用设备、工艺生产线等外，设计单位不得指定生产厂、供应商。

6. 设计单位应当就审查合格的施工图设计文件向施工单位作出详细说明。

7. 设计单位应当参与建设工程质量事故分析，并对因设计造成的质量事故，提出相应的技术处理方案。

（三）施工单位的质量责任和义务

1. 施工单位应当依法取得相应等级的资质证书，并在其资质等级许可的范围内承揽工程。禁止施工单位超越本单位资质等级许可的业务范围或者以其他施工单位的名义承揽工程。禁止施工单位允许其他单位或者个人以本单位的名义承揽工程。

2. 施工单位不得转包或违法分包工程。

（1）转包。转包的最主要特点是转包人只从受转包方收取管理费，而不对工程进行施工和管理。

（2）违法分包。违法分包的行为，表现在：一是总承包单位将建设工程分包给不具备相应资质条件的单位；二是总承包合同中未有约定，又未经建设单位认可，承包单位将其承包的部分工程交由其他单位完成；三是施工总承包单位将建设工程主体结构的施工分包给其他单位；四是分包单位将其承包的建设工程再分包。上述行为均是《建筑法》《建设工程质量管理条例》明令禁止的。

3. 施工单位对建设工程的施工质量负责。施工单位应当建立质量责任制，确定工程项目的项目经理、技术负责人和施工管理负责人。建设工程实行总承包的，总承包单位应当对全部建设工程质量负责；建设工程勘察、设计、施工、设备采购的一项或者多项实行总承包的，总承包单位应当对其承包的建设工程或者采购的设备的质量负责。

4. 总承包单位依法将建设工程分包给其他单位的，分包单位应当按照分包合同的约定对其分包工程的质量向总承包单位负责，总承包单位与分包单位对分包工程的质量承担连带责任。

5. 施工单位必须按照工程设计图纸和施工技术标准施工，不得擅自修改工程设计，不得偷工减料。施工单位在施工过程中发现设计文件和图纸有差错的，应当及时提出意见和建议。

6. 施工单位必须按照工程设计要求、施工技术标准和合同约定，对建筑材料、建筑构配件、设备和商品混凝土进行检验，检验应当有书面记录和专人签字；未经检验或检验不合格的，不得使用。

7. 施工单位必须建立、健全施工质量的检验制度，严格工序管理，作好隐蔽工程的质量检查和记录。隐蔽工程在隐蔽前，施工单位应当通知建设单位和建设工程质量监督机构。

8. 施工人员对涉及结构安全的试块、试件以及有关材料，应在建设单位或工程监理单位监督下现场取样，并送具有相应资质等级的质量检测单位进行检测。

9. 建设工程实行质量保修制度，承包单位应履行保修义务，主要有以下内容：

（1）施工单位对施工中出现质量问题的建设工程或者竣工验收不合格的建设工程，应当负责返修。

（2）建设工程承包单位在向建设单位提交竣工验收报告时，应当向建设单位出具质量保修书。质量保修书中应当明确建设工程的保修范围、保修期限和保修责任等。根据《建设工程质量管理条例》第40条和《房屋建筑工程质量保修办法》第7条的规定，在正常使用条件下，建设工程的最低保修期限为：基础设施工程、房屋建筑的地基基础工程和主体结构工程，为设计文件规定的该工程的合理使用年限；屋面防水工程、有防水要求的卫生间、房间和外墙面的防渗漏，为5年；供热与供冷系统，为2个采暖期、供冷期；电气管线、给排水管道、设备安装和装修工程，为2年。建设工程的保修期，自竣工验收合格之日起计算。因使用不当或者第三方造成的质量缺陷，以及不可抗力造成的质量缺陷，不属于法律规定的保修范围。

（3）建设工程在保修范围和保修期限内发生质量问题的，施工单位应当履行保修义务，并对造成的损失承担赔偿责任。

（四）工程监理单位的质量责任和义务

1. 工程监理单位应当依法取得相应等级的资质证书，并在其资质等级许可的范围内承担监理业务；禁止工程监理单位超越本单位资质等级许可的范围或者以其他工程监理单位的名义承担工程监理业务；禁止工程监理单位允许其他单位或者个人以本单位的名义承担工程监理业务；不得转让工程监理业务。

2. 工程监理单位不得与被监理工程的施工承包单位以及建筑材料、建筑构配件和设备供应单位有隶属关系或者其他利害关系。

3. 工程监理单位应当依照法律、法规以及有关技术标准、设计文件和建设工程承包合同，代表建设单位对施工质量实施监理，并对施工质量承担监理责任。

4. 工程监理单位应当选派具备相应资格的总监理工程师和监理工程师进驻施工现场。未经监理工程师签字，建筑材料、建筑构配件和设备不得在工程上使用或者安装，施工单位不得进行下一道工序的施工。未经总监理工程师签字，建设单位不拨付工程款，不进行竣工验收。

5. 监理工程师应当按照工程监理规范的要求，采取旁站、巡视和平行检验等形式，对建设工程实施监理。旁站：是指监理人员在房屋建筑工程施工阶段监理中，对关键部位、关键工序的施工质量实施全过程现场跟班的监督活动。根据原建设部关于《房屋建筑工程施工旁站监理管理办法（试行)》（建市〔2002〕189 号文件）第 2 条的规定：房屋建筑工程的关键部位、关键工序，在基础工程方面包括：土方回填，混凝土灌注桩浇筑，地下连续墙、土钉墙、后浇带及其他结构混凝土、防水混凝土浇筑，卷材防水层细部构造处理，钢结构安装；在主体结构工程方面包括：梁柱节点钢筋隐蔽过程，混凝土浇筑，预应力张拉，装配式结构安装，钢结构安装，网架结构安装，索膜安装。巡视是指本监理单位的总经理、副总经理、总工程师和项目管理部，对各个监理机构监理的工程项目，实行定期和不定期的工地巡视检查。根据《建设工程监理规范》GB/T50319—2018 的规定，平行检验是项目监理机构在施工单位自检合格的同时，按有关规定、建设工程监理合同约定对同一检验项目独立进行的检测试验活动。

第五章　工程刑法

第一节　工程刑法的概念及其属性

一、工程刑法的概念

所谓工程刑法，是指刑法典和特别刑法（包括单行刑法和附属刑法）所规定和调整的工程犯罪及其刑事责任和处罚的法律规范的总称。它调整建设工程运行过程中国家与犯罪人之间为解决犯罪构成和刑事责任而形成的权利义务关系。“工程刑法”的概念起源于我国，其他国家尚未对工程刑法进行定义。虽然“工程刑法”涉及的内容属于法律范畴而非法学理论范畴，但“工程刑法”这一提法本身与经济刑法、环境刑法等概念一样，尚属法学概念而非法律概念。马长生教授编写的《新编刑法学》首次在书中提出了“工程刑法学”的概念①。遗憾的是至今出版的刑法学书籍中对于工程刑法的引入相当少，刑法学界关于“工程刑法”的探究更是少之又少。

应当说，“工程刑法”的提法是科学、可行的，这不仅因为今天的立法现实已经为这一提法提供了最好的实践依据，还因为现行刑法典或单行刑事立法中的有关工程个罪规定，绝非单纯的工程犯罪规范，而是除了犯罪规范外，还包括有关工程犯罪的特殊刑事责任规范和刑罚规范。而特定

① 参见马长生．新编刑法学［M］．长沙：湖南师范大学出版社，2011．

的犯罪规范、刑事责任规范和刑罚规范三要件的齐备，形成了特定的刑事实体法整体。此外，我国现行工程刑事立法已经初成体系而且有序，因而从研究价值上看，“工程刑法”的提法也更有实效性和科学性。

我们认为，就工程法视角或工程法平台运作而言，理当称其中的刑法规范为工程法的一部分；当从刑法角度或在刑事法平台运作时，则称其中的工程刑法为刑法的一部分也是正常且合情合理的。何况刑法与一般工程法相比，刑法不仅是单一的部门法，它还是权利最后的保障法，是《宪法》第62条明示的国家“基本法律”。

需要指出的是，工程刑法不是经济刑法的一部分。在我国，经济刑法所指称的犯罪包括标准形态的经济犯罪（即我国刑法分则第三章规定的“破坏社会主义市场经济秩序罪”）和分则其他章节规定的非标准形态的经济犯罪。虽然工程刑法的一些内容如串通投标罪、合同诈骗罪等也属于经济刑法的一部分，但是更多的工程刑法的内容如工程重大安全事故罪、重大责任事故罪等危害公共安全的犯罪，并不属于经济犯罪的范畴。我国《刑法》共规定了六类与工程活动有关的犯罪，即工程事故类犯罪、工程欺诈类犯罪、工程环境类犯罪、工程腐败类犯罪、工程侵权类犯罪和工程渎职类犯罪。这些犯罪都只能或者可能发生在工程建设领域，发生在工程建设的各个环节。

二、工程刑法学是工程法学的重要组成部分

所谓工程刑法学，是指研究工程刑法及其规定的工程犯罪和刑事责任与刑罚的学科。它具有以下两个方面的学科特征：

1. 隶属性

在从属对象的指向上，工程刑法学隶属于法学、刑法学、经济法学，也隶属于工程法学。从学科研究的内容和功能目标上看，工程刑法学是一门法律学科而非工程学科。

2. 相对独立性

工程刑法学尽管在性质上属于刑法学的分支，但这一从属性并不妨碍工程刑法学自有其不同于其他学科的、独立的研究对象和研究范围，即其

作为一门分支学科的、区别于其他分支乃至母系学科的独立品格。其一，它以刑事规范和工程规范的双重违法现象为研究对象；其二，它是工程法的最后保障法。因此，它既是刑法学的分支，还是工程法学的重要组成部分。

第二节　工程犯罪及"大数据"预防

一、工程犯罪概念及特征

一直以来，人们对建设工程领域法律问题的关注主要集中在民商事领域，很少有人重视建设工程领域刑事犯罪问题。建设工程领域的民商事案件即便争议较大、情节复杂，但是基本上在实务层面上形成了类型化的处理方式。最高人民法院颁布了多个关于审理建设工程施工合同纠纷的司法解释，各省高院也总结了不少民商事解决建设工程施工合同纠纷的经验，形成了一系列的办案指南。然而，由于建设工程领域具有投资额度大、建设周期长、涉及单位多、回报利润厚等特点，近年来国家加大基础设施建设的投入，建设工程行业经历了一段高速发展期，成为国家经济的支柱产业。加上市场整体下行压力的传导，以及政府对施工企业合法合规经营要求的提高，市场竞争愈发激烈，工程回款难度加大，有些企业内控不到位，因而建设工程领域也成为刑事犯罪的高发、频发领域。一般认为，建设工程领域犯罪也称为工程犯罪。

所谓工程犯罪，是指在建设工程领域中，行为人通过建设工程项目实施的危害国家、社会及其他与工程建设项目有关的利害关系人的合法权益，破坏工程建设正常秩序且应受刑法惩罚的行为。2019 年 4 月北京市京都律师事务所和北京师范大学刑事法律科学研究院发布的《2018 年建设工程领域刑事案件研究报告》（以下简称《报告》）指出，无论是从理论探讨的欠缺，还是从现实的风险防范必要考虑，对建设工程领域的刑事案件作系统分析，对刑事风险作全面预防，对刑事辩护要点作深入了解都是非常必要的。《报告》指出建设工程领域几大高概率犯罪分别是受贿罪、贪污罪、拒不支付劳动报酬罪、行贿罪、重大责任事故罪、伪造公司、企业印章罪、串通投标罪、单位行贿罪、非国家工作人员受贿罪、职务侵占罪和滥用职权罪等。从实际发生的工程犯罪案件来看，建设工程领域的犯罪呈现以下明显特征：

1．工程犯罪主体复杂性

由于建设工程项目阶段具有复杂性，即工程项目策划阶段、准备阶段、实施阶段、竣工验收等多个阶段①，因此参与建设工程各阶段的单位如建设单位、勘察单位、施工单位、监理单位都可能是工程犯罪中的实施主体。例如，《刑法》第 137 条规定了工程重大安全事故罪，该罪的犯罪主体是指建设单位、设计单位、施工单位、工程监理单位，而事实上，工程建设的相关自然人及人合性组织完全具备了该犯罪主体资格。

2．工程犯罪客体多样性

在人的一切活动中，客体与主体是一一对应的，二者之间既相互统一又相互制约②。工程犯罪侵害的客体既包括建设工程项目中合法权益者的利益及建设领域正常的秩序，也包括职务行为的廉洁性、公民财产权利等多个客体。例如，工程安全事故类犯罪侵害的客体既包括工程项目质量规范、公共安全，又包括工程建设权利人工程利益和公共环境等。

3．工程犯罪范围限定性

从横向角度来看，工程犯罪发生在各类建设工程的各个环节当中，如建筑工程、铁路工程、公路工程、水利工程、市政工程、农业工程、林业工程、石油天然气工程等工程中所进行的勘察、设计、采购、施工等一系列活动都有可能发生工程犯罪。而工程犯罪就是行为人在这些工程项目过程中所实施的严重违法行为。从纵向角度来看，工程犯罪一般发生在建设工程的项目审批、土地权审批、房屋拆迁、环境评测、招标投标、材料采购、建设施工、质量监管、竣工验收等环节。

---

① 参见张钦泉．工程项目管理实施的责任主体［J］．科技咨询导报，2007（28）：157.

② 参见杜雨露．地铁工程施工阶段主客体匹配性测度［D］．西安工业大学，2017.

4. 工程犯罪侵害工程管理秩序直接性

工程犯罪的行为人在建设工程项目中必须实施破了坏社会秩序的直接行为。但若行为人只是在建筑工地上盗窃建筑工人的钱财，这一行为虽然侵害了建筑工人的财产权利，但是并非直接破坏社会秩序，因此不属于工程犯罪。

二、工程犯罪的类型

在工程建设飞速发展的同时，建设工程领域犯罪也愈演愈烈，表现出犯罪主体复杂化、犯罪形式多样化、证据收集难度大的特点。根据现行《刑法》进行归纳，工程犯罪的类型主要有以下几种类型：①

1. 危害公共安全类工程犯罪或称工程事故类犯罪

危害公共安全类工程犯罪主要是指发生在建设工程领域，因违反建设工程安全规定，发生工程安全事故和工程质量事故，严重危害社会的行为。在建设工程领域的各个阶段，建设工程项目的主体违反安全管理规定实施危害不特定或多数人的人身、财产权利的行为时有发生。根据现行《刑法》规定主要有：重大责任事故罪、不报、谎报安全事故罪、重大劳动安全事故罪、工程重大安全事故罪等。根据《报告》统计，2018 年发生在建设工程领域犯罪案件当中危害公共安全类工程犯罪案件占 3%。危害公共安全类工程犯罪尽管在犯罪的主观方面恶性不大，多为过失犯罪，但危害结果却相当巨大，往往给国家和社会造成难以估量的损失。由于当前生产安全事故呈现出由传统的高危行业向其他行业领域发展的趋势，特别是一些地区和企业，安全意识不强、责任落实不力、安全投入不足、监管执法不到位的情况还依然存在，安全生产面临的形势依然严峻复杂，因此安全生产工作永远在路上。2020 年全年各类生产安全事故共死亡 27412 人，其中，工矿商贸企业每 10 万人生产安全事故死亡人数为 1.301 人，煤矿企业百万吨死亡人数为 0.059 人②。

① 参见张明楷．刑法学（第六版）[M]．北京：中国政法大学出版社，2016.

② 产业信息网：http：//www．chyxx．com/industry/202105/951688．html.

2．贪污腐败类工程犯罪或称工程腐败类犯罪

建设工程行业存在投资金额巨大、利润丰厚的特点，是职务犯罪的高发、频发领域。在建设工程的项目审批、勘察设计、工程施工、价款结算等多个方面，存在贪污、行贿受贿较大犯罪风险。因此，贪污腐败类犯罪是工程犯罪最为常见的犯罪类型。现阶段我国发生的贪污贿赂犯罪案件几乎都与建设工程存在关联。贪污腐败类工程犯罪可能发生在建设工程领域的各个环节。主要包括非国家工作人员受贿罪、对非国家工作人员行贿罪、贪污罪、挪用公款罪、受贿罪（包括单位受贿）、行贿罪（包括单位行贿）、介绍贿赂罪等。

3．破坏环境类工程犯罪或称工程环境类犯罪

建设工程领域破坏环境类的犯罪主要包括污染环境罪、非法占用耕地罪、非法采矿罪、破坏性采矿罪①。2015 年 2 月出台的《最高人民检察院关于贯彻落实中共中央关于全面推进依法治国若干重大问题的决定的意见》，明确要求各级检察机关加大对能源资源保护、环境污染防治、环境监管等环节职务犯罪的查办力度，坚决防止涉嫌犯罪案件止步于行政执法环节，严肃查处背后国家机关工作人员不作为、乱作为案件，推动完善生态环境监管体系。

4．渎职类工程犯罪或称工程渎职类犯罪

渎职罪是指国家机关工作人员利用职务上的便利或者徇私舞弊、滥用职权、玩忽职守，妨害国家机关的正常活动，损害公众对国家机关工作人员职务活动客观公正性的信赖，致使国家与人民利益遭受重大损失的行为。刑法规定渎职罪是为了保护国家机关的正常活动以及公众对国家机关工作人员职务活动客观公正性的信赖。在建设工程领域中涉及工程渎职类的犯罪很多，主要有滥用职权罪、玩忽职守罪、环境监管失职罪、非法批准征用、占用土地罪、非法低价出让国有土地使用权罪②。如在工程招投

① 参见马长生，田兴洪．论工程刑法学的几个问题［J］．湖南工业大学学报（社会科学版），2015（1）：58－63．

② 参见马长生，田兴洪．论工程刑法学的几个问题［J］．湖南工业大学学报（社会科学版），2015（1）：58－63．

标项目中，由于招标人管理建设工程项目的全阶段，掌握各环节信息，因此渎职类刑事犯罪问题多发。相关的国家工作人员严重不履行职责帮助投标人成功中标，甚至有的滥用职权降低质量标准从中牟利致使其他投标人的利益受到损害。

5. 其他类型的工程犯罪

工程建设本质上也是一种市场经济行为，市场规律对建设工程领域各类主体的行为也有调节作用，然而，在建设工程项目高额利润的驱动下，参与建设工程的主体往往会摒弃市场经济规律，实施不正当竞争、偷税逃税、串通招投标、侵犯知识产权、强买强卖、非法经营等一系列的欺诈类、侵权类违法犯罪行为。这些犯罪如果发生在建设工程领域，都可以称之为工程犯罪。

三、工程犯罪的成因及危害

（一）工程犯罪的成因

1. 项目内部承包制的弊端

为了实现信息、资本、人才等各种资源的整合，项目经理内部承包责任制应运而生，并在全国范围普遍推行。项目经理往往参与业务承接、班组管理、材料采购等内部管理和外部对接工作，在项目部人员配备上有较大的人事权，在项目资金使用上有较大的支配权，在项目管理上有较大的管理权。有些项目经理没有适应市场环境、政治环境、法律环境的变化，仍然固守老思路、老传统、老办法去拓展市场、管理项目，使得因项目经理引发的（单位）行贿罪、挪用资金罪、伪造印章罪等刑事案件呈高发多发态势。

第一，使用违法手段承接业务。有些项目经理仍然排斥通过市场竞争的方法去争取项目，而一味沿用固有思维靠走关系、输送利益拿项目，殊不知现在国家对反腐一直保持着高压态势，重点项目和人员都已纳入了监督视线，其不法行为很可能被认定为行贿罪甚至牵连到建设工程企业被认定为（单位）行贿罪的主体。

第二，擅自对外签订采购等合同。项目经理一般在行业内有一些经常合作的供应商，双方之间彼此较为了解和信任，项目经理嫌建设工程企业审批流程麻烦，往往自作主张同供应商签订采购、租赁等合同，甚至事先不签合同，等需要支付款项后才办理补签合同的手续。有的项目经理还可能采取签订合同的方式侵害、诈骗建设工程企业的财产。

第三，擅自收取保证金、礼金。有的施工合同对工程款支付约定过于苛刻，有些还需要缴纳履约保证金，项目经理在自有资金不足的情况下，很有可能向劳务班组或分包商收取保证金或以项目部名义借款，有时还会收取礼品、礼金。项目经理明知这些行为违反建设工程企业的管理制度甚至国家法律，却隐瞒不报，收款不入账，丧失偿付能力后为了逃避债务往往下落不明，很可能构成职务侵占罪或非国家工作人员受贿罪。

第四，司法实践中易认定项目经理的行为成立表见代理。项目经理在擅自对外开展签订合同、收取保证金、借款、结算等民事活动过程中，往往以项目部名义或建设工程企业的名义进行，各地法院和仲裁机构在工作实践中，往往只注重权利外观的形成而忽视建设工程企业是否存在过错、相对方是否达到一般理性商业主体应尽的注意义务这两项判断标准，非常宽泛地认定项目经理的行为构成表见代理，使建设工程企业被迫承担民事责任，甚至可能承担拒绝执行判决裁定犯罪、拒不支付劳动报酬罪等刑事法律责任。

2. 分支机构内部承包制的弊端

当前，有相当比例的建设工程企业对下属分支机构采取简单的内部承包责任制的做法。分公司虽然无自己的章程，不具有独立的法人资格，但总公司为了实现分公司的独立核算和责任制，往往下放给分公司较大的项目承接、项目管理、资金管理、人事管理等权限。有些分公司为应付总公司的监督，隐瞒、粉饰、伪造相关数据和材料，直到掩盖不了脓疮破裂后才不得不面对。分公司这种脱离监管捂盖子的行为，可能诱发串通投标罪、项目经理职务类犯罪。

第一，分公司有独立的缔约能力，但缔约风险难把控。实践中不少分公司具备独立参加某些项目的投标、签订合同的能力，有些分公司为了完成业绩指标采取围标、串通投标等不法行为，有些则不顾工期、付款、违约责任等条款的严苛独断专行地缔约，极易造成项目亏损，引发拒不支付劳动报酬罪、挪用资金罪等。

第二，分公司有独立的资金账号，但资金风险易形成。分公司进行独立核算后，往往具有独立的银行资金账号，如项目经理与分公司负责人关系较好，分公司负责人可能会不严格执行总公司关于资金管控的相关制度，给予项目经理借款或超支，而有些项目经理会同时进行两个以上的项目，产生资金混用，一旦某个项目亏损，项目经理就会丧失偿付能力，形成风险资产，这种行为容易构成挪用资金罪。

第三，分公司有相对独立的人事权，但易造成管理脱节。分公司在生产管理人员的选聘上有相对独立的人事权，有的分公司除财务岗位外，具有完全的人事权，可以确定分工、考核、定薪、选聘、解聘等事项，易形成只听领导、不管制度的不良氛围，使总公司对分公司的管控力度被削弱。项目产值、进度、质量、外欠款、风险资产等信息往往经过粉饰、加工后上报总公司，有的甚至报喜不报忧致使总公司对分公司的经营情况了解得不真实、不全面、不深入，错失对刑事犯罪案件早发现、早预防、早应对的良机。

第四，分公司的民事、刑事责任由总公司承担。由于分公司具有相对独立的经营权限，特别是分公司负责人如果合法合规意识不强，容易出现经营秩序混乱的现象，如制度宣传不到位；印章管理不规范；项目经理乱引进、乱授权；项目、合同评审走过场；项目过程资料缺失不全等。更有甚者欺上瞒下，利用建设工程企业的品牌、资质、资金、技术等资源与项目经理串通一气进行项目联营。这些因素均可能诱发民事、刑事案件，但分公司不具备独立的法人资格，因此责任均需由总公司承担。

3. *企业财务风险管控制度存在漏洞*

在多层级设立下属机构或派出机构的建设工程企业，为加强对资金的管控，往往直接下派和管理下属机构的财务人员，因此下属机构的负责人对财务工作不敢管也不想管，某些财务人员利用人员变动的机会，会计、出纳一肩挑，以办事为借口，财务章、法人章、行政公章一手掌控，甚至通过收款不入账、擅自更改银行记录等手段逃避总公司监管，实施侵占财产、商业贿赂等犯罪行为，给建设工程企业造成特别重大的损失。

（二）工程犯罪的危害

1．严重阻碍项目的顺利推进

一旦项目经理因行贿、挪用资金、伪造印章等违法行为被采取强制措施，必然会影响到班组、供应商、分包商等费用的结算和支付，如果矛盾升级还可能导致停工、找业主维权、上访、停止供货等问题，因此建设工程企业在报案前，还需要花费大量的人力物力对项目的顺利推进、对企业的不利影响等方面进行全面的分析与评估。

2．严重损害企业的经济效益

一方面，工程类犯罪可以给建设工程企业造成巨大的直接经济损失，这些损失一般都是建设工程企业的纯利润，需要花费很大的人力、物力、时间才得以积累起来，犯罪的代价是建设工程企业难以承受的。另一方面，还可能给建设工程企业造成不可预计的间接经济损失。因为巨额资金的直接损失会使某些企业流动性资金不足，可能需要融资从而增加了财务成本，或者导致不能参与某些重大项目的投标，失去承接项目的机会，降低市场占有率。

3．严重损害企业的社会评价和品牌价值

现在国家征信系统日趋完善，出现犯罪记录对评优评奖、银行贷款等方面均会产生不利影响。况且在自媒体时代，有些资讯很快会在地域性或行业性的范围内传播，如果有犯罪污点必然会影响到建设工程企业的品牌价值。

四、工程犯罪的“大数据”预防

党的十九届四中全会将提升国家治理体系和治理能力现代化作为一项重大战略任务。习近平总书记指出，要建立健全以互联网、大数据、人工智能等辅助科学决策和社会治理的机制，处理好大数据发展在法律、安全、政府治理等方面的挑战，提升国家治理能力现代化水平。

近年来，随着信息技术和移动互联网技术的快速发展，“大数据”技术的运用推动了社会治理从阶层化国家治理模式向网络化节点治理模式转换。在犯罪治理方面，“大数据”语境下的犯罪监测和犯罪预防等方面的理论研究应运而生。早在2014年就有人针对传统犯罪预防存在的问题，指出将犯罪治理的目光投向“大数据”技术应用领域，探索犯罪预防的新模式、新方法。例如，有人针对非法集资发案数量、涉案金额、参与集资人数等大幅度上升，提出应当设立非法集资大数据风险监测系统，构建全国统一的打击非法集资预警公共平台，建立全国统一协调下的打非联动机制，以实现非法集资案件的联合整治。甚至有人认为数据安全法益（CIA）应成为我国数据犯罪的独立保护法益，推动数据犯罪规范体系与技术规则的深度融合①。

把数字技术运用到并服务于法治建设是现代信息科学与人文科学相结合的现实需求。“大数据”在犯罪预防和预测方面的影响不仅体现在技术层面，还深入理念和制度层面，从制约信息能力的关键要素出发，形成犯罪治理的节点认知协同、节点技术协同、节点资源协同、节点制度协同。对工程犯罪的治理可以从大数据与小数据、理论与数据、工具理性与价值理性的关系出发，研判数据驱动下的工程犯罪监测的精细化发展趋势，在数据公开和共享基础上，采用系统的、科学的数据分析过程和方法，对工程犯罪相关数据进行统计分析和系统研究，以识别犯罪动机和目的，发现犯罪诱因，及时采取有针对性的治理措施，为有效地打击、减少和预防犯罪提供全方位的信息、数据支持。

首先，可以运用“大数据”处理无形化、碎片化的犯罪证据。现代犯罪的言词证据和纸质物证越来越少，碎片化数据越来越多，通过“大数据”技术处理犯罪关联数据，发现犯罪线索和证据，预测犯罪的发展趋势。② 随着科技创新和信息技术不断拓展，犯罪证据的信息化程度越来越高，在犯罪预防方面，需要依托信息技术和科技装备，注重对移动设备所含电子数据的查获、恢复与使用，充分挖掘涉案信息数据。因此，采用多

---

① 杨志琼. 我国数据犯罪的司法困境与出路：以数据安全法益为中心［J］. 环球法律评论，2019（6）：157－171.

② 付艳茹，马强. 大数据技术在预防官员贪腐犯罪中的应用［J］. 扬州大学学报（人文社会科学版），2016（1）：35－43.

元整合的海量信息为工程犯罪防控决策提供了综合性的数据支撑。其次，可以利用“大数据”识别精准化特点为预防工程职务犯罪提供依据。将“大数据”引入工程职务犯罪的识别中去，通过物理空间和虚拟空间的结合，建立“数据引导”的大数据库系统，设计“大数据”运用的科学框架，构建运行机制，探讨数据收集、数据研判、数据共享和数据安全等方面的完善举措，用以提升职务犯罪的识别能力，并通过对个人的户籍信息、金融信息、房产信息、人事信息等大数据的收集和整理，搭建“大数据”分析平台，培养数据挖掘和分析团队，制定个性化的预防对策，以实现预防工程职务犯罪的目的。再次，利用“大数据”处理快速化特点为工程犯罪的风险抵御能力提供技术。在工程犯罪的预防问题上，可以利用“大数据”容量大、类型多、价值密度低和价值增值、存取速度快等特征，对工程犯罪进行预警，作出预测性分析、决策判断，从源头上防控犯罪的发生，并运用“大数据”算法来研究工程犯罪的特点和规律，提出防控工程犯罪的定量思维、相关思维和实验思维的“大数据”思维模式，帮助制定打击和预防工程犯罪的策略。此外，还可以通过信息共享在工程建设过程中各环节犯罪防控主体之间搭建起顺畅、有效的协作机制，实现犯罪治理的法律效果、社会效果和经济效果三者的有机统一。最后，“大数据”可以作为工程建设的安全风险监测与安全事故防控技术。在建设工程领域，早有人提出运用 Hadoop 分布式计算框架、HDFS 分布式文件系统建立工程安全元数据管理系统，实现海量、多源、异构数据的融合与共享，以保障工程质量，预防工程安全事故的发生[①]。利用大数据分析平台构建的安全风险预测系统，可以对安全生产态势进行动态展现，对工程事故规律进行挖掘展现，对事故风险进行预测展现，对事故网络舆情进行监控展现以及预测数据的综合管理展现。

事实上，利用“大数据”预防工程犯罪不仅在理论上是可行的，在实践层面上完全可以建构相关的预防机制。

---

① 饶小康，马瑞．基于人工智能的堤防工程大数据安全管理平台及其实现［J］．长江科学院院报，2019（10）：104－110．

1. 构建工程犯罪“大数据”预测机制

将“大数据”技术引入犯罪预防中去，通过大数据共享建立工程犯罪的观测机制、预警机制、调查机制和惩处机制，引导工程犯罪的“点预防”向“面预防”转换，切实提高预防的实效性。传统的犯罪预测一般是基于知识和经验，缺少对犯罪数据潜在信息价值的运用，存在预防范围的局限性、预防对象的盲目性、预防行为的滞后性等诸多弊端。随着互联网技术和人工智能技术的快速发展，工程犯罪的防控策略，需要借助于犯罪数据分析和计算机建模软件以建立犯罪信息、犯罪数据的多种预测技术。一是进行数据统计和数据挖掘，经过调查、数据搜集、分析、归纳，得出重要的相关信息因子，从而揭示犯罪发生规律；二是建立向量机、决策树、逻辑回归模型以及关联规则等预测建模技术；三是探讨自回归模型的形式、建立、识别、检验和如何用于预测的“自回归（AR，Automaticity Regression）模型”犯罪预测技术。

2. 构建工程犯罪“大数据”监控机制

将“大数据”技术引入工程犯罪预防中去，通过观测和分析建设工程的项目审批、土地权审批、房屋拆迁、环境评测、招标投标、材料采购、建设施工、质量监管、竣工验收等多个环节的犯罪易发点和诱发因素，为工程犯罪的预防聚集犯罪事件、犯罪信息和犯罪数据，建立犯罪发现、犯罪预防和犯罪治理海量的数据储存系统。运用移动互联网络储存容量大、处理速度快、共享途径便捷等特点，将从建设工程领域多个环节获取的犯罪风险数据在犯罪预防机构、社会治理机构以及工程管理机构等部门之间实现信息共享，从而实现建设工程领域犯罪预防整体化与条块化相结合。

3. 构建工程犯罪“大数据”采集机制

预防工程犯罪的“大数据”采集系统可以分为两部分，即内部数据的采集系统和外部数据采集系统。其中，内部数据采集系统主要通过对建设工程领域犯罪案件处理的侦查、起诉、审判、法律监督、监察等主要业务部门的数据共享来构建，将发生在建设工程领域的各类民事案件、行政案件和刑事案件所反映出来的犯罪内附信息和数据进行有效处理，从而建设犯罪预防的“大数据”信息储存系统。外部数据系统主要通过对建设工程管理、土地审批管理、招投标管理、工程建设参与主体的人力资源管理、工程安全管理、工程质量监督监理、工程建设材料市场价格等大数据收集来构建。将发生在工程建设过程中有关各种工程项目信息进行比较、分析和处理，筛选可能引发犯罪风险的信息数据，建立“大数据”信息储存系统。

4. 构建工程犯罪风险“大数据”分析模型

将工程建设过程中的项目审批、土地权审批、房屋拆迁、环境评测、招标投标、材料采购、建设施工、质量监管、竣工验收等九个建设环节可能发生犯罪的风险值记为 R_i，每个环节犯罪风险监控参数分别为 M_i、N_i、Q_i、Y_i，则犯罪风险值测算公式为：

$$R = \sum_{i=1}^{9} R_i \quad R_i = \sum (M_i + Ni + Q_i + Y_i)$$

R_i 的值越大，发生犯罪的风险越大。其中各监控参数分别为：

（1）建设资金参数 M_i。指可能引发犯罪的工程建设资金金额，设定 100 万元以下、100 万～500 万元、500 万～1000 万元、1000 万～5000 万元、5000 万元以上五个值，即 $1 \leqslant M_i \leqslant 5$。

（2）权力级别参数 N_i。指工程建设每个环节中可能实施犯罪且享有不同级别权力的人员，设定为普通人员、重点关键岗位人员、主要负责人、直接责任人、一把手等五类，即 $1 \leqslant N_i \leqslant 5$。

（3）对象状况参数 Q_i。指参与工程建设主体可能引发其犯罪的人格状况、家庭成员及财产状况、社会关系情况等因素，包括人格因素、教育状况、个人及家庭财产状况、社会关系状况、业务技术能力等五个方面，即 $1 \leqslant Q_i \leqslant 5$。

（4）采购价格比值差 Y_i。指工程建设每个环节材料采购价格与市场价格的比值，即

$$Y_i = \frac{P' - P}{P} \times 100\%$$

其中，P' 为源材料采购价格，P 为源材料的市场价格。Y_i 设定 10% 以下、10%～20%、20%～50%、50%～100%、100% 以上五个阶段，即

$1 \leqslant Y_i \leqslant 5$。

5. 构建工程犯罪“大数据”干预机制

一是建立预防工程犯罪的专业机构或部门，开展对建设工程项目全方位监控。二是建立大数据共享的工程犯罪预警机制。各类司法机关、行政机关和工程建筑企业将工程犯罪风险值的监控数据通过互联网传送到预防工程犯罪的专业机构或部门，并在此建立预警机制。三是完善预防工程犯罪的调查机制。预防工程犯罪的专业机构或部门组建专门人员对出现工程犯罪预警的工程建设环节、工程建设参与人员或单位开展调查。四是完善以预防工程犯罪为目的的惩治机制。预防工程犯罪的专业机构或部门运用民事权利维护、行政处罚建议和各类诉讼方式实现建设工程各环节建设主体责任，从而避免工程犯罪危害结果的发生。五是建立大数据技术和传统犯罪预防方式的互补机制。大数据技术作为互联网时代的科技手段，服务于传统对“人”的教育、改造等方式的犯罪预防目的。因此，必须建立大数据技术和传统犯罪预防方式的互补机制。

第三节　工程重大安全事故罪的责任形式

一、全面“双罚制”责任形式

改革开放以来，铁路、公路、机场、水利工程等重大基础设施建设以及房地产市场的迅速发展在带来经济增长的同时，建设工程质量安全问题也越来越突出。为防范工程安全事故的发生，《刑法》第137条规定了工程重大安全事故罪，即建设单位、设计单位、施工单位、工程监理单位违反国家规定，降低工程质量标准，造成重大安全事故的，对直接责任人员，处五年以下有期徒刑或者拘役，并处罚金；后果特别严重的，处五年以上十年以下有期徒刑，并处罚金。刑法作为调整社会关系的最后保障性规范，设定工程重大安全事故罪对防范工程建设领域的犯罪起到了一定的作用，然而该法条关于刑事责任的规定并没有完全遵循罪责自负原则。

刑法理论认为，犯罪是刑事责任的前提，刑事责任是犯罪的法律后果，在刑事责任的承担问题上，应当遵循罪责自负的原则。也就是说，任何人只对自己具有罪过的行为承担刑事责任。如果犯罪主体不承担刑事责任，或者犯罪主体转嫁刑事责任，在一定程度上都是对罪责自负原则的背离。《刑法》第137条以列举的形式明确了工程重大安全事故罪的犯罪主体是建设单位、设计单位、施工单位、工程监理单位，而刑法却将该罪的刑事责任只分配给犯罪单位的直接责任人员。虽然有学者基于对法律概念作文义解释后认为，这里的“单位”并不是与“个人”相对应的日常用语，并不限于“单位犯罪”意义上的“单位”，而是既包括单位也包括看起来与“单位”字面含义相对应的个人。但从罪刑法定原则和我国刑法关于单位犯罪的有关规定来看，将工程重大安全事故罪的犯罪主体从“单位”扩释到“个人”似乎有牵强附会之嫌，并不被主流观点所接受。

根据《刑法》第31条规定：“单位犯罪的，对单位判处罚金，并对其直接负责的主管人员和其他直接责任人员判处刑罚。刑法分则和其他法律另有规定的，依照规定。”可见，刑法对单位犯罪刑事责任的规定坚持了“双罚制”原则，即既处罚犯罪单位，也处罚直接负责的主管人员和其他直接责任人员。但由于刑法分则或其他法律可能对单位犯罪的处罚有不同的规定，因此刑法也肯定了这些不同的规定。这些不同规定主要是刑法分则采取的刑事责任“转嫁”的规定，即人们通称的“单罚制”。也就是说，刑法分则规定某类单位犯罪只处罚直接负责的主管人员和其他直接责任人员，而不处罚实施犯罪的单位。在犯罪单位的财产所有权及财产利益很有可能分属于犯罪主体和非犯罪主体，甚至包含单位犯罪的受害人的情况下，如果刑法规定对所有单位犯罪都采取“双罚制”，可能在要求单位承担罚金刑事责任的同时也侵害了其他非犯罪人甚至是受害人的合法权益，因此，为保护非犯罪人的合法权益，刑法分则规定某些单位犯罪实行“单罚制”责任形式是可以理解的。

但是，单位犯罪的“单罚制”责任方式毕竟是对罪责自负原则的偏离。因此，只能根据单位犯罪所侵害的利益和刑罚责任可能侵害的权益来确定“单罚制”适用的犯罪类型。纵观我国《刑法》分则，单位犯罪采用“单罚制”责任形式的主要有 4 类犯罪，分别是：第 137 条的工程重大安全事故罪；第 161 条的违规披露、不披露重要信息罪；第 162 条的妨害清算罪，隐匿、故意销毁会计凭证、会计账簿、财务会计报告罪，虚假破产罪；第 396 条的私分国有资产罪；私分罚没财物罪。深入分析采取“单罚制”的 4 类单位犯罪，其中第 161 条和第 162 条属于妨害对公司、企业的管理秩序罪。《刑法》第 161 条规定的违规披露、不披露重要信息罪的犯罪主体虽然是单位，但犯罪行为侵害的是公司股东的合法利益。如果采用“双罚制”的原则，既处罚犯罪单位，又处罚直接负责的主管人员和其他直接责任人员，那肯定再次损害了权利人（股东）的利益。因为“双罚制”必然要求犯罪单位（公司）承担罚金刑事责任，即以公司的财产支付罚金。而股东（投资人）是公司所有者权益人，如果以公司财产支付罚金，最终还是损害股东（投资人）的利益。可见，如果将“双罚制”责任形式配置给违规披露、不披露重要信息罪的犯罪单位显然是不合理的。《刑法》第 162 条规定的妨害清算罪，隐匿、故意销毁会计凭证、会计账簿、财务会计报告罪和虚假破产罪也是如此。刑法的立法旨意是在于保护公司债权人利益，如果采取“双罚制”的责任形式，要求公司承担罚金刑事责任，以公司财产支付罚金，而此时公司处于清算、破产状态下，任何处置公司财产的行为都是对债权人利益的损害。因此，基于公平性价值的分析，刑法分则也只能对这类犯罪采取“单罚制”。至于《刑法》第396条规定的私分国有资产罪和私分罚没财物罪，虽然犯罪主体是国家机关、国有公司、企业、事业单位、人民团体等单位，但事实上是少数个人实施侵害单位利益的行为，单位本身就是受害人。况且基于财产的全民所有制性质，如果让国家机关、国有公司、企业、事业单位、人民团体等单位承担罚金刑刑事责任的话，显然不具有刑罚的可罚性。所以，“双罚制”的责任形式不适用于《刑法》第396条规定的私分国有资产罪和私分罚没财物罪。

那么，刑法对工程重大安全事故罪规定“单罚制”刑事责任形式是不是具有合理性呢？我们的观点是否定的。

（1）本罪的犯罪行为侵害的是公共安全，即不特定多数人的生命和财产安全。犯罪主体的单位和受害主体之间并不存在权益的同属关系，要求处罚犯罪单位承担罚金刑刑事责任，并不会损害到其他非犯罪人的合法权益。因此，只有以“双罚制”原则为工程重大安全事故罪设置刑事责任才能真正体现罪责自负原则。

（2）由于刑事责任是犯罪的否定性后果，而犯罪是基于故意或过失心理过错的行为，因此，只有某些具有主观心理上的故意或过失的社会危害性行为，才能被认定为犯罪，犯罪行为人才能承担刑事责任。然而事实上，从事建设、设计、施工、工程监理的单位直接负责的主管人员并不都是对其单位违反国家规定、降低工程质量标准具有主观心理上的故意或过失。从本质上说，直接负责的主管人员对工程重大安全事故的发生是一种监管责任，如果在监管上存在故意或过失导致其所在单位违反国家规定、降低工程质量标准，当然应当追究其监管责任。但因为工程单位的主管人员并不都是工程建设的专业技术人员，其主管职责范围较广，对其所负责的单位违反国家规定、降低工程质量标准的行为，并不都能全部监管到位，甚至可能存在下级向上级隐瞒事实。由于这种监管上的过错并不完全等同于工程重大安全事故罪构成的主观过错，因此，将刑事责任完全配置给直接负责的主管人员有违罪责自负原则。

（3）罪责自负原则至少包含两层含义：一是犯罪主体与刑事责任主体的一致性。也就是说刑事责任主体应当是犯罪主体，不能要求非犯罪人承担刑事责任。工程重大安全事故罪的犯罪主体是建设单位、设计单位、施工单位、工程监理单位，这些单位当然是该罪的刑事责任主体。在这个层面上讨论犯罪主体是单位的情形下，应当实行罪责自负的法定刑模式。法人作为法律拟制的人，是与自然人相对的概念，二者都具有独立承担刑事责任的能力。二是罪责自负原则要求犯罪主体承担刑事责任的现实性。即除非存在法定免责的情形，否则任何实施了犯罪的主体都应当承担相应的刑事责任，而不能将刑事责任转嫁给非犯罪人，也不能因一部分犯罪人承担了刑事责任而免除另一部分犯罪人的刑事责任。在建设工程领域，为了确保工程质量，应该要求单位对其从业人员的资质选任以及行为负有监督的职责。单位应对其选任的从业人员违反国家规定擅自降低工程质量标准的行为承担过失责任。然而，事实上《刑法》137 条规定的工程重大安全责任事故罪规定的“代罚制”正是由于部分责任人承担了该犯罪的刑事责任，从而免除了犯罪单位的刑事责任。

因此，在工程重大安全事故罪的刑罚设置上应当采取“双罚制”的方式，实现单位和其内部自然人各自对各自的罪行承担罪责，既不放纵参与犯罪的自然人，也不放纵实施犯罪的单位，根据二者行为的不同性质配置不同的刑种，根据二者实施的犯罪行为分别定罪量刑，实现实质意义上的罪责自负，坚决反对代罚与转嫁的罪责承担方式，从而实现惩罚对象的全面性、法定刑设置的合理性，使犯罪的单位和支配单位犯罪的自然人都不能逃脱刑法的制裁，这样的刑事处罚才更为科学，也更加符合刑罚的公正性。

二、增设刑事资格罚责任形式

刑事资格罚作为剥夺犯罪人法定资格的刑事处罚方法，在国外刑法制度中已占有一席之地。我国《刑法》没有明确提出刑事资格罚的概念，但刑事资格罚制度却由来已久。《刑法修正案（九）》就规定，人民法院可以根据犯罪情况和预防再犯罪的需要，对因利用职业便利实施犯罪，或者实施违背职业要求的特定义务的犯罪，除被判处刑罚以外，还可以禁止其一定期限从事相关职业①。刑事资格罚作为一种预防犯罪的非刑罚措施，在适用犯罪类型上具有明显的针对性，主要适用于利用资格实施的犯罪和违反职业要求的特定义务的犯罪。刑事资格罚通过“物理强制”和“心理强制”两个方面来实现刑罚特殊预防功能，防止犯罪的再次发生。在“物理强制”方面，由于刑事资格罚针对的主要是利用资格实施的犯罪，因此资格往往成为犯罪构成必不可少的要素，剥夺这种资格也等于消除了犯罪基础，从而可以有效地预防犯罪人再次犯罪。在“心理强制”方面，主要体现为刑事资格罚可以施加给犯罪人强大的心理压力，使犯罪人产生恐惧效应和痛苦效应。心理学认为，所谓的威慑心理，就是基于刑罚的威慑力，对犯罪者施加心理与生理上的强制影响或抑制刺激所引起的一种畏惧反应。刑事资格罚剥夺的资格，对犯罪人来说，可能是在生产、生活当中起决定性或基础性作用的某种资源。剥夺这种资格不仅会使犯罪人产生较大心理落差，而且会因其生产、生活的不便造成心理上的巨大痛苦和压力，从而迫使自身认真接受刑罚改造，重新回归到社会，杜绝犯罪念头，实现刑事资格罚的特殊预防功能。②

由于建设工程领域的安全事故具有重大的社会危害性，一旦发生事故，将会造成重大的人员伤亡和财产损失，而且犯罪单位的意志和行为在事故发生的原因上具有无法割断的因果关系。因此，我国有关建设工程方面的法律法规要求，建设工程领域实行资格准入制度，即要求建设者具有相应的资质，才能从事相应的工程建设行为。例如《建筑法》第 7 条规定：“建筑工程开工前，建设单位应当按照国家有关规定向工程所在地县级以上人民政府建设行政主管部门申请领取施工许可证。”《工程监理企业

---

① 参见曲新久．从“身份”到行为——工程重大安全事故罪的一个解释问题［J］．人民检察，2011（17）．

② 参见彭聃龄．普通心理学［M］．北京：北京师范大学出版社，2004：163．

资质管理规定》第2条规定："在中华人民共和国境内从事建设工程监理活动，申请工程监理企业资质，实施对工程监理企业资质监督管理。"然而《刑法》第137条对工程重大安全事故罪刑罚设置的规定，只要求犯罪单位的直接责任人员承担一定的自由刑和罚金刑刑事责任，并没有为犯罪单位设置任何刑罚责任。这样的刑罚配置难以起到预防实际犯罪主体再次犯罪的作用，抑制了刑罚应有的特殊预防功能的发挥。

对工程重大安全事故犯罪而言，即使采用"双罚制"刑罚责任方式，既处罚犯罪单位又处罚直接责任人员，也难以有效实现预防犯罪的刑罚功能。因为根据现行刑法对犯罪单位刑罚设置的规定，对建设单位、设计单位、施工单位、工程监理单位等犯罪单位来说，其刑罚责任也只能是罚金形式。而罚金刑，是一种财产刑方式，对经营性单位而言，因承担刑事责任而支付的罚金都可以视为生产交易成本的组成部分，在资金往来账簿上和其他的生产交易成本没有差别，只要犯罪单位仍然具有从事经营的某种资格，支付的罚金成本完全可以从日后的合法或者违法经营中得到弥补。可见，对工程重大安全事故犯罪主体的罚金刑措施，不仅减弱了刑罚的威慑性，而且淡化了犯罪单位对犯罪行为违法性的认识，难以起到预防再次犯罪的刑罚功能。因此，如果刑法增设工程重大安全事故犯罪主体的刑事资格罚，对涉及犯罪的主体在从业资格上予以剥夺或者限制，从而严重影响到其生存利益，则对建设单位、设计单位、施工单位、工程监理单位等单位犯罪将具有很好的预防性和更强的制裁性，建设工程的参与主体在进行工程建设时，也将会更加重视每个环节，提高质量，注重细节，增强安全意识，为人民的生命和财产安全保驾护航。这种刑事资格罚可以是永远也可以是暂时地被剥夺。对工程参与建设主体资格进行永远地剥夺必定是刑法对犯罪单位进行的最严厉的否定性评价。而暂时性地剥夺刑事资格罚期限届满，该单位重新获得从业资格时，一定会从之前违法犯罪行为中吸取经验教训，更加注重安全生产各项环节，倍加珍惜失而复得的机会与资格。因此，我们主张应在本罪中增加一定期限的限制或禁止犯罪主体从事建设工程有关业务的刑事资格罚惩罚机制。

三、增设危险犯责任形式

在危害公共安全犯罪中，尽管有些具体的犯罪以具备一定的危害结果为要件，但从犯罪的共同客体来看，《刑法》第二章中的所有犯罪所侵害的客体都是社会公共安全，即不特定或多数人的生命、健康和重大公私财产安全①。危害公共安全的行为，既包括已经造成实际损害的行为，也包括未造成实际损害结果的行为。可见，危害公共安全犯罪首先规制的是基于危险性行为的犯罪。刑法对危险性犯罪的防范主要体现在对犯罪风险的规制。事实上，随着刑法理论的不断完善与发展，基于防范风险犯罪的需求，防范风险性犯罪的刑法理论——风险刑法越来越被理论界和实务界所重视。所谓风险刑法，简单来说，是指通过规制行为人违反规范的行为所导致的风险，以处罚危险犯的方式更加早期地、周延地保护法益，进而为实现刑罚的积极的一般预防目的而形成的一种新的刑法体系②。尽管目前对风险刑法的引入仍然存在理论上的不同见解，但不可否认的一点是，风险刑法可以通过设置抽象危险犯来指引和警诫特定犯罪行为人的潜在危险行为，在一定程度上防范危险性犯罪的再次发生，从而促成公众对于犯罪的道德厌恶，培育自觉守法的意识，提升对法治秩序的信赖，实现刑法特殊预防和一般性预防的功利目的。

根据《刑法》第137条规定，成立工程重大安全事故罪，须以“造成重大安全事故”为构成要件，因此从这个层面上来说，本罪属于结果犯。然而，在建设工程高速发展的今天，工程质量关涉到每一位公民的人身和财产安全。工程质量低劣隐存着发生危害结果的严重危险。刑法对于这种针对不特定多数人的生命、健康和重大公私财产，足以危害公共安全的行为，应当给予足够的重视。如果非要等到江堤毁损、房屋倒塌等严重危害结果发生时，才去给过失行为以惩罚，不但起不到积极作用，而且也是得不偿失的。

---

① 参见高铭暄，马克昌. 刑法学［M］. 北京：北京大学出版社，高等教育出版社，2016：332.

② 参见孙万怀. 风险刑法的现实风险与控制［J］. 法律科学，2013（6）：130－140.

基于风险刑法对危险犯的规制理念，我们主张在工程重大安全事故罪的法定刑中增加危险犯的惩罚机制，应当区分“足以造成重大安全事故”和“造成重大安全事故”不同法定情节，并分别规定相应的法定刑。在量刑方面，对于“足以造成重大安全事故”的危险犯和“造成重大安全事故”的结果犯设置不同的刑罚幅度。其实在国外立法例中都有关于工程安全类危险犯的惩罚机制。例如1956年《泰国刑法》第227条规定：执行房屋或建筑之设计、监工、构筑、修缮或迁移职业之人，不遵守工程之适当规则或方法，足生危险于他人者，处五年以下有期徒刑或科或并科一万巴特以下之罚金。第239条规定：因过失犯第226条至237条之罪，致对他人生命发生紧急危险之结果者，处一年以下有期徒刑或科或并科二千巴特以下之罚金。1998年《德国刑法典》第319条规定了违反规则罪：一、在建筑物的设计、指挥、施工或拆除时，违反公认的技术规则，因而危及他人身体或生命的，处5年以下自由刑或罚金。二、在履行设计、指挥、施工职务时，违反公认技术规则，增加或变更建筑的技术设备，因而危及他人身体或生命的，处与前款相同之刑罚。三、过失危险的，处3年以下自由刑或罚金。四、过失犯第1款和第2款之罪，而过失造成危险的，处2年以下自由刑或罚金。此外，《瑞士刑法》《日本刑法》以及我国台湾地区的“刑法”都有类似处罚危险犯的规定。

四、加重法定刑以解决刑罚偏轻的问题

《刑法》规定工程重大安全事故罪的法定刑幅度有两个：处五年以下有期徒刑或者拘役，并处罚金；后果特别严重的，处五年以上十年以下有期徒刑，并处罚金。从刑法分则的体例安排来看，我国刑法分则体系对类罪的排列是以各类犯罪的社会危害程度为标准的。刑法分则包括的10类犯罪是根据各类犯罪的社会危害程度的大小由重到轻依次排列，危害公共安全罪侵犯的是社会的公共安全，其社会危害程度仅次于危害国家安全罪[①]。

---

① 参见高铭暄，马克昌. 刑法学［M］. 北京：北京大学出版社，高等教育出版社，2016：352－353.

根据罪责刑相适应的原则，危害公共安全犯罪的法定刑总体上应当高于其他类型的犯罪。但从工程重大安全事故罪的刑罚设置来看，我国刑法分则并没有反映这样的立法精神。例如《刑法》第二章中规定的“生产、销售伪劣商品罪”中的9个具体犯罪，除生产、销售伪劣产品罪，生产、销售不符合安全标准的产品罪，生产、销售伪劣农药、兽药、化肥、种子罪和生产、销售不符合卫生标准的化妆品罪以外，其他犯罪的法定最高刑都配置了无期徒刑甚至死刑。虽然生产、销售伪劣商品犯罪与工程重大安全事故罪分属于不同性质的犯罪，但在犯罪的客观方面和主观方面存在较大相似性。况且我国刑法将工程重大安全事故罪分列在《刑法》第二章危害公共安全犯罪中，而生产、销售伪劣商品罪分列在第三章破坏社会主义市场经济秩序罪当中，根据我国刑法结构体系的安排可知，危害公共安全犯罪的社会危害性明显大于破坏社会主义市场经济秩序罪，因此工程重大安全事故罪的社会危害性肯定大于生产、销售伪劣商品罪。从罪责刑相适应的原则来看，工程重大安全事故罪的刑罚配置应当高于生产、销售伪劣商品罪。然而，事实正好相反。可见，通过横向比较，工程重大安全事故罪的刑事责任仍然偏轻。因此，应当提升工程重大安全事故罪法定最高刑，可以规定：建设单位、设计单位、施工单位、工程监理单位违反国家规定，降低工程质量标准，足以造成重大安全事故的，对直接责任人处三年以下有期徒刑或者拘役；造成重大安全事故的，处三年以上十年以下有期徒刑；后果特别严重的，处十年以上有期徒刑或者无期徒刑。并对单位处以罚金刑，剥夺其从业资格。

第四节　工程领域中的职务犯罪

一、职务犯罪在建设工程领域中的表现

一直以来，理论界对职务犯罪的概念理解存在较大争议。有人认为：职务犯罪是国家工作人员利用职务之便贪污公共财物、收受贿赂或者滥用

职权、玩忽职守、徇私舞弊，破坏国家工作人员职务行为廉洁性或者国家机关正常管理活动的行为①。有人认为：职务犯罪是指具备特定身份的国家工作人员利用职务上的便利，滥用职权、玩忽职守，破坏国家对职务行为的管理活动，致使国家和人民利益遭受重大损失的一类犯罪行为的总称②。也有人认为：职务犯罪就是指国家公职人员或等同于公职人员的工作人员利用职务上的便利，或滥用职权，不尽职责，破坏国家对职务活动的管理职能，并依照刑法应当受到刑罚处罚的行为③。还有人认为：职务犯罪是指国家工作人员利用职务上的便利，非法牟取不当利益，或者履行职责不当，妨害国家对职务行为的管理活动，依法应当承担刑事责任的犯罪行为的总称④。

在职务犯罪概念理解上的观点分歧随着《监察法》《国家监察委员会管辖规定（试行)》等法规的出台基本上得到了平息。虽然《监察法》并未明确给出职务犯罪的定义，但从《监察法》和《国家监察委员会管辖规定（试行)》对监察机关处理职务犯罪案件的类型规定来看，职务犯罪主要是指行使公权力的公职人员利用职务上的便利，或者对工作严重不负责任，不履行或不正确履行职责，破坏国家对职务活动的管理职能，致使国家和人民利益遭受重大损失，依照刑事法律应当受到刑罚处罚的行为。例如《监察法》第 34 条规定："人民法院、人民检察院、公安机关、审计机关等国家机关在工作中发现公职人员涉嫌贪污贿赂、失职渎职等职务违法或者职务犯罪的问题线索，应当移送监察机关，由监察机关依法调查处置。"《国家监察委员会管辖规定（试行)》第 11 条规定："国家监察委员会负责调查行使公权力的公职人员涉嫌贪污贿赂、滥用职权、玩忽职守、权力寻租、利益输送、徇私舞弊以及浪费国家资财等职务犯罪案件。"由此可见，职务犯罪的主体应是行使公权力的公职人员。

建设工程领域是职务犯罪的高发领域。在工程招投标过程中、征地拆

---

① 参见高铭暄，陈璐．当代我国职务犯罪的惩治和预防［J］．法学杂志，2011（2）：1－8.
② 参见张穹．职务犯罪概论［M］．北京：中国检察出版社，1991：14.
③ 参见王昌学．职务犯罪特论［M］．北京：中国政法大学出版社，1995：4.
④ 参见陈兴良．职务犯罪认定与处理实务全书［M］．北京：中国方正出版社，1996：23.

迁过程中、PPP（政府特许经营）项目中、EPC 工程总承包项目中，职务犯罪常有发生。建设工程项目多头行贿、多头受贿特征明显，某些工程项目或者集团甚至形成了腐败潜规则，往往查一个带一串挖一窝，呈现群体性腐败、塌方式腐败。特别是不少具有特定地位和职权的领导干部因在建设工程领域实施了破坏国家工作人员职务行为廉洁性或者国家机关正常管理活动的行为，涉嫌职务犯罪而受到刑事惩罚。在建设工程领域的职务犯罪主体中有的还包括单位犯罪，而且建设工程领域往往涉案金额巨大，时间跨度长，参与人数众多，案件复杂，取证难度大。从土地审批到工程设计、承包、转包、施工、监督、检查、验收的每一个阶段环环相扣，涉及管理部门众多，且部分职能交叉，使得过程复杂、程序繁琐、项目周期长。为使每个阶段能够顺利进行，承建方往往会不择手段行贿所涉环节的相关人员，因此"串案""窝案"多发的特征明显。[①] 窝案是指一个案件同一个部门涉及若干个国家工作人员，同一个建设工程项目出现问题也就意味着这若干个工作人员将受到刑事处罚；而串案是指在工程项目中出现了某一个问题就会从中牵扯出不同部门的工作人员共同涉嫌犯罪。

近年来，随着案件查办力度的不断加大，建设工程领域职务犯罪案件的犯罪方式方法也在不断发生变化，作案手段智能化、隐蔽化趋势明显，反侦查能力不断提高，发现和查处的难度加大。一是感情投资。如在工程建设项目中，有的经常以劳务费、咨询费、加班费、介绍费、外协费、会议赞助费、节日慰问金等为掩护；有的借逢年过节、婚丧嫁娶、子女升学等机会，大肆贿送"礼金"和物品；有的以借款的形式，掩盖贿赂事实；有的安排行贿对象以考察为名，游山玩水，吃喝玩乐。二是间接受贿。即并非由本人亲自收受贿赂，而是由其配偶、子女、有亲密关系的人代为收受贿赂，一旦事发，佯装不知情；或者先以他人的姓名、地址将现金存入银行，以后找机会据为己有。这些案件都昭示着建设工程领域犯罪手段越来越隐蔽，从而增加了建设工程领域职务犯罪调查取证的难度。[②]

---

① 参见杨永强，刘德华．工程建设领域行贿犯罪案解析［J］．四川党的建设（城市版），2011（06）：52－53.

② 参见喻建容．浅论职务犯罪［D］．西南政法大学，2010：22.

二、建设工程领域职务犯罪发生的原因

1. 权力失控，监督力度不够

一方面，在建设工程领域发生的职务犯罪案件中每个环节都会涉及大量的项目资金，行为人为了能够以最短时间实现利益最大化，往往会实施行贿等违法手段，给了相关部门掌权者权力寻租的机会。从中国裁判文书网上传的案例看，涉案的人员大部分在案发前都执掌本单位的某一项职权，这些相对集中的权力因缺乏有效的监督，在行使过程中走了样，造成了严重的权力失控现象①。另一方面，现有的监督机制不完善，致使监督不到位，很难在工程建设领域起到监督的作用。

2. 建设工程行业不规范，相应体制不健全

在建设工程领域，涉及工程的设计、发包、施工、监管等多个复杂的环节，由于没有规范的运行机制，有些缺乏相应的资格、施工人员参差不齐的施工单位也开始参与项目的运行。如在工程串通投标中，欠缺投标资质的相关单位为了能够参与工程项目的招标，而借用有资质的施工单位的资质参与招标。②

3. 立法滞后，监督乏力

建设工程行业已经成为当下的热门行业，但至今建设市场的工程发包、承包、招标投标管理、工程造价管理，还有可能因为工程质量监管等法律依据不够统一，不够完善，导致对于应当招标发包而不招标的，将工程发包给不具备承包条件单位的，未按规定办理工程质量监督手续的，将工程肢解发包的，指定承包单位或强揽业务的等违法违规行为的出现。而且，现有机制不能有效地保证公开、公正、公平的竞争原则得到很好遵守。比如，串通投标罪是一种典型的常发于工程招标领域的犯罪，为了保护国家、集体、投标者及招标者的合法权益，现行《刑法》虽对串通投标罪进行了相关规定，在实践中仍有些问题尚未得到解决。

---

① 参见杨静．工程建设领域中职务犯罪案件特点产生原因及相应对策［J］．中国招标，2012（50）：28－30．

② 参见武晋伟．串通招投标法律问题研究［D］．中南大学博士论文，2006：57．

第五节　工程领域串通投标罪的认定

一、串通投标犯罪案件的特点

招投标制度是一种能有效维护社会主义市场经济秩序、保证公平竞争、优化资源配置和提高交易效率的手段。近年来，我国招标投标市场中的串通投标犯罪行为呈猖獗之势，严重危及我国社会主义市场经济秩序。所谓串通投标罪是指投标者相互串通投标报价，损害招标人或者其他投标人利益，或者投标者与招标者串通投标，损害国家、集体、公民的合法权益，情节严重的行为。它往往呈现以下一些特点。

（一）投标人多数采取围标方式

在招投标项目中，投标人为了获取更大的利益，经常会采取一些不正当的手段，比如组织若干公司进行围标、向招标人或评标委员会成员采取行贿手段、不符合投标的条件而采取挂靠有资质的单位参与投标等多种方式。[①] 所谓围标，是指某一发包工程进行公开招标前，众多投标人私下共同商议决定，由某投标人中标，中标人则出钱给其他陪标者，从而损害国家、集体利益和其他投标人合法权益的行为。

（二）犯罪主体为多数人

在串通投标犯罪案件中，犯罪主体为多数主体且呈现多元化趋势，一般只要是具有招投标资格，实施了非法串通投标的行为，且损害了国家、集体利益和其他投标人的合法权益的人或者具有相应资质的单位都可以成为串通投标罪的主体。

（三）投标文件基本雷同

在串通投标犯罪案件中，参与投标的文件内容包括合同条款、工程报

① 参见胡菲．我国建设工程招投标法律制度的研究［D］．复旦大学，2011：25．

价、图纸、工程量清单及工程建设标准等条件基本一致。

（四）与招标代理公司恶意串通

根据《招标投标法》第 13 条，招标代理公司是指依法设立能够为招标人及投标人在招投标项目中提供有关招标服务的中介服务组织。我国刑法第 223 条仅仅规定了串通投标罪的主体是招标人、投标人，并不当然包括招标代理公司。对于招标代理公司是否应当作为串通投标罪的主体，现今存在两种观点。一种观点认为不应当把招标代理公司纳入串通投标罪的主体。理由是招标代理公司仅仅是独立于政府、企业之外的一个中介组织。尽管其代理招标人从事工程项目招标，但不是招标人自身，按照罪刑法定原则，不应当纳入串通投标罪的主体。另一种观点认为，应当作扩充解释，招标代理公司已经作为招标人实际参与到了招投标项目中，它直接代表项目的一方当事人行使部分权利，而且有一些招标代理公司的人员与投标人互相串通，弄虚作假，为了获取非法利益而采取不当的手段损害其他投标人的合法权益，俨然是腐败招标的代表。因此，对串通投标罪的主体应当作扩充解释。

（五）受贿等职务犯罪往往是串通投标罪的前奏

建设工程领域因其环节较为复杂，政府监管力度不够等因素，特别是在招投标项目中往往会涉及三方利益，使得受贿罪、行贿罪及贪污罪等职务类犯罪在建设工程领域屡见不鲜。

二、串通投标罪的构成要件

《刑法》第 223 条规定，投标人相互串通投标报价，损害招标人或者其他投标人利益，情节严重的，处三年以下有期徒刑或者拘役，并处或者单处罚金；投标人与招标人串通投标，损害国家、集体、公民的合法利益的，依照串通投标罪处理的规定处罚。根据本条规定，串通投标罪的构成要件是：

（一）犯罪客体

串通投标罪所侵犯的客体既包括国家和集体利益，也包括公民和其他竞争者的合法利益，还包括社会主义市场经济正常秩序。招标投标行为是为了适应市场经济发展而产生的，主要行为对象是大件商品交易或者是建设工程项目，是市场中频繁使用的交易行为。投标是投标单位为了获取合作合同，而满足招标单位的条件并且对招标单位提出的要约的承诺。由招标单位在规定的时间、地点，按法定的流程进行开标，招标单位在其中择优选择符合招标单位要求，又综合考虑合理价格等因素的投标单位为中标单位，从而签订合同。

（二）犯罪客观方面

串通投标罪在客观方面有两种具体表现形式。第一种是投标者之间的相互串通，具体表现为投标人之间事前达成合意，刻意压低或者哄抬投标报价，或者在类似项目中轮流以事前合意的价位中标。第二种是投标者与招标者事先串通，具体表现为招标者故意向串通投标者泄露标底或者启标，从而引导串通投标者中标，对招标者实行差别对待等。司法实践当中，串通投标罪在客观方面可以归纳出八种行为方式：招标单位提前将自己的标底向某一投标单位进行泄露，以便其在公开招标之前可以改变自己的竞争方式；招标单位在没有进行公开招标之前就把投标单位送来的标书泄露给某一投标单位，双方进行私下合作，暗箱操作；招标单位在公开招标这一环节下，通过一定的诱导方式或某些不公平、不公正的手段，在投标单位对自己的标书作解释的时候，促使某一投标单位中标；招标单位在进行招标时没有实行公平、公正的方式对待全部投标者，而给以某一投标单位实行区别对待，促使其中标；某一不符合条件的投标单位通过与招标单位进行私下接触、协商，从而取得投标资格且通过暗箱操作得以中标；某一投标单位为了中标，在公开招标之前对招标单位给以金钱等诱惑，从而提早获取招标单位的报价，得以中标；投标单位为了中标与招标单位进行私下合作，招标单位在公开招标时降低价格，差价由投标单位中标之后对招标单位进行补偿，补偿金额一般大于差价；投标单位为了中标与招标单位进行私下合作，招标单位在公开招标中抬高价格，使得其他投标单位无法顺利中标。该预设投标单位在中标之后，招标单位再对其进行价格或者其他方面的补偿。

（三）犯罪主体

对于招标人而言，串通投标罪的主体是特殊主体，仅仅是招标人和投标人；对投标人而言，则可以是一般主体，企业法人和其他从事生产经营的组织以及凡是达到法定刑事责任年龄且具备刑事责任能力的自然人均可构成本罪主体要件。这里串通投标罪必然是共同犯罪，犯罪行为人根据其作用发挥的不同可以有主从区别，但不是教唆犯罪或胁从犯罪。

在司法实践中，常出现某些行为人参与到犯罪活动中，却不能依照串通投标罪进行处罚的现象。例如，在犯罪主体方面，刑法规定本罪的犯罪主体仅仅是招标人、投标人。我们认为，还可以借鉴日本对推动串通投标行为完成者进行一定的法律惩治的立法规定，对串通投标罪的犯罪主体进行适度地扩充到项目主办人与招标代理机构。此外，工程招标投标是在有关部门或机构的监管之下推进的。如果监管部门或机构与投标人或招标人相勾结，损害招标人利益或者投标人利益，也应该纳入刑法的规制之内，即将监管人员、主管人员、代理机构及评审专家等纳入串通投标罪的犯罪主体之中，这样可以积极有效地治理参与串通投标行为。

（四）犯罪主观方面

串通投标罪往往是有主观意识导向的，不可能是无意识行为，而且主观要件上只能是故意，不可能是过失。所以进行串通投标的个人或是单位都是为了满足自身利益而不惜侵犯他人合法权益、社会公共利益的，对串通投标的后果都有一个清楚的认识。本罪引发的动机有很多，最多的就是为了自己利益而进行，还有一些是为了进行商业报复，兄弟情义，以及为了报答某一单位之前帮助自己的恩情……但不管是怎样的“合情”理由，都不能成为实施犯罪的理由。

第六章　工程争议解决程序法

第一节　工程民事纠纷的处理方式

一、工程民事纠纷的非诉处理方式

国家对基础设施的大量投入带动了建筑市场的繁荣，受建筑市场巨大利益的诱惑，各类民事主体纷纷介入这一领域，由此引发的建设工程纠纷案件呈逐年上升趋势。现阶段我国建设工程纠纷的解决方式除涉及犯罪的进入刑事司法程序外，主要通过诉讼程序和非诉程序加以解决，其中，诉讼程序包括民事诉讼和行政诉讼两种方式，非诉程序除当事人和解之外，还包括调解、仲裁、争议评审、行政复议。如果从纠纷及解决方式的性质上划分，实际上就是两类，一类是民事纠纷处理方式，包括和解、调解、仲裁、争议评审和民事诉讼；一类是行政纠纷处理方式，包括行政复议和行政诉讼。本节探讨的是民事纠纷的处理方式。

（一）调解

1．调解的概念和特征

调解是指双方当事人以外的第三方应纠纷当事人的请求，以法律、法规和政策或合同约定以及社会公德为依据，对纠纷双方进行疏导、劝说，促使他们相互谅解，进行协商，自愿达成协议，解决纠纷的活动。在我国，建设工程纠纷非诉调解的主要方式有人民调解、行政调解、仲裁调解、行业调解以及专业机构调解，因建设工程纠纷专业性和复杂性的特点，最主要的调解方式是行业调解和专业机构调解。相对于诉讼而言，调解具有其独特的优势。

（1）自愿性。调解的适用充分尊重当事人的意思自治，纠纷发生以后，是否同意调解由当事人决定，调解员可由当事人选定，调解员人数及身份没有限定，调解过程中调解员充分尊重当事人的合理建议和意见。

（2）能极大节省解决纠纷的成本。诉讼程序包括一审、二审、再审、执行等漫长环节，而在合法的前提下，调解可以不受期限、法律关系、主体和请求的限制，尽可能一次性解决立、审、执的问题，有助于一揽子解决当事人之间的所有纠纷，真正达到案结事了。

（3）调解保密性强。按照最高人民法院的要求，除个别案件外诉讼文书须公开上网；但调解文书不对外公开，且法院根据调解协议出具的调解书或者司法确认裁定是否上网也要征求双方当事人的意见，有利于维护当事人的声誉和形象。

2. 工程专业调解机构

在建设工程领域，大部分工程纠纷涉及专业知识上的分歧，因此调解方主要由专门的机构或者行业协会担任，在调解过程中，调解方在听取双方的陈述后，对双方的纠纷事项提出专业性意见，进而作出专业性的判断，在这样的前提下，就双方之间的纠纷进行调解更易取得成功。比如对工期、工程变更、工程分包等问题的认定。行业协会的调解员由业内资深专家组成，既熟悉工程方面的专业技术，又熟悉工程方面的法律法规、规章制度、标准规范和行业惯例，在处理工程纠纷方面具有专业优势和丰富经验，能够代表和体现行业内的普遍认知。行业调解机构的出现为争议各方提供了平等对话的管道，有助于矛盾主体紧张关系的缓解和促进个体达成共识，从而有效化解冲突，稳固利益共同体。①

根据中共中央办公厅、国务院办公厅《关于完善矛盾纠纷多元化解机制的意见》（中办发〔2015〕60号）以及最高人民法院《关于建立健全诉讼与非诉讼相衔接的矛盾纠纷解决机制的若干意见》（法发〔2009〕45

---

① 熊跃敏，周杨．我国行业调解的困境及其突破［J］．政法论丛，2016（6）：147－153.

号)、《关于人民法院进一步深化多元化纠纷解决机制改革的意见》(法发〔2016〕14号)等要求[①],中国建设工程造价管理协会于2017年7月28日成立了工程造价纠纷调解中心,属于由中国建设工程造价管理协会直接领导的全国性非营利的行业调解组织,业务上实行独立运行。2019年5月中国建设工程造价管理协会工程造价纠纷调解中心更名为中国建设工程造价管理协会工程造价纠纷调解工作委员会,简称中价协调解委员会。中价协调解委员会作为中立第三方,本着公益性、中立性和专业性的原则,以双方当事人的合意为基础,通过调解员的辨析、斡旋,以不违反法律规定为原则,快速、高效、公正解决工程造价纠纷。

这一模式可以充分发挥行业协会的作用,积极探索适合我国国情的工程纠纷的调解模式,鼓励、引导当事人通过调解方式解决纠纷,推进行业自治,促进社会和谐。而且行业调解可以作为其他纠纷解决方式的前置程序,在纠纷双方选择行业调解后,如达不成调解协议,不影响当事人再通过诉讼或仲裁解决纠纷。

3. 调解的法律效力

《人民调解法》第33条规定,经人民调解委员会调解达成调解协议后,双方当事人认为有必要的,可以自调解协议生效之日起三十日内共同向人民法院申请司法确认,人民法院应当及时对调解协议进行审查,依法确认调解协议的效力。人民法院依法确认调解协议有效,一方当事人拒绝履行或者未全部履行的,对方当事人可以向人民法院申请强制执行。人民法院依法确认调解协议无效的,当事人可以通过人民调解方式变更原调解

① 2015年12月6日,中共中央办公厅、国务院办公厅联合发布了《关于完善矛盾纠纷多元化解机制的意见》,提出多元解纷体制的系统方案。最高人民法院《关于建立健全诉讼与非诉讼相衔接的矛盾纠纷解决机制的若干意见》(法发〔2009〕45号)第10条规定:人民法院鼓励和支持行业协会、社会组织、企事业单位等建立健全调解相关纠纷的职能和机制。最高人民法院《关于人民法院进一步深化多元化纠纷解决机制改革的意见》(法发〔2016〕14号)第9条规定:加强与商事调解组织、行业调解组织的对接。积极推动具备条件的商会、行业协会、调解协会、民办非企业单位、商事仲裁机构等设立商事调解组织、行业调解组织,在投资、金融、证券期货、保险、房地产、工程承包、技术转让、环境保护、电子商务、知识产权、国际贸易等领域提供商事调解服务或者行业调解服务。完善调解规则和对接程序,发挥商事调解组织、行业调解组织专业化、职业化优势。

协议或者达成新的调解协议，也可以向人民法院提起诉讼。

而根据最高人民法院《关于人民法院进一步深化多元化纠纷解决机制改革的意见》（法发〔2016〕14 号）的规定，经行政机关、人民调解组织、商事调解组织、行业调解组织或者其他具有调解职能的组织调解达成的具有民事合同性质的协议，当事人可以向调解组织所在地基层人民法院或者人民法庭依法申请确认其效力。登记立案前委派给特邀调解组织或者特邀调解员调解达成的协议，当事人申请司法确认的，由调解组织所在地或者委派调解的基层人民法院管辖。

调解协议经司法确认后即可强制执行，任何一方当事人不得就同一纠纷再提起诉讼或仲裁。

（二）仲裁

1. 仲裁的概念和特征

《仲裁法》第 2 条规定："平等主体的公民、法人和其他组织之间发生的合同纠纷和其他财产权益纠纷，可以仲裁。"仲裁与民事诉讼一样，是解决当事人之间民事纠纷的主要方式之一。仲裁是指当事人自愿签订仲裁协议，并在争议发生后提交由仲裁员组成的仲裁庭进行裁判，且受该裁判约束的一种制度。这一纠纷处理方式具有以下特点：

（1）仲裁庭审全程不公开，具有保密性。比起调解，仲裁的程序要求更加严格。首先是必须纠纷双方书面选定仲裁机构，并且选定的仲裁机构必须是明确的，否则仲裁条款无效，不能通过仲裁方式解决纠纷。其次仲裁审理过程纠纷双方可选择完全不公开，仲裁经常被冠以"商事仲裁"之称，不处理涉及人身关系等案件，再加上商业领域内商业秘密的重要性，仲裁庭审过程一般不公开审理。

（2）仲裁机构是独立的社会组织，专门处理商事纠纷，具有极强的专业性。仲裁委员会不隶属于司法机关和政府部门，是独立并自发成立的民间组织。由哪个仲裁机构处理纠纷完全由纠纷双方自行决定，选定的仲裁员也多为经验丰富的专业领域法律工作者，所作的裁决说服力更强。因此一般仲裁机构作出的裁决结果很容易被当事人认可。

（3）仲裁裁决"一裁终局"，方便快捷，节约时间。比起诉讼对程序的高要求，仲裁审理具有很强的灵活性，并且由于不公开审理，审理过程中一些繁复的程序会被简略或省略，甚至举证环节也并非严格适用法定程序，整个庭审过程以纠纷双方的争议事项为审理要点，展开一系列调查和辩论。仲裁的“一裁终局”是由法律明文规定的，仲裁裁决作出即生效，十分高效。如一方应履行仲裁裁决而拒不履行，另一方可向仲裁机构所在地的中级人民法院申请强制执行仲裁裁决。

2. 仲裁在工程纠纷解决中的优势和不足

（1）自愿性。仲裁相对于法院管辖而言，从程序上充分体现了当事人意思自治原则，仲裁的适用前提是当事人必须在民商事纠纷产生之前自愿在建设工程施工合同中或者事后达成的仲裁协议中选择仲裁作为纠纷解决方式，并自行选定仲裁机构，实际发生纠纷后还可在该仲裁机构提供的仲裁员名册中选定仲裁员。

（2）专业性。建设工程的专业性很强，目前我国司法部门不少司法人员对建设工程专业知识知之甚少。建设工程纠纷发生后，双方可以在仲裁机构提供的仲裁员名册中选定具有建设工程领域专业知识和丰富从业经验的专业人士作为仲裁员，由于他们既是建设工程领域的专家，又具备工程实务经验，因此在处理建设工程类案件时，能对案件作出更为客观、理性的判断，也更易为当事人所接受。当然，由于专业领域的仲裁员需要对整个纠纷中的有关证据如建设工程施工合同、补充合同、会议记录、工程进度表等进行全面整理钻研，从而找出纠纷解决的突破口，甚至还可能需要再聘请专家进行辅助，因此仲裁案件的收费不会比诉讼低。

（3）保密性。仲裁原则上不公开审理，庭审过程完全保密，除当事人、代理人以及需要时的证人和鉴定人外，其他人员不得出席和旁听仲裁开庭审理，仲裁庭和当事人不得向外界透露案件的任何实体及程序问题。这对保护双方的商业秘密和商业利益是非常有利的。

（4）快捷性。仲裁实行“一裁终局”制度，即仲裁可以多次开庭，但仲裁裁决只有一次，仲裁裁决作出后就是终局的，对当事人具有约束力。“一裁终局”制度提高了解决纠纷的效率，节约了当事人的时间成本。仲裁裁决具有强制执行的法律效力，一方当事人不履行仲裁裁决，另一方当事人可以向仲裁机构所在地的中级人民法院申请强制执行。

建设工程纠纷进行仲裁也存在一些不足。一是当事人选定仲裁员虽然体现了当事人的意愿，但是当事人对仲裁员的专业水平并不了解，因此仲裁结果并不一定会是自己所期望的结果。一些专业人士认为仲裁已经被律师滥用，变成有些类似法院的诉讼过程，已经不再是早期那种省略了很多程序的价格低廉快速的争议解决方法①。二是一裁终局虽然高效、快速，但一旦出现裁决错误则很难得到纠正，要么法院撤销裁决，要么法院不予执行。

（三）争议评审制度

1. 争议评审制度的概念及特点

工程承发包双方之间如果发生争议，传统的解决方式不外乎调解、仲裁和诉讼，但随着 2007 年 11 月 1 日国家发改委主持九部委联合编制的《中华人民共和国标准施工招标文件（2007 版）》（以下简称《标准施工招标文件》）的颁布实施，“争议评审制度”开始成为另一个可供选择的争议解决方式，而且，这种新的解决方式对于大型基础设施工程和超高层建筑项目等超大型复杂工程具有特别明显的优势。

建设工程争议评审制度是介于调解和仲裁之间的一种争议解决方式，是指在工程开始或进行中，由当事人选择业内权威的、与双方无利益关系的评审专家，组成评审小组，就当事人之间发生的争议及时提出解决建议或者作出决定的争议解决方式。当事人通过协议授权评审组调查、听证、建议或裁决。争议评审组可以对工程进程中的争议提出建议或裁决，如果当事人不接受评审组所提出的建议或裁决，仍可通过仲裁或者诉讼的方式解决争议。

争议评审制度首先于 1975 年美国科罗拉多州艾森豪威尔隧道工程中采用，取得了巨大成功。由于该方式具有专业、简便、快捷、成本低等优势而逐步得到推广。1995 年 1 月，世界银行开始在其招标文件中强制要求由其贷款进行的项目必须采用争议评审方式。我国世界银行贷款项目如小浪

---

① 王挺. 工程纠纷 ADR 解决方式的比较研究［J］. 中国工程咨询，2007（2）：13 - 16.

底、二滩水电站、万家寨水利工程等大型工程亦采用了争议评审方式，效果良好。

在2007年版九部委《标准施工招标文件》和2010版《建筑工程施工合同（示范文本）》中也先后正式引入了争议评审机制，推动工程各方通过争议评审方式解决争议。《标准施工招标文件》（2007年版）“通用合同条款”第24条的争议解决条款部分规定了争议评审内容，即当事人之间的争议在提交仲裁或诉讼前可以申请由专家组成的评审组进行评审。

从争议评审制度的内容来看，争议评审具有以下特点：

（1）中立性及专业性。争议评审组通常由三名技术专家组成，争议双方各指派一名专家，而主席由双方指派的两位专家小组成员指定，但主席的委任必须征得争议双方的首肯。这些都基于争议双方对专家小组成员的专业经验、诚实正直以及与争议无利害关系的中立性的信任和信心。争议评审组作出的决定虽然不具有强制力，双方当事人可以遵守，也可以不遵守，但因评审专家本身的权威性，很大限度上预示了争议诉讼或仲裁的可能结果，因此评审决定对双方当事人具有很强的说服力。

（2）全程性。争议评审组通常在项目初始阶段便接受指定，并密切关注项目进程，于争议产生时及时作出裁决。一般明确要求争议评审组成员定期走访工地，尤其“在关键的建设环节时期”。因此，争议评审能够及时化解小争议，防止争议扩大造成工程拖延、损失和浪费，保障工程顺利进行。

（3）非对抗性。纠纷当事人选择争议评审的目的，即为避开仲裁或诉讼，能够在一种和谐的氛围中解决纠纷，从而获得为双方当事人都能接受的解决方案。因此，从这一制度的功能来讲，争议评审制度本身就是非对抗性的，通过这种方式处理纠纷，一方面能够使当事人之间在工程中的纠纷得以解决，另一方面也能在解决纠纷的同时或之后能继续保持良好的合作关系。这对于建设单位在建设工程领域能够持续发展是非常有利的。

尽管争议评审在解决工程纠纷方面优势明显，但由于我国争议评审制度的规定并不完善，也存在“水土不服”的情形，因此目前争议评审制度在我国工程实践中并未得到广泛运用。[①] 为了促进我国建设工程领域的当事人运用争议评审机制，及时化解纠纷，保障建设工程顺利进行，中国国际经济贸易仲裁委员会和北京仲裁委员会都依据《标准施工招标文件》，并参考国际商会的《争议小组规则》以及 FIDIC 合同条件中的相关规定，制定了各自的建设工程争议评审规则。这也意味着争议评审制度在今后的工程纠纷解决方面也会发挥其重要的作用。这是我国工程企业与国际市场接轨的需要，也是中国建筑业融入世界经济全球化的必然。[②]

2. 争议评审的程序

《标准施工招标文件》第 24 条第 3 款规定，采用争议评审的，发包人和承包人应在开工日后的 28 天内或在争议发生后，协商成立争议评审组。争议评审组由有合同管理和工程实践经验的专家组成。合同双方的争议，应首先由申请人向争议评审组提交一份详细的评审申请报告，并附必要的文件、图纸和证明材料，申请人还应将上述报告的副本同时提交给被申请人和监理人。被申请人在收到申请人评审申请报告副本后的 28 天内，向争议评审组提交一份答辩报告，并附证明材料。被申请人应将答辩报告的副本同时提交给申请人和监理人。除专用合同条款另有约定外，争议评审组在收到合同双方报告后的 14 天内，邀请双方代表和有关人员举行调查会，向双方调查争议细节；必要时争议评审组可要求双方进一步提供补充材料。除专用合同条款另有约定外，在调查会结束后的 14 天内，争议评审组应在不受任何干扰的情况下进行独立、公正的评审，作出书面评审意见，并说明理由。在争议评审期间，争议双方暂按总监理工程师的确定执行。

发包人和承包人接受评审意见的，由监理人根据评审意见拟定执行协议，经争议双方签字后作为合同的补充文件，并遵照执行。发包人或承包人不接受评审意见，并要求提交仲裁或提起诉讼的，应在收到评审意见后的 14 天内将仲裁或起诉意向书面通知另一方，并抄送监理人，但在仲裁或诉讼结束前应暂按总监理工程师的确定执行。

---

① 张舒. 争议评审比较研究及在我国的适用建议［J］. 北京仲裁，2015（2）：127－165.

② 孟凡密，张修林. 国际工程合同争议解决方式评析与借鉴［J］. 建筑经济，2005（6）：64－68.

二、工程民事纠纷的诉讼处理方式

（一）民事诉讼的概念及特点

民事诉讼是指人民法院在当事人和其他诉讼参与人的参加下，以审理、裁判、执行等方式解决民事纠纷的活动。与调解、仲裁这些诉讼外的解决民事纠纷的方式相比，民事诉讼是以司法方式解决平等主体之间的纠纷，是由法院代表国家行使审判权解决民事争议。其主要特点是：

1. 规范性和正当性

诉讼是权利救济的最后一道屏障，是纠纷发生后最主要也是最重要的一道救济途径，因此在制度的设计上具有严格的规范性。人民法院审理案件以及最后作出判决，整个过程以公开为原则，不公开为例外。这样的规定使得法院的审理和判决除必须遵照法律规定外，还天然地受到外界关注，受到群众以及舆论的监督。

2. 强制性

民事诉讼的强制性既表现在案件的受理上，也反映在裁判的执行上。调解、仲裁均建立在当事人自愿的基础上，只要有一方不愿意选择上述方式解决争议，调解、仲裁就无从进行；民事诉讼则不同，只要原告起诉符合民事诉讼法规定的条件，无论被告是否愿意，诉讼均会发生。诉讼外调解协议的履行依赖于当事人的自觉，不具有强制力；法院裁判则不同，当事人不自动履行生效裁判所确定的义务，法院可以依法强制执行。

3. 程序性

民事诉讼是依照法定程序进行的诉讼活动，无论是法院还是当事人和其他诉讼参与人，都需要按照民事诉讼法设定的程序实施诉讼行为，违反诉讼程序常常会引起一定的法律后果。严格的程序要求也无形中增加了诉讼成本。

（二）民事诉讼在工程纠纷解决中的优势和不足

民事诉讼是我国建设工程民事纠纷主要采取的处理方式。从近年来各地人民法院受理案件的类型及比例来看，建设工程类的案件数量显著增加。此类案件的长期性、复杂性及技术性，一些人民法院专门设置审判庭审查建设工程案件及房地产案件，以保障大多数案件得到圆满处理。通过诉讼来解决工程纠纷，优势是明显的，如法官中立、程序公正、裁决有强制执行力等。但同时也有明显的不足：一是诉讼时间长。工程项目在实施过程中，涉及多方当事人，法律关系复杂，纠纷一旦产生，其中所涉及的事实认定和明确法律适用都需要相当长的时间。而且程序严格，虽然保证了公正，但同时由于其繁琐和死板，环节过多，甚至由于目前各级法院案件过多造成“积案”等原因，导致诉讼效率低下。二是诉讼成本高。工程项目具有专业性、技术性的特点，法院在处理这类案件时，必然需要通过司法鉴定、专家出庭等方式查清案件事实，需要投入大量的人力和财力，当事人也要耗费大量的精力和财力，这些都增加了当事人通过诉讼解决纠纷的成本。

第二节　工程行政纠纷的处理方式

一、行政复议

在建设工程领域，设计、招标投标、施工、验收、监理等诸多环节都需要行政相对人通过向建设工程的行政主管部门提出申请，主管部门依法审查并同意其从事工程项目建设活动。因此，在建设工程领域，行政相对人容易与行政机关产生行政纠纷。

行政纠纷的处理方式主要有行政复议和行政诉讼两种。

（一）行政复议的概念和特征

行政复议是指公民、法人或者其他组织等行政相对方认为行政机关实施的行政行为侵犯其合法权益，向行政复议机关提出重新审查的申请，行政复议机关受理审查并重新作出行政处理决定的法律制度。行政复议作为内部行政救济途径，是建设单位及利害关系人的合法权益受到行政机关侵犯时能够得到有效救济的重要途径。建设工程主管部门或其他行政机关在履行职责中侵犯了行政相对方的合法权益，行政相对方可以依据《行政复议法》及《行政复议法实施条例》向有权机关申请行政复议。

相对于其他纠纷解决方式，行政复议具有以下优势：

1. 救济全面

行政复议是行政机关内部自我纠错的监督制度，行政复议机关既要审查行政行为的合法性，又要审查行政行为的合理性，从而维护行政相对人的合法权益。

2. 程序简便快捷

行政复议审理时间较短，行政复议机关一般应当自受理申请之日起六十日内作出行政复议决定；情况复杂，不能在规定期限内作出行政复议决定的，经行政复议机关的负责人批准，可以适当延长，但是延长期限最多不超过三十日。

（二）工程行政纠纷中行政复议的适用

行政复议作为工程行政纠纷的处理方式之一，所面临的最基本的问题是行政复议的受案范围。

行政复议的受案范围是指公民、法人和其他组织对行政机关的行政行为不服，可以申请复议的范围。行政机关易引发行政纠纷的具体行政行为主要有如下几种：一是行政许可，即行政机关根据公民、法人或者其他组织的申请，经依法审查，准予其从事特定活动的行政管理行为，如施工许可、专业人员执业资格注册、企业资质等级核准、安全生产许可等。行政许可易引发的行政纠纷通常是行政机关的行政不作为、违反法定程序等。二是行政处罚，即行政机关或其他行政主体依照法定职权、程序对于违法但尚未构成犯罪的相对人给予行政制裁的具体行政行为。常见的行政处罚为警告、罚款、没收违法所得、取消投标资格、责令停止施工、责令停业整顿、降低资质等级、吊销资质证书等。行政处罚易导致的行政纠纷，通常是行政处罚超越职权、滥用职权、违反法定程序、事实认定错误、适用法律错误等。三是行政裁决，即行政机关或法定授权的组织，依照法律授权，对平等主体之间发生的与行政管理活动密切相关的、特定的民事纠纷（争议）进行审查，并作出裁决的具体行政行为，如对特定的侵权纠纷、损害赔偿纠纷、权属纠纷、国有资产产权纠纷以及劳动工资、经济补偿纠纷等的裁决。行政裁决易引发的行政纠纷，通常是行政裁决违反法定程序、事实认定错误、适用法律错误等。根据《行政复议法》的规定，上述行政行为引发的行政纠纷都能够申请行政复议。

但随着政府管理手段的丰富，一些政府行为是否能够申请行政复议目前尚未明朗。譬如建设工程项目，既包括企业投资项目，也包括政府投资项目。在公私合作的背景下，政府投资项目越来越多地通过行政协议的方式实现，而涉及行政协议的可诉性问题已经在 2015 年修改后的《行政诉讼法》中得以明确，但《行政复议法》2017 年 9 月 1 日修改时却未予修改。国务院法制办公室对《交通运输部关于政府特许经营协议等引起的行政协议争议是否属于行政复议受理范围的函》的复函（国法秘复函〔2017〕866 号）就明确指出：政府特许经营协议等协议争议不属于《中华人民共和国行政复议法》第 6 条规定的行政复议受案范围。因为在行政机关看来，行政协议仅仅是明确双方当事人的权利义务关系，并未对行政相对方的权利义务作出处分，因此不属于行政复议的受案范围。作为国务院办理法律工作事项的办事机构，国务院法制办的复函，无疑将对各级行政机关在行政复议中是否受理行政协议纠纷的复议案件，起到导向作用。① 但行政协议的行政性决定了行政协议纠纷不能排除在行政复议的受案范围外，2020 年启动的《行政复议法》修改工作中，为发挥行政复议化解行政争议主渠道作用，必然会基于行政协议的性质及保障行政复议与行政诉讼在受案范围上的一致性，进一步明确行政复议的受案范围。

二、行政诉讼

（一）行政诉讼的概念和特征

行政诉讼是公民、法人或其他组织认为行政机关的行政行为侵犯了自己的合法权益，依照行政诉讼法的规定向人民法院提起诉讼，法院在双方当事人和其他诉讼参与人的参加下，审理和解决行政案件的活动。

---

① 王胜利．行政协议纠纷的可复议性及其审理规则［J］．齐齐哈尔大学学报（哲学社会科学版），2019（9）：109－114．

对行政行为除法律、法规规定必须先申请行政复议的以外，公民、法人或者其他组织可以自主选择申请行政复议还是提起行政诉讼。公民、法人或其他组织对行政复议决定不服的，除法律规定行政复议决定为最终裁决的以外，可以依照《行政诉讼法》的规定向人民法院提起行政诉讼。

与行政复议相比，行政诉讼有以下优点：一是司法公正性。在行政诉讼中，人民法院独立行使审判权，能够保障行政案件的公正审判。而行政复议机关与行政机关之间存在着隶属关系，公正性的保障上行政诉讼更具有优势。二是效力终局性。行政诉讼是人民法院的司法裁决，具有最终救济性。而行政复议决定作出后，除行政复议终局的案件外，行政复议申请人对复议结果不服，仍然可以提起行政诉讼。

（二）建设工程领域行政行为可诉性问题

根据《最高人民法院关于适用〈中华人民共和国行政诉讼法〉的解释》第1条的规定，公民、法人或者其他组织对行政机关及其工作人员的行政行为不服，依法提起诉讼的，属于人民法院行政诉讼的受案范围。只有属于受案范围的工程行政行为，工程相对方才可以对其提起行政诉讼。

在建设工程领域，由于行政侵权行为表现形式多样，因此，行政行为的可诉性问题也是审判实务中经常遇到的问题。工程行政案件类型多样，譬如规划案件、处罚案件、强制案件等。以建设工程项目的规划审批为例，它通常包括以下多个环节和行为：发改委或建委的立项；消防、公安、交通、园林、人防、环保等部门的审核意见与批准；规划委员会的规划意见、审定设计方案、建设用地规划许可、建设工程规划许可等，这些几乎都具有较强的技术性。那么，这些环节的每一行为，是否都可以纳入行政诉讼的受案范围？我们可以从以下几个方面来理解。

1. 明确审判权和行政权的界限

审判权与行政权是两种不同的国家权力。法院司法审查制度的建立，其目的之一在于完善对行政权的监督，是司法权对行政权的制约，而不是对行政权的削弱和代替，审判权在对行政权进行监督时，应尊重行政权的行使，因此法院作为审判机关不能代替行政机关行使行政权，更不能干涉行政机关行政权的行使。司法审查虽然是解决行政争议的最后途径，但这并不意味着法院可以随时介入任何行政争议，那些属于行政机关自行决定的事项或者尚不构成法律争议的事项，都不宜成为法院的司法审查对象。在确定行政诉讼的受案范围时，必须为行政主体保留一部分不适宜司法审查、存有司法审查豁免的空间，同时，在划定司法权介入行政权领域的界限时也必须具有其正当性。① 正是由于审判权与行政权的不同，一些行政机关行使行政职权的行为被排除在法院的司法监督范围之外，例如行政机关实施的政策性行为、纯技术性的行为、高度人性化的判断等均不适宜由法院审查。行政规划行为是涉及多个行政机关的复杂的系统行为，环节多，技术性强，如建设工程规划许可证在颁发前，必须经由多个法律环节，经历法定的行政程序，在每一个环节中都有相关的行为发生，在每一个环节都有可能发生争议。因此，法院在确定这类案件的受案范围时，必须把握好审判权与行政权的关系，不能越俎代庖。

2. 遵循成熟原则

工程行政行为的作出一般都需要经过若干个阶段，而侵权往往发生在行政程序中，过程性行为是否可诉也是需要厘清的一个问题。成熟原则最开始是由美国法院的判例确立的一个程序原则，要求只有当案件到了能够起诉的时候，才能提出控诉，否则法院不受理。换句话说，就是只有当被行政相对方指控的行政行为对行政相对方造成了实际不利影响并符合法院审查的范围时才能接受司法审查。虽然我国目前没有明确的规定“成熟原则”，但是根据 2018 年《最高人民法院关于适用〈中华人民共和国行政诉讼法〉的解释》第 1 条第 2 款第 10 项规定，对公民、法人或者其他组织权利义务不产生实际影响的行为，不能提起行政诉讼。其实该项规定中已经对“成熟原则”作了进一步阐释。在行政诉讼实践中，人民法院依据“成熟原则”审查行政机关行政行为的可诉性。即行政程序必须发展到适宜由法院处理的阶段，即已经达到成熟阶段，才能允许进行司法审查，通常假定行政程序达到最后决定阶段才算成熟。一个复杂的行政行为在作出

① 邓刚宏. 行政诉讼受案范围的基本逻辑与制度构想——以行政诉讼功能模式为分析框架[J]. 东方法学，2017（5）：21－29.

最后决定之前，先有一些预备性的和中间性的决定，对此，法院不应进行审查，如果在这个阶段进行审查，将可能妨碍行政程序的正常发展，不符合成熟原则的标准。如果当事人认为预备性的、中间性的和程序性的决定违法，应在最后决定作出以后，和最后决定一起提请法院审查。如规划许可审批程序中的下列预备性或阶段性行为，不应成为司法审查的对象：

（1）受理行为。指行政机关接受相对人的申请并启动行政程序的行为。如规划行政主管机关依建设单位的申请，从而启动规划许可审批程序的行为。这种受理行为一般可以视为预备性行为，不包含确定的效果意思，因而不构成完整的行政法律关系，是“未完成的行为”，一般不可诉。但是不受理行为或者逾期不予答复则属于拒绝行为或不作为行为，具有可诉性。

（2）咨询行为。是指行政机关为准备作出行政行为而向有关行政机关、专家学者或上级部门征求可供选择的方案或意见的行为。通常这类行为属于行政主体作出行政行为的一个步骤，有关咨询意见尚停留在行政机关工作人员的观念中，并未付诸实施，在行政行为未最终完成前并不构成对相对人的直接影响，因而属于不成熟的行政行为，不具有可诉性。

3. 遵循法律标准

在当前，法院对工程类行政诉讼案件受案范围的确定，必须遵循我国现有的法律制度框架，在总体上应符合行政诉讼法律及相关司法解释的规定，如遵循具体行政行为标准、法律上的权益标准等。以城市规划为例，城市建设规划本身（城市总体规划、分区规划、控制性详细规划、区（县）域规划）因具有较多的政策性成分或自由裁量因素，往往被认为是抽象行政行为而被排除在行政诉讼受案范围之外。近年来的规划行政诉讼案件，绝大多数是针对规划行政主管机关的规划许可行为如建设用地规划许可、建设工程规划许可而提起的行政诉讼，城市规划本身直接作为被诉对象的案件，尚未发生过。实践中之所以产生这种现象，是受我国行政诉讼范围的法律规定与原告资格制度的限制，而城市规划本身一般也没有典型意义上的直接的特定的行政相对人。但也有人认为，这种司法现状使得权益受到影响的公民不能对城市规划本身提出行政诉讼，而只能针对城市规划行政主管机关的规划许可行为即建设用地规划许可、建设工程规划许可行为提起行政诉讼，这样的诉讼只可能推翻有关的规划许可行为，而不能推翻规划许可行为所依据的城市规划行为本身；同时，由于某一设施的建设往往会涉及许多相关部门的许可审核，仅仅就规划许可行为提起诉讼，并不能解决所有许可行为的合法性问题，容易使公民陷入连环式行政诉讼的怪圈。这一问题的解决，有待于我国法治建设进程的发展，有待于我国行政诉讼法律制度乃至司法体制的改革与完善。在当前的体制下，作为审判机关的法院，必须而且也只能遵循现有的法律制度从而确定规划类行政诉讼案件的受案范围，这也是与我国现有的诉讼承受能力与司法人员素质状况相适应的。

目前我国房地产市场十分的活跃，因此在房地产交易市场也会导致一系列法律问题，其中讨论最热的问题当属建设工程竣工验收备案行为是否可诉的问题。建设工程竣工验收备案是指房屋的工程建设单位在房屋综合验收合格后将验收资料上报工程建设行政机关，由其登记保存以备检查和监督的行为。这是国家为加强建设工程质量监管所规定的一项制度。[①] 如果工程建设行政机关没有依法进行备案，会导致建设工程质量监管的不利影响，更会侵犯购房者的合法权益。这一问题在司法实践和理论界通常存在两种意见：一种意见认为竣工验收备案行为根本不属于工程行政诉讼的受案范围。这一行为只是房地产开发商向工程建设行政机关将房屋竣工验收的相关情况进行备案的行为。建设工程竣工验收备案行为作为一种客观描述和记录备案的行为，本身并没有任何行政决定的效力，对当事人的权利义务没有产生实际影响。另一种意见则认为建设工程竣工验收备案行为能够对当事人的权利产生实际影响，是一种可诉的具体行政行为。因此，在司法实践中通常采纳后一种意见，具体理由是：建设工程竣工验收备案是指房屋的建设单位在上述所有部门验收合格后将验收资料上报工程建设行政机关，由其登记保存以备检查和监督的行为。根据《建设工程质量管

① 张跃．购房者对建筑工程竣工验收备案行为可以提起行政诉讼［J］．人民司法，2012（10）：107－109.

理条例》第49条规定:“建设单位应当自建设工程竣工验收合格之日起15日内,将建设工程竣工验收报告和规划、公安消防、环保等部门出具的认可文件或者准许使用文件报建设行政主管部门或者其他有关部门备案。建设行政主管部门或者其他有关部门发现建设单位在竣工验收过程中有违反国家有关建设工程质量管理规定行为的,责令停止使用,重新组织竣工验收。”这一规定说明,在建设工程竣工验收备案行为中,建设行政机关绝不仅仅是简单地接受建设单位向其报送房屋竣工验收相关资料,还要对备案资料进行至少是形式上的审查,如果发现违法情形将责令停止使用,重新组织竣工验收。由此可见,建设工程竣工验收备案行为无论对房地产开发商还是对购房者都会产生行政法上的拘束效力,并且能够对购房者的权利产生实质性的影响。

第三节 工程领域刑事犯罪的追究

一、工程领域刑事犯罪追究的难点

建设工程领域是刑事犯罪的高发、频发领域。一旦出现刑事犯罪,所涉企业及其从业人员不仅会遭受巨大的经济损失,还会受到刑罚的严惩。由于建设工程项目具有投资大、不确定性因素多等特点,其参与主体可能会涉嫌触犯受贿罪、贪污罪、拒不支付劳动报酬罪、行贿罪、重大责任事故罪、伪造公司、企业印章罪、串通投标罪、单位行贿罪、非国家工作人员受贿罪、职务侵占罪、滥用职权罪、工程重大安全事故罪等罪名。但一直以来,学术界和实务界对建设工程领域法律程序问题的关注主要集中在民商事纠纷解决方面,很少有人重视建设工程领域刑事犯罪特别是其程序问题。其实,在追究上述刑事案件当事人的刑事责任时,往往会遇到以下难点问题,需要我们认真加以研究。

1. 案件管辖争议问题

实践中,由于大型建设工程施工企业分支机构多且分散各地,其企业注册地、承揽施工项目所在地、被告人户籍所在地、犯罪行为发生地和犯罪结果发生地往往不在同一地区，导致建设工程领域犯罪案件容易产生管辖方面的争议。如有些建设工程项目中的职务犯罪案件，行为人内外勾结采用伪造印章、虚假诉讼等手段侵害公司财产，其行为发生地在外省市，项目所在地司法机关一般不愿意受理。

2. 犯罪主体适格性问题

建设工程项目既有建设单位，又有施工单位，还有勘察设计单位、监理单位，甚至还涉及项目报建审批单位，不仅其工作人员有可能涉嫌犯罪，单位也有可能涉嫌犯罪。此外，在项目运行过程中，建设单位有可能设置项目经理，施工单位也有可能设置项目经理，项目经理有的是施工单位依法设立的企业内部承包人员，有的是挂靠、非法转包等情形下的实际施工人，有的与施工单位签订了劳动合同，有的根本没签订劳动合同等。这些复杂情况就有可能在犯罪主体的认定上产生分歧。因为学术界少数学者认为，挂靠或非法转包等情形在职务侵占等职务犯罪中存在主体不适格的问题，即使客观上有侵占行为也可能不构成犯罪。从法律性质上来说，挂靠双方是平等的法律关系主体，不是管理与被管理的关系，挂靠人并非被挂靠单位的员工，不符合职务侵占罪的主体要件；从主观意图上来看，挂靠人对整个工程最终自负盈亏，实质上等同于自己独立经营，它并不能对他人财产产生类似于贪污或侵占的危害行为，主观上不存在侵占的故意；从工程款的动产性质来看，其所有权以交付为准，谁占有谁就有权支配，尽管工程款是以被挂靠人的名义领取，但原本就应归属于挂靠人，挂靠人支配具有合法依据，因此，也不存在侵占他人财产的问题，不符合职务侵占罪的客体要件。[①] 司法实务中是否就可以按这些学者的意见进行处理？我们认为并不会这么简单。

3. 查明犯罪事实和获取证据难问题

一个建设工程项目一旦发生刑事犯罪案件，侦查机关侦查和法院审理查明都会是一个旷日持久的过程。因为建设工程项目投资大，在实践中有

---

① 旺娜：从一起案例看职务侵占罪的构成［J］．中国检察官．2016（1）：79.

的单位管理比较规范，但有的单位特别是中小型施工单位管理不规范，选任的项目经理管理不到位，派遣的财务人员监管不落实，工程项目财务管理混乱，以致凭证不全账目不清，甚至有的发生账册票据丢失或隐藏、销毁财务资料的现象，导致经济类犯罪案发后无法查清涉案资金的来源及去向。由于建设工程项目周期长，有些施工单位往往只有到工程项目出现重大亏损，或结算、审计发现重大问题时才发现有犯罪案件发生，此时，案发时间可能已过多年，项目部早已解散，项目经理及施工人员早已各奔东西，即使费力耗时找到几个知情人，也因时过境迁回忆困难，或因当事人不愿配合，甚至当时的财务凭证资料早已缺失，导致侦查人员或法官无法从原始资料中建立案情确信。

4. 案件审理专业性问题

在案件的审理上，建设工程领域刑事案件比其他领域刑事案件专业性强，司法人员普遍较为缺乏建设工程领域专业知识，审理难度更大。特别是需要进行工程造价、工程质量司法鉴定的案件，因司法人员相关专业知识的缺乏，无法从内心确信认证证据，因而“以鉴代审”的现象就难以避免。

5. 案件审理刑民交叉问题

“所谓刑民交叉案件，又称刑民交织、刑民互涉案件，是指案件性质既涉及刑事法律关系，又涉及民事法律关系，相互间存在交叉、牵连、影响的案件，或根据同一法律事实所涉及的法律关系，一时难以确定是刑事法律关系还是民事法律关系的案件。”① 这类案件在程序上较为复杂，它主要涉及案件处理方式和案件诉讼证据冲突等问题。建设工程领域刑民交叉案件在处理方式上有可能出现是采用“刑民并行”还是“先刑后民”或“先民后刑”方式来处理的问题。在证据的运用上由于刑事诉讼证据制度与民事诉讼证据制度在许多方面存在着明显的差异，基于同一法律事实所产生的刑民交叉案件无论采用“先刑后民”还是“先民后刑”的方式进行审理，即使刑事诉讼与民事诉讼认定的事实是一致的，也有可能出现不一

① 何帆：刑民交叉案件审理的基本思路 [M]. 北京：中国法制出版社，2007：25－26.

致的刑民判决。因为就证明对象来看，在刑事诉讼中，“只有被告人供述，没有其他证据的，不能认定被告人有罪和处以刑罚”[①]。而在民事诉讼中，一方当事人“对于己不利的事实明确表示承认的，另一方当事人无需举证证明”[②]，即该事实属于免证事实，即使没有其他证据加以印证，法院也可据此作出判决。就证明标准来看，在刑事诉讼中，必须达到“证据确实、充分”的标准，即“（1）定罪量刑的事实都有证据证明；（2）据以定案的证据均经法定程序查证属实；（3）综合全案证据，对所认定事实已排除合理怀疑”[③]。而在民事诉讼证据制度中，“对负有举证证明责任的当事人提供的证据，法院经审查并结合相关事实，确信待证事实的存在具有高度可能性的”即“应当认定该事实存在”[④]，这是一种高度盖然性的证明标准。

二、工程领域刑事犯罪追究难点问题的处理

1. 案件管辖争议问题的处理

根据我国《刑事诉讼法》及其相关司法解释的规定，刑事案件由犯罪地的人民法院管辖。如果由被告人居住地的人民法院审判更为适宜的，可以由被告人居住地的人民法院管辖。犯罪地包括犯罪行为地和犯罪结果地。在建设工程领域刑事犯罪案件的管辖问题上，可以按以下原则进行处理：

（1）施工单位承包的工程项目所在地与该单位注册地一致的，说明犯罪行为地和犯罪结果地均只可能是工程项目所在地，也就是说犯罪地和被告人居住地均为一地，因此，犯罪地的人民法院管辖也就是该单位注册地的人民法院管辖。

（2）施工单位承包的工程项目所在地与该单位注册地不一致的，犯罪行为地和犯罪结果地在哪里就由哪里的人民法院管辖，如果施工单位承包

---

① 《刑事诉讼法》第55条。
② 《最高人民法院关于适用〈中华人民共和国民事诉讼法〉的解释》第92条。
③ 《刑事诉讼法》第55条。
④ 《最高人民法院关于适用〈中华人民共和国民事诉讼法〉的解释》第108条。

的工程项目所在地与该单位注册地均与被告人居住地不一致，案件由被告人居住地的人民法院审判更为适宜的，可以由被告人居住地的人民法院管辖。

2. 犯罪主体适格性问题的处理

建设工程领域刑事案件犯罪主体问题是非常复杂的问题，这里只谈两点。

(1) 挂靠人的犯罪主体资格认定。我国《建筑法》等法律法规明令禁止挂靠经营行为，甚至2012年各地区、各有关部门还按照十七届中纪委第七次全会和中央工程治理领导小组的统一部署开展了工程建设挂靠借用资质问题的专项清理工作，但是由于我国目前挂靠经营在一定程度上适应了建设工程施工的特点和需要保护农民工利益的国情，所以法律的禁止性规定几乎是一纸空文，甚至可以说2004年最高人民法院在《关于审理建设工程施工合同纠纷案件适用法律问题的解释》（现已废止）中首次使用“实际施工人”的概念就是对这种违反禁止性规定现象的默认。2021年1月1日起实施的《民法典》合同编的“建设工程合同”中并没有纳入“实际施工人”的概念，但2020年12月29日重新发布、2021年1月1日起实施的《最高人民法院关于审理建设工程施工合同纠纷案件适用法律问题的解释（一）》中仍然使用了这一概念，其第43条仍然规定，实际施工人以转包人、违法分包人为被告起诉的，人民法院应当依法受理。实际施工人以发包人为被告主张权利的，人民法院应当追加转包人或者违法分包人为本案第三人，在查明发包人欠付转包人或者违法分包人建设工程价款的数额后，判决发包人在欠付建设工程价款范围内对实际施工人承担责任。这说明，在我国司法机关看来，实际施工人是具有民事诉讼主体资格的。

正因为这种现实，我们认为能够成为民事诉讼主体的实际施工人在职务侵占罪、拒不支付劳动报酬罪等相关刑事案件中，按照罪责自负原则也可以成为刑事诉讼的被告人。它既可以是没有资质而借用有资质的建筑施工企业名义从事施工的企业，也可以是没有资质而借用有资质的建筑施工企业名义从事施工的自然人如包工头。如在职务侵占罪中，挂靠经营的实际施工人特别是项目经理管理着巨额财物，具有非法占有建设工程财物的职务便利。在拒不支付劳动报酬罪中，挂靠经营的实际施工人与承包建设工程的建筑企业之间虽然从形式上看是实际施工人自主经营、自负盈亏，但因非法挂靠合同本身就是无效的，因此，在实际施工人拖欠农民工工资、欠付材料款、不能完工的情况下，依法对外承担债务的实质上仍然是建筑企业，在此情形下只追究建筑企业的刑事责任显然不合情理，实际施工人与建筑企业至少应该构成拒不支付劳动报酬罪的共犯。此外，在隐匿销毁会计账簿凭证、骗取贷款等犯罪中，实际施工人如果主观上明知，又有客观行为，也可以构成这类犯罪的共犯。

至于工程款的性质是发包方的工程预付款，承包建设工程的建筑企业收取后虽然交给实际施工人使用，但是这不能作为认定工程款归实际施工人所有的依据。它不可能成为预付款的所有权人。工程款的预付性质决定了发包方与建筑企业之间是借款关系，出借人是发包人，借款人是建筑企业，预付款在交付建筑企业以后归建筑企业所有，如果工程未做或者工程量少于预付款，建筑企业要将预付款返还给发包方。建筑企业将预付款交付给实际施工人，实际施工人对此款只有使用权，所有权人是建筑企业。实际施工人侵占此款，即侵占了建筑企业的财产。

另外，实际施工人也可能成为刑事诉讼的被害人。如实际施工人在建筑企业将承包的建设工程非法转包的过程中，往往要提交履约保证金，如果该工程承包是虚假的，实际施工人就有可能成为诈骗犯罪的被害人。

（2）项目经理的犯罪主体资格认定。在项目经理与承包建设工程的建筑施工企业签订劳动合同、受建筑施工企业任命的情形下，项目经理以建筑施工企业的名义实施的犯罪行为，符合职务类犯罪的主体要件，可以成为职务侵占等职务类犯罪的主体。

在项目经理与承包建设工程的建筑施工企业没有签订劳动合同、不是受建筑施工企业任命、不存在劳动关系，而是受挂靠、非法转包的实际施工人委托的情形下，项目经理以建筑施工企业的名义实施的犯罪行为，如果建筑施工企业愿意对外承担责任，则项目经理可以成为职务侵占等职务类犯罪的主体。如果建筑施工企业不愿意对外承担责任，项目经理对外擅自以建筑施工企业的名义实施的犯罪行为，项目经理则不能成为职务侵占等职务类犯罪的主体，而只能成为侵占罪等非职务类普通犯罪的主体。

3．查明犯罪事实和获取证据的方法

根据查明犯罪事实和获取证据难的特点，在刑事诉讼的侦查阶段和庭审讯问环节，获得犯罪嫌疑人和被告人的如实供述是侦破和审理建设工程领域刑事犯罪案件的关键。

要获得犯罪嫌疑人的如实供述，侦查阶段必须以通过外围调查提取大量的证据信息为条件。要寻找并且接触知情人更深入地了解情况，设法提取相关的物证和书证，如与犯罪有关联的工程项目的账目、业务关系、个人存款等，根据已经获取的信息来掌握犯罪嫌疑人的部分犯罪事实，再进一步分析发现缺失的环节，提炼关键的问题。在认为有较大把握的情况下，应该直接接触犯罪嫌疑人，采取错觉讯问法、结果讯问法、动机讯问法、假设讯问法、离间讯问法、借助讯问法、模拟情景讯问法、概率讯问法等相应的方法对其进行讯问。[①] 其中，“根据犯罪行为的因果关系，推断出嫌疑人的行为过程，并将此过程模拟给嫌疑人，使其进行犯罪行为的心理确认，最终达到使其供述的目的”的模拟情景讯问法，以及“如犯罪的知情人有三个，只要其中的一个人供述实情，那么其他的另外两人就要承担责任，如果两个人都供述了实情，那么另外的一个人就要承担较重的后果，根据人的趋利避害的行为特征，在这三个人中间只要有一个人供述，那么全部的犯罪就不可能被隐瞒，自己虽然没有供述，但是它暴露的概率就是100%”的利弊关系概率讯问法，我们认为值得在侦查阶段和庭审讯问被告人环节推广应用。

4．解决案件审理专业性问题的方法

建设工程领域案件审理的专业性决定了所有审判人员在短期内不可能都成为该领域的专家里手，必须借助于相关专业人士的帮助，这个帮助就是司法鉴定。我国司法部在2014年颁发的《建设工程司法鉴定程序规范》（SF/ZJD0500001—2014）属于司法鉴定技术规范，该规范明确说明了建设工程司法鉴定应当遵循的程序规定，为解决案件审理专业性问题提供了途

① 钟娟：工程建设领域受贿犯罪的侦查讯问攻略［J］. 中国检察官. 2013（12）：62－63.

径和方法。这里的司法鉴定是指司法机关针对专门问题根据当事人的申请或者依职权通过司法程序完成的鉴定，当事人自身委托的鉴定不能称之为司法鉴定。

因此，在司法实务中，根据《建设工程司法鉴定程序规范》进行司法鉴定的程序必须严格遵守。主要程序是：

（1）提交鉴定机构的资料必须经过控辩双方的法庭质证。合议庭只有在控辩双方法庭质证的基础上对证据“三性”进行甄别、判断后才能提交鉴定机构进行鉴定。

（2）鉴定机构必须具备相关鉴定资格。委托鉴定的事项超出该机构司法鉴定业务范围的、鉴定要求超出该机构技术条件和鉴定能力的，鉴定机构不得受理。

（3）鉴定意见必须经过法庭质证。鉴定机构出具的判断结果过去称为“鉴定结论”，从2012年修订《刑事诉讼法》后称为“鉴定意见”。2012年版《刑事诉讼法》第187条规定，公诉人、当事人或者辩护人、诉讼代理人对鉴定意见有异议，人民法院认为鉴定人有必要出庭的，鉴定人应当出庭作证。经人民法院通知，鉴定人拒不出庭作证的，鉴定意见不得作为定案的根据。第189条规定，公诉人、当事人和辩护人、诉讼代理人经审判长许可，可以对证人、鉴定人发问。审判人员可以询问证人、鉴定人。第190条规定，对未到庭的证人的证言笔录、鉴定人的鉴定意见、勘验笔录和其他作为证据的文书，应当当庭宣读。2018年修订的《刑事诉讼法》第192条、194条、195条仍然保留了这些规定。这表明鉴定人的鉴定意见原则上必须经过法庭质证环节，通过鉴定人出庭接受公诉人、当事人和辩护人、诉讼代理人的质证和审判人员的询问，从而使法官对“鉴定意见”形成自由心证。

但需要指出的是，借助司法鉴定的帮助审理案件不是完全依赖鉴定机构办案。对于建设工程领域某一刑事案件，哪些事实应当由法官根据法律规定进行法律分析并进行裁决、哪些事实需要由鉴定机构进行鉴定？这是法官审理案件必须事先作出判断的问题。如果法官对自己的法律判断与鉴定人的专业判断之间的界限不清，甚至法官懒得思考，抱着“能鉴就鉴”

自己不担责任的态度将全部资料交由鉴定机构鉴定，那么“以鉴代审”就是必然的结果，司法公信力便荡然无存。然而要作出这种判断，一是应该通过完善相关法律规定明确“法律判断”与“专业判断”的界限；二是提高司法人员的个人素质，这是关键。因为“专业问题”与“法律问题”的界限法律不可能穷尽列举，主要还是依赖法官的自由心证和法官平时对建设工程领域业务知识的学习了解。

此外，还要进一步解决鉴定意见质证程序流于形式的问题。因为我国现行法律并没有详细规定鉴定意见法庭质证的具体内容，加上司法实践中除被告人或被害人外，公诉人、辩护人、法官三方多数都不懂建设工程，因而使得鉴定意见法庭质证这一程序设计大多数情况下只有程序之名，而无程序之实，鉴定意见法庭质证成了“走过场”的形式。要解决这一问题，除了完善现行法律外，应当引入专家证人制度，对鉴定人的鉴定意见进行专业性的法庭质证，从而确保案件的公平公正处理。

5. 案件审理刑民交叉问题的处理方法

这个问题，我们已经在《云梦学刊》2018 年第 1 期发表的“建设工程刑民交叉案件诉讼程序问题及其处理”① 一文中作过较为详细的论述，这里只就其中的两个问题概要说明如下。

（1）关于案件处理方式的确定。我们认为，“刑民并行”的确定标准是：刑事案件与民事案件有牵连但基于不同的法律事实。“先刑后民”的确定标准是：刑事案件、民事案件的产生基于同一法律事实；民事案件中的当事人同时又是刑事案件中的犯罪嫌疑人或被害人；民事纠纷的解决须以刑事案件的审判结果为前提。“先民后刑”的确定标准是：刑事案件、民事案件的产生基于同一法律事实；民事案件中的当事人同时又是刑事案件中的犯罪嫌疑人或被害人；刑事诉讼的处理结果必须以民事诉讼的处理结果为前提。

（2）关于案件诉讼证据冲突问题的处理。我们认为基于同一法律事实

---

① 陈建军、陈勇：建设工程刑民交叉案件诉讼程序问题及其处理［J］. 云梦学刊，2018（1）：111－112.

所产生的刑民交叉案件，如果采用“先刑后民”的方式审理的，应在刑事附带民事诉讼中解决较为适宜，它可以保证认定事实和证据的一致性；如果采用“先民后刑”的方式进行审理，应当由当事人自己选择是否另案采用民事诉讼程序先行解决民商事纠纷，并事先告知相关诉讼制度。

第四节　国际工程争议解决机制

一、国际商事仲裁

在“走出去”的战略指引下，我国对外工程承包获得了快速发展。特别是“一带一路”倡议提出以后，中国对新兴市场国家和发展中国家的交通、建筑、能源等基础设施领域的持续投资，使得越来越多的中国工程企业积极参与到“一带一路”沿线国家的基础设施项目的市场竞争中。在此过程中，“一带一路”倡议沿线国家在社会组织形态、政治经济运行状态、法律体系构建方式、技术标准与商业规则、宗教文化和民族特征等各方面各有不同，其中一些国家政治环境不稳定、经济体系和基础较为单薄、市场诚信意识相对欠缺，由此产生了不容忽视的法律纠纷风险。[①] 因此争端解决机制是国际工程纠纷解决的重要方式。但与国内工程纠纷解决不同在于，国际工程领域早已形成了一套完善的争议解决机制，包括友好协商、替代性争端解决机制、仲裁和诉讼。在国际工程纠纷中，诉讼之外的争议解决手段更受推崇。

（一）国际仲裁的概念及特点

根据联合国国际贸易法律委员会的定义，当仲裁属于下列情况之一时，则该仲裁是国际仲裁：

（1）仲裁当事人在缔结仲裁协议时，他们的营业地点已位于不同的

---

① 初北平．“一带一路”多元争端解决中心构建的当下与未来［J］．中国法学，2017（6）：72－90.

国家；

（2）根据仲裁协议确定的仲裁地点，或商业关系责任的实质部分将要履行的地点，或与争议主题关系最密切的地点，位于当事人营业地点以外的国家；

（3）仲裁当事人已明确同意仲裁的主题涉及不只一个国家。

国际商事仲裁的特点是以双方当事人的协议为基础；仲裁机构一般是民间性的组织；提交仲裁的当事人自由选择地点、仲裁机构、仲裁员、仲裁程序和适用的实体法；仲裁裁决是终局的，一旦作出，立即生效。

（二）国际工程纠纷中仲裁的适用

按照上述的定义，通常意义上的“国际工程”上进行的仲裁都应称之为国际仲裁，我国国内外的涉外项目上发生的仲裁均属于国际仲裁的范畴。因此，在国际工程领域，相比于诉讼而言，仲裁是争议解决的主要方式。其根本原因在于国际仲裁能够较好地适应国际工程争议的特点。

1. 仲裁具有明显的中立性

国际工程涉及的法律关系复杂，还需要考虑到地域因素及准据法的适用，因此在选择解决方式时，承包商需要考虑到案件如何得到公正的审理。在国际工程纠纷中，若选择诉讼途径，根据通常的管辖规则，都是由工程所在地法院管辖。这就不可避免地产生管辖的地域性，从而存在影响案件公正审理的可能性。而仲裁是合同当事人约定选择，仲裁机构及仲裁员也是合同当事人通过平等协商而选择，自然能够排除地域因素的干扰。

2. 仲裁更具有专业性

法院管辖虽然在法律适用和诉讼程序上也具有专业性和权威性，但国际工程除了涉及法律问题外，还在工程技术、项目管理等多方面存在争议焦点，显然对于争议解决机构的专业性要求更高。而国际知名的仲裁机构和仲裁员，通常在国际工程领域具备丰富的工程实践经验和仲裁经验，借助于仲裁所得出的结论显然更为专业及合理，也更易为当事人所接受。

3. 仲裁程序更为方便

相比于诉讼，仲裁在保全措施采取、证据移交及执行上都更容易实现。诉讼需要借助于国家之间的司法协助协定，因此程序的进行可能因为司法协助协定的缺失而停滞，甚至出现判决无法执行的现象。而仲裁的效率虽然也取决于案件本身的复杂性，但仅从程序的便捷性而言，它具有更大的优势。2010 年《联合国国际贸易法委员会仲裁规则》明确规定，仲裁庭可以采取临时措施，并且仲裁庭作出的临时措施应该得到国外法院的承认和执行。而大多数国家也都制定法律，承认和执行外国仲裁庭所采取的证据保全、财产保全等临时措施。我国在进一步对外开放的过程中，也对国际仲裁机构的临时措施的态度与国际保持一致。上海国际仲裁中心颁布的《中国（上海）自由贸易试验区仲裁规则》中对仲裁过程中的临时措施进行了详细的规定。

1958 年联合国国际商业仲裁会议签署了《承认及执行外国仲裁裁决公约》（以下简称《纽约公约》），在这一公约中对外国仲裁裁决的承认和仲裁条款的执行问题作了规定。至今为止已经有 130 多个国家和地区加入了《纽约公约》。中国也于 1987 年加入该公约，根据该公约，中国仲裁机构作出的裁决可以在 130 多个国家得到承认和执行。因此，国际工程争议在司法救济途径选择上，更多的是选择向国际知名的仲裁机构提起仲裁，如国际商会仲裁院（ICC），斯德哥尔摩商会仲裁院（SCC）等。每个机构都力图通过提供便捷有效的仲裁规则以及公平公正的裁决赢得争议当事方的认可，从而吸引当事方选择其作为仲裁机构。①

二、替代纠纷解决机制

国际工程领域出现的纠纷解决途径除了诉讼外，还包括替代纠纷解决机制（Alternative Disputes Resolution，简称 ADR）。ADR 是多元化纠纷解决机制的核心，在 ADR 机制中，相对于诉讼而言，更多地体现了当事人意思自治、非强制性、非对抗性的特点，这些特点有助于纠纷当事人采取平和的方式进行沟通和交流，从而获得“双赢”的解决方案。

与一般纠纷的替代纠纷解决机制不同的是，国际工程的替代争端解决方式都是在国际工程标准示范合同文本中推荐的。其中国际工程中使用较

---

① 王贵国．“一带一路”争端解决制度研究［J］．中国法学，2017（6）：56－71．

多的文本主要有 FIDIC、NEC、ICE、JCT、AIA 等。这些国际工程中通用的合同文本是国际工程实践的总结，合同体系完整，内容完备，不仅仅明确了双方权利义务责任，而且规定了较为适用的争端解决方式。而其中，最为推崇的是 FIDIC 合同文本。FIDIC 国际工程合同是指国际咨询工程师联合会（Federation Internationale des Ingenieurs Conseils，简称 FIDIC）制定并推荐使用的《土木工程施工合同条件》等一系列合同示范文本的总称。此系列合同自 1957 年颁布后，至今已进行了第五次修订。在几次修订过程中，有一处较为明显的变化，即争议解决方式的完善。

在 FIDIC 合同前三次版本中对争议解决方式的规定较为简单，即工程师裁决。工程师在 FIDIC 合同的身份是现场管理者，对工程的进展情况较为熟悉，因此在管理工程的同时也被赋予了裁决纠纷的权力。即当合同进展过程中合同当事人间发生争议时，向工程师提出，由工程师根据索赔报告和工程有关资料作出决定。若合同当事人不服，可以进一步申请仲裁，因此工程师的裁决在仲裁之前具有暂时约束力。根据裁决中立的理论原则，工程师裁决是存在缺陷的，因为工程师是业主方聘用，代表业主管理现场，在处理争议时难以中立，其作出的决定的公正性难免受到质疑。

在第三版的 FIDIC 合同中，对备受争议的工程师裁决进行了完善，引入独立的第三方即争议评审委员会（Dispute Review Board，简称 DRB）对工程争议作出评审和决定。

争议评审制度是建设工程实践中运用较多的一种纠纷解决方式，是建设工程关系中的主体选择相关领域的专家成员组成专家组，从而在工程建设过程中提出专业建议以预防争议产生及在争议产生后作出决定的一项制度。这一制度自 20 世纪 60 年代以来就一直运用于重大的民事工程纠纷的预防及解决，其快速便捷的特点一直延续下来，并受到其他国家的推崇。

当工程合同争议发生后，双方当事人可以提请工程师，由工程师在规定时间内作出，如果业主和承包商对工程师决定不满意，或者工程师未能在规定时间内作出决定，则不满方可将自己的意向通知对方并将争议提交已成立的 DRB，由 DRB 在法定期限内根据法定程序作出决定。

1999 年第四次修订时再次对 DRB 进行完善，将 DRB 改为 DAB（Dispute Adjudication Board，简称 DAB)，即争端裁决委员会。DAB 相对于 DRB 在成立及程序上一致，但扩大了适用范围，增加了裁决时限及强化了 DAB 裁决的法律拘束力。2017 年版 FIDIC 系列合同条件则将 1999 年版的 DAB 再次升级为 DAAB。即将原本“争端裁决委员会”（DAB）更名为“争端避免/裁决委员会（Dispute Avoidance/Adjudication Board，简称 DAAB)”，并明确了 DAAB 的职责及其决定的效力。为了强化 DAB 争端预防功能，同时避免在争议产生后由于双方意志不一而难以组成 DAB 的情形发生，DAAB 相比 DAB 而言规定为常设性机构，其所作决定在仲裁庭未作出不同判断之前，均对工程合同各方当事人具有约束力。相比较而言，2017 年版 FIDIC 合同中的 DAAB 程序更完备，也更有操作性，但随之也产生了争端解决成本加大的问题。

综合 DRB、DAB 及 DAAB 的内容修订，虽然争议评审制度在总结工程实践经验的基础上有新的发展，但仍然保留了其本质内容。

1. 专家组的成立

争议评审方式是否能达到有效快速地处理争议，最大的关键因素在于专家组的成立。而这取决于合同当事人对专家组成员的选择。专家评审方式在纠纷解决上有一独特优势，即专家成员是在争议发生之前就已选定和产生，这主要是基于专家评审制度具有预防和避免工程争议的作用。专家评审委员会的成员根据工程的大小而定，一般较大的工程由三名成员组成。其中，工程发包人和承包人各自选择一名成员，并经对方批准后成为专家评审委员会组成成员，再由双方共同选定一名成员作为评审委员会主席。

2. 运作程序

争议评审委员会是随着合同成立而产生的，也就是在工程开始之前就确定了。为了能够了解工程的进度，争议评审委员会成员需要定期勘察现场，参加工程会议，主持听证会。争议评审委员会的裁决并不具有终局性的约束力，只在工程完成之前对合同当事人具有暂时性约束力，直至工程完成后选择仲裁或诉讼解决之间的争议。但这种暂时性约束力却会在工程实践中对合同当事人起到一定引导作用，作为合同当事人评判后续处理成本的依据，从而在工程完成之前或之后自行达成解决协议，避开成本支出较大的仲裁和诉讼。DAAB 方式把争端索赔的发生概率进行了预测筹划，在解决效率、时间性、成本方面达到效率高、时间短、成本小、减少讼累，保持了友好合作的工作氛围。[①]

① 张修林. FIDIC 国际工程合同 DAB 争议解决方式的探讨［J］. 建筑经济，2004（5）：28－31.

主要参考文献

一、著作

［1］周佑勇. 工程法学［M］. 北京：高等教育出版社，2017.

［2］张顺江. 重大工程立项决策研究［M］. 北京：中国科学技术出版社，1990.

［3］肖平. 工程伦理学［M］. 北京：中国铁道出版社，1999.

［4］［美］B. S. 布兰查德. 工程组织与管理［M］. 北京：机械工业出版社，1985.

［5］殷瑞钰，汪应洛，李伯聪，等. 工程哲学［M］. 北京：高等教育出版社，2008.

［6］生青杰. 建设工程法［M］. 武汉：武汉理工大学出版社，2007.

［7］李启明. 建设工程合同管理（第 2 版）［M］. 北京：中国建筑工业出版社，2009.

［8］孟庆鹏. 吴访非. 工程经济法［M］. 北京：中国电力出版社，2016.

［9］［德］汉斯·J. 沃尔夫，等. 行政法［M］. 高家伟，译. 北京：商务印书馆，2002.

［10］王名扬. 法国行政法［M］. 北京：中国政法大学出版社，1989.

［11］章剑生. 现代行政法基本理论（第 2 版）［M］. 北京：法律出版社，2014.

［12］周佑勇. 行政法专论［M］. 北京：中国人民大学出版社，2010.

［13］吴祖谋. 法学概论（第 11 版）［M］. 北京：法律出版社，2013.

［14］漆多俊. 经济法基础理论［M］. 武汉：武汉大学出版社，2000.

[15] 马长生. 新编刑法学 [M]. 长沙：湖南师范大学出版社，2011.
[17] 张明楷. 刑法学（第6版）[M] 北京：中国政法大学出版社，2016.
[18] 王昌学. 职务犯罪特论 [M]. 北京：中国政法大学出版社，1995.
[19] 陈兴良. 职务犯罪认定与处理实务全书 [M]. 北京：中国方正出版社，1996.
[20] 孙谦. 国家工作人员职务犯罪研究 [M]. 北京：法律出版社，1998.
[21] 陈建军. 工程法理论与实务问题研究 [M]. 湘潭：湘潭大学出版社，2018.
[22] [英] 彼得·希伯德，保尔·纽曼. 工程争端替代解决方法与裁决 [M]. 路晓村，王青自，译. 北京：中国建筑工业出版社，2004.
[23] 崔军. FIDIC合同原理与实务 [M]. 机械工业出版社，2011.

二、论文

[1] 李世新. 工程伦理学及其若干主要问题的研究 [D]. 北京：中国社会科学院，2003.
[2] 张马林. 论工程法的调整对象 [J]. 东南法学，2010（1）.
[3] 林明锵. 工程与法律教学研究之科际整合：以台大小巨蛋判决为例 [J]. 台大法学论丛，2009（3）.
[4] 姜明. 以学科交叉为特色的高校核心竞争力研究 [J]. 中国成人教育，2007（8）.
[5] 冯果. 加速新时代法学新兴交叉学科的发展 [N]. 光明日报，2017－12－29（7）.
[6] 刘剑文. 论领域法学：一种立足新兴交叉领域的法学研究范式 [J]. 政法论丛，2016（5）.
[7] 付子堂. 构建具有中国特色的法学学科体系 [J]. 中国高等教育，2017（10）.
[8] 王利明，常鹏翱. 从学科分立到知识融合——我国法学学科30年之回顾与展望 [J]. 法学，2008（12）.
[9] 解志勇. 法学学科结构的重塑研究 [J]. 政法论坛，2019（2）.

[10] 谢桂华. 关于学科建设的若干问题 [J]. 高等教育研究, 2002 (5).
[11] 周扬. 在科学和法治的轨道上推进中国特色世界一流法学学科建设——张文显教授访谈录 [J]. 中国大学教学, 2017 (8).
[12] 林建华. "大学是个大家庭"——北大校长林建华在全校教师干部大会上的讲话, 人民网 2015 年 02 月 15 日.
[13] 邓正来. 中国学者必须强调学术自主性 [J]. 华侨大学学报, 2010 (3).
[14] 弓惠芳. 我国政府采购发展各阶段特征及未来方向 [J]. 现代营销, 2020 (5).
[15] 唐东会. 政府采购模式选择的博弈分析——基于反腐倡廉视角 [J]. 广东技术师范学院学报, 2007 (11).
[16] 王丛虎, 董长贵. 我国集中采购与分散采购的结合之道 [J]. 新东方, 2006 (1).
[17] 曹尚明. 集中采购的现实意义及操作规程 [J]. 武汉金融, 2005 (2).
[18] 刘涛. 浅析政府采购合同的变更、中止或终止履行问题 [J]. 中国政府采购, 2017 (12).
[19] 鲁晓明. 论我国居住权立法之必要性及以物权性为主的立法模式——兼及完善我国民法典物权编草案居住权制度规范的建议 [J]. 政治与法律, 2019 (3).
[20] 王希仁. 经济法概念新论 [J]. 河北法学, 1994 (2).
[21] 宋睿宸. 海德曼经济法观点述略——以一战二战间的德国经济法为视角 [J]. 经济法研究, 2016 (1).
[22] 霍旭. 中国经济法发展历程研究 [J]. 鄂州大学学报, 2015 (5).
[23] 孙从容. 经济法律关系的构成要素探讨 [J]. 现代商业, 2017 (30).
[24] 石宇. 中国城市化过程中旧城改造的问题与对策研究 [J]. 中国市场, 2018 (27).
[25] 余明桂, 回雅甫, 潘红波. 政治联系、寻租与地方政府财政补贴有效性 [J]. 经济研究, 2010 (3).

[26] 黄蓉. 中国财政转移支付制度改革研究 [J]. 金融经济, 2019 (20).
[27] 靳庆鲁, 孔祥, 侯青川. 货币政策、民营企业投资效率与公司期权价值 [J]. 经济研究, 2012 (5).
[28] 隋洪明. 经济法学主体的梳理、规范与拓展 [J]. 经济法研究, 2014 (2).
[29] 严斌, 杜维栋. 建设工程项目融资模式的比较和选择 [J]. 科技管理研究, 2010 (10).
[30] 刘梦祺. 政府与社会资本合作中政府角色冲突之协调 [J]. 法商研究, 2019 (2).
[31] 沈新鹏. 建筑施工项目成本控制研究 [D]. 山东大学, 2014.
[32] 曲新久. 从"身份"到行为——工程重大安全事故罪的一个解释问题 [J]. 人民检察, 2011 (17).
[33] 孙万怀. 风险刑法的现实风险与控制 [J]. 法律科学, 2013 (6).
[34] 高铭暄, 陈璐. 当代我国职务犯罪的惩治和预防 [J]. 法学杂志, 2011 (2).
[35] 杨静. 工程建设领域中职务犯罪案件特点产生原因及相应对策 [J]. 中国招标, 2012 (50).
[36] 马长生, 田兴洪. 论工程刑法学的几个问题 [J]. 湖南工业大学学报 (社会科学版), 2015 (1).
[37] 杜雨露. 地铁工程施工阶段主客体匹配性测度 [D]. 西安工业大学, 2017.
[38] 武晋伟. 串通招投标法律问题研究 [D]. 中南大学, 2006.
[39] 喻建容. 浅论职务犯罪 [D]. 西南政法大学, 2010.
[40] 胡菲. 我国建设工程招投标法律制度研究 [D]. 复旦大学, 2011.
[41] 尚慧婷. 我国串通投标罪立法完善研究 [D]. 东北师范大学, 2017.
[42] 张跃. 购房者对建筑工程竣工验收备案行为可以提起行政诉讼 [J]. 人民司法, 2012 (10).
[43] 王贵国. "一带一路"争端解决制度研究 [J]. 中国法学, 2017 (6).

[44] 初北平. “一带一路”多元争端解决中心构建的当下与未来 [J]. 中国法学，2017 (6).

[45] 华心萌，陈勇强. 国际工程仲裁的法律适用问题 [J]. 国际经济合作，2008 (4).

[46] 王挺. 工程纠纷 ADR 解决方式的比较研究 [J]. 中国工程咨询，2007 (2).

[47] 邱闯. 国际工程合同争议解决的 ADR 方式 [J]. 建筑经济，2001 (3).

[48] 石春雷. 国际商事仲裁在“一带一路”争端解决机制中的定位与发展 [J]. 法学杂志，2018 (8).

[49] 熊跃敏，周杨. 我国行业调解的困境及其突破 [J]. 政法论丛，2016 (6).

[50] 孟凡密，张修林. 国际工程合同争议解决方式评析与借鉴 [J]. 建筑经济，2005 (6).

[51] 张舒. 争议评审比较研究及在我国的适用建议 [J]. 北京仲裁，2015 (2).

[52] 王胜利. 行政协议纠纷的可复议性及其审理规则 [J]. 齐齐哈尔大学学报（哲学社会科学版)，2019 (9).

[53] 邓刚宏. 行政诉讼受案范围的基本逻辑与制度构想——以行政诉讼功能模式为分析框架 [J]. 东方法学，2017 (5).

[54] 张修林. FIDIC 国际工程合同 DAB 争议解决方式的探讨 [J]. 建筑经济，2004 (5).

[55] 郇政源. 我国建设工程争议评审机制的分析研究 [J]. 北京仲裁，2014 (1).

后　记

经过一年多的时间，本成果在大家的齐心协力和努力奋斗之下终于完成。这是湖南理工学院政法学院工程法学学科建设的一件喜事。但欣喜之余又不免有些担心。担心的是，“工程法学”是近些年来才出现的新概念、新知识、新学科，本成果作为对这种新知识的探索和认识，错漏之处在所难免。我们期待学术界、实务界同仁提出宝贵的意见和建议，并虚心听取学术界、实务界同仁的不同意见甚至批评，以便我们不断完善工程法学学科知识体系，从而为工程法学交叉学科建设贡献我们的一份力量！

本成果是“工程法总论”法律硕士研究生课程教学团队成员（法律硕士学位点负责人兼本课程负责人陈建军教授，法律硕士点工程法务方向硕士生导师梁晨博士、戴勇坚博士、吴海坤律师、尹晓闻博士、程琳副教授）集体智慧的结晶，由陈建军教授拟定结构框架、确定写作方向和基本内容，经大家讨论后形成写作大纲，各成员完成各自的写作任务后，由陈建军教授逐字逐句修改、统稿、定稿。在写作过程中，洛阳理工学院乔晓辉老师提出了许多建设性意见，并参与了部分内容的撰写。

本成果各章节任务具体完成情况如下：

前言由陈建军教授完成。

第一章由陈建军教授完成。

第二章由梁晨博士完成。

第三章第一、二、三、七节由上海建纬（长沙）律师事务所主任、一级律师戴勇坚博士完成，第四、五、六节由上海建纬（长沙）律师事务所一级律师吴海坤律师完成。

第四章第一、二、三节由梁晨博士完成，第四节由洛阳理工学院乔晓辉老师完成，第五节由中国地质大学（武汉）经济管理学院余华博士完成。

第五章由尹晓闻博士完成。

第六章第一、二、四节由程琳副教授完成，第三节由陈建军教授完成。

后记由陈建军教授完成。

在本成果的写作初期，湖南理工学院政法学院2019级法律硕士研究生孟雪、罗晨晨在收集整理资料方面也做了大量工作。

感谢湖南理工学院党委副书记张国云教授对本成果的出版所给予的大力支持！感谢湘潭大学出版社各位领导和黄琼编辑为本成果的出版所付出的辛勤劳动！

陈建军

2021年5月26日于岳阳南湖